元華文創

群書治要與貞觀精神

Qun Shu Zhi Yao and the Spirit of Zhenguan

貞觀二年太宗問魏徵曰何謂為明君暗
君徵曰君之所以明者兼聽也其所以暗
者偏信也詩云先人有言詢于芻蕘昔唐
虞之理闢四門明四目達四聰是以聖無
不照故共鯀之徒不能塞也靖言庸回不
能惑也

二〇二三年夏林美娟書

透過《貞觀政要》，
契會魏徵的治政理念，
掌握貞觀的時代精神，
看見屬於《群書治要》
自身的精彩。

—— 張瑞麟 著

代序：看見《群書治要》

　　為什麼要關注《群書治要》呢？因為：「唐型文化形塑於貞觀時期，《群書治要》潛存著貞觀精神。」過往，《群書治要》被視為類書，因而看不見它的「時代性」，也就無法理解其中蘊含的特殊意義。因此，需要重新審視以看見《群書治要》的精彩。

　　「您認識《群書治要》嗎？」還記得剛開始要和大家分享《群書治要》的研究心得時，得到的回應卻是：「您指的是哪幾本書呢？」顯然，多數人對於《群書治要》是感到陌生的。我之所以熟悉，也是因為淨空上人的關注，藉著與業師林朝成教授一起承接極樂寺委託研究案的機緣，才能對《群書治要》有所「認識」，不僅認知它的表層訊息，諸如：作者是誰？什麼時候完成的作品？有多少卷帙？呈現哪些內容？等等，也對深層的思想內涵有了較好的理解與掌握。

　　其實，當與《群書治要》有了接觸之後，你會發現仍有不少人在關注著，只是隨著觀看角度的差異，就會發展成不同的走向。大略來說，目前廣泛被認可、採用的有兩大視角，一個是學術性色彩濃厚的版本探究，一個是應用性實踐導向的經典閱讀，各自發展，各顯千秋。不過，這兩個走向並未吸引我的目光，因為我認為在缺乏思想層面的把握下並無法達到走「入」又能走「出」《群書治要》的境界。唯有能「入」且能「出」，才能理

解對象，掌握精彩，延續發展。所以，我企圖開啟思想研究一途，期盼能看見魏徵等人在應對世變下所展現的睿智與精神。

除了主觀的想望，一個必須釐清的關鍵問題：「魏徵等人所編撰的《群書治要》是否具有成體的思想內涵呢？」因為唯有判定《群書治要》是具有自身的思想體系，才能進一步探尋專屬於它的思想特質，理解其中所映照出的時代關懷。當然，在歷經「三個階段」的追索，我「看見」了《群書治要》，找到了隸屬於《群書治要》自身所「專屬」的價值與意義。接下來，先說明我對《群書治要‧序》的理解與掌握，再展示「三個階段」探索的歷程，最後分享我所「看見」的精彩。

一、傾聽作者的聲音：不容忽視的〈序〉

要怎麼理解《群書治要》才貼切呢？或者說《群書治要》想要呈現的核心內容與精神是什麼？雖然作者的想法不一定能夠完全得到落實，但是藉由傾聽作者的聲音，再著手分析作品的內容，應該較能不失輕重、本末的掌握創作旨意和精髓。因此，仔細揣摩綜述魏徵等人編撰用心的《群書治要‧序》[1]是有必要的。

讓我們來看看這篇深具指引性的〈序〉，透露了哪些在閱讀、理解上必須留心的重要訊息。大體而言，有以下四個面向：

---

[1] 〔唐〕魏徵等撰：《群書治要‧序》，見魏徵等編撰；《群書治要》校訂本編輯委員會校訂：《群書治要》校訂本（北京：中國書店，2014 年），頁 1-2。

（一）截錄經典文字

　　首先，是關於《群書治要》呈現的基本樣貌。〈序〉：「爰自六經，訖乎諸子，上始五帝，下盡晉年。凡為五帙，合五十卷。」詳細地說，《群書治要》呈現出的五十卷文字內容，都是抄寫自古代的經典作品，例如：《周易》、《尚書》、《毛詩》、《史記》、《漢書》、《管子》、《老子》、《孟子》等等，具體統計，依據四部的分類，總共採納有：12 本屬於「經」部典籍，8 本屬於「史」部典籍，48 本屬於「子」部典籍。也就是說，《群書治要》除了截錄 68 部經典文字之外，並無收錄魏徵等唐人自行創作的篇章。

　　以截錄為主的成書模式，在《群書治要‧序》裡提及的「採摭群書」，應該算是已經有了清楚的交代，清代考據學家阮元就是看見了這一層面所留下的偶然性效用，因此認定它具有保存「初唐善策」、「初唐古籍」的文獻價值。[2]受此影響，學者多從「類書」的角度來把握《群書治要》，在版本、校勘上也累積了可觀的成果。

　　不可否認，當今《群書治要》確實展現「文獻保存」的作用，不過必須仔細思考的是：「這些被保存下來的文獻，究竟能夠有效應用到哪些範疇？」以及「這個效用在《群書治要》的整體價值和意義中究竟佔有多少份量？」因為一方面《群書治要》成書的初衷並不是為了文獻的保存，這只是歷史的偶然所產生的附加價值，另一方面針對魏徵等人「採摭群書」的方式也缺乏詳細的檢視與清楚的把握，若是單純憑藉表面上看似彙輯他人文字

2　〔清〕阮元：《揅經室集》（北京：中華書局，1993 年），頁 1216-1217。

的樣貌就大膽推定，難免錯失《群書治要》隱含的深廣意蘊。

（二）聚焦治政義理

其次，是說明挑選的內容是有明確的關注焦點。根據〈序〉對撰述目的的說明，首先提出了「取鑒」的用意，不過這種講法太過寬泛，只是描述出通常在閱讀時自然會產生的想法，並不能彰顯《群書治要》的特殊性，所以陳述重點應該是接下來標明的兩個要點：一，是改正「近古皇王」在撰述上流於「競採浮豔之詞，爭馳迂誕之說，騁末學之博聞，飾雕蟲之小伎」的呈現；二，是解決「六籍紛綸，百家踳駁，窮理盡性，則勞而少功，周覽泛觀，則博而寡要」的問題。因此，值得探問的是：《群書治要》有了哪些吸引人的新呈現呢？

廣泛地說，《群書治要》挑選的篇章內容是以涉及「政術」與「治體」的論述為依歸。如同〈序〉所特別強調的：「本求治要，故以治要為名。」直接在典籍名稱上將取材傾向標示出來。至於具體的關注焦點，依據〈序〉的說法，至少有「為君之難」、「為臣不易」、「母儀嬪則」等三大面向，而在面向中則含括了正反、優劣的品評。由此可見，《群書治要》看似客觀的收錄古代經典文獻，其實編纂者已經透過文獻的取捨，將主觀的想法間接地傳達了出來。

作為想法傳達的媒介，《群書治要》被挑選的內容就有了特別著重的條件，〈序〉裡鮮明點出：像《皇覽》、《遍略》之類的典籍，採用隨方類聚、名目互顯的方式來編排，即造成了首尾淆亂、文義斷絕的理解大問題，所以為了改正這些缺失，《群書

治要》雖然採用了「新名」以示展現新貌，但是就用「各全舊體」的型態來保存原有脈絡。換言之，「各全舊體」的表現形式，意味著蘊含以「文義」為導向的編纂意識，這也是《群書治要》非常重要的一個特色。

（三）運用編纂手法

既然發現《群書治要》並非僅止於文獻的客觀呈現和保存，如同《四庫全書》的收錄型態，那麼根據這個線索再深入追尋，什麼是被遺漏的關鍵訊息呢？

〈序〉裡有兩個特別的申明：其一，是「採摭群書、翦截淫放」；其二，是「棄彼春華，採茲秋實」。它的重要性在於明確的表明編纂者在處理原始素材／文獻的過程中，並不是盡量達到客觀的移植，而是企圖賦予主觀想法的再創作。其實，從「採摭」、「翦截」、「棄」、「採」等用語，就不難判定《群書治要》並非是純粹的文獻保存與呈現，但是在缺乏對《群書治要》的內容有深度的理解與掌握下，無法「看見」割捨的是哪些內容，採用的又有哪些意義，自然就無視關鍵字句所透露的訊息。

因此，當我們能接納《群書治要・序》的表述，認可在「棄」、「採」中蘊含編纂者的想法時，仔細檢視《群書治要》的呈現內容，對於哪些是屬於被捨棄的「淫放」、「春華」，而哪些又是屬於被挑選的「秋實」，在充分的掌握之後，就能「看見」《群書治要》的內在意蘊了。

（四）展現撰述意識

如同聞一多所指出的，以「意」為主的《群書治要》，展現出它與眾不同的樣貌。[3]所謂「意」，簡要的說就是指作者的想法。也就是說，《群書治要》有著魏徵等人的想法作為內在的脈絡。日人林信敬就說：「此書之作，蓋其以此也。先明道之所以立，而後知政之所行；先尋教之所以設，而後得學之所歸。」[4]肯定表示《群書治要》具有明道、設教的編纂意圖與思想。無獨有偶，日人細井德民也清楚指出《群書治要》存有「魏氏之志」與「魏氏之意」。[5]兩人可說是同具慧眼，能「看見」《群書治要》所獨具的價值與意義。

要如何掌握《群書治要》的「意」？除了可以關注前面所提及編纂者有意識地想要展現變革，包括異於「近古皇王」、「《皇覽》、《遍略》」的撰述呈現之外，尚有一個重要的核心關懷——實踐性——值得細心揣摩。《群書治要·序》在開頭述說時就鮮明提出了「勞而少功」、「博而寡要」的實踐問題，並在闡述收結時，再次提出「簡而易從」的想法，前後呼應，凸顯出導向「實踐」的思維特質。

因此，在閱讀與研析《群書治要》的過程中，必須留心剪裁文字所呈現的「文義」脈絡究竟想要傳達什麼？串接這些「文義」的內涵，又透露出什麼主張？這是契會魏徵等人用心的重要切入方式，也是〈序〉給出的重要指引。

3　聞一多：〈類書與詩〉，見《聞一多全集·唐詩編上》（武漢：湖北人民出版社，1993 年），頁 6。

4　〔日〕林信敬：〈校正《群書治要》序〉，〔唐〕魏徵等編撰：《群書治要》校訂本，頁 1。

5　〔日〕細井德民：〈刊《群書治要》考例〉，〔唐〕魏徵等編撰：《群書治要》校訂本，頁 1。

二、看見作品的精彩

　　既然《群書治要》將自身的獨特價值與意義隱身在收羅群書的現象之內，怎樣才能撥雲見日、看見精彩呢？以下，說明「三階段／層面」的解析方式，展現可行的研究途徑。

（一）梳理編選的內容：掌握文脈

　　面對採擷 68 部經典作品為內容的《群書治要》，要怎麼理會編纂者的匠心，看見作品的特殊之處呢？根據《群書治要‧序》的指引，截錄的資料並不是散亂無章，而是有所聚焦的。也就是說，看似彙輯古代經典嘉言美句的《群書治要》，並不是純粹客觀的文獻保存，而是根據編選者的關注和想法，挑選達意的文句。究竟編選者有哪些關注呢？在關注中，又展現出什麼樣的想法？簡潔的方式，就是對《群書治要》的文字內容作完整的分析，看見整體的呈現型態，才能有適切的解讀。

　　仔細分析《群書治要》的內容，將可發現截錄的段落文字形成一則又一則的論述，各自都有清楚而完整的觀點呈現，可謂「一則一論述，則則有觀點」。當把這些觀點彙整起來，經由解析、分類、歸納與統計，就會清晰地看見《群書治要》是有整體的關懷與圍繞的議題。

　　就以《墨子》為例，在全本七十一篇的論述中，《群書治要》僅採擷其中的九篇，並進一步將之合成為七篇。為什麼這麼做呢？一一檢視這些內容，就會看見首篇〈所染〉，被挑選的內容，旨在闡述親賢任能的觀點；其次〈法儀〉，明晰行事需講求

依歸的理念；再次〈七患〉，重在點出治國的大忌；又次〈辭過〉，焦點在申明儉節而國治的觀念；又次〈尚賢〉，鎖定申明尚賢使能的主張；又次〈非命〉，擷取闡明成敗由人不由命的想法；又次〈貴義〉，聚焦在尚賢納諫的觀點。由此可見，《群書治要》挑選的《墨子》，各則內容皆有主要完整陳述的核心觀點，這就解釋了為何《墨子》被挑選的篇章有合併的情形。不過，乍看之下，各則觀點各自獨立，並不能看清彼此之間存在著什麼樣的關聯，似乎只是一些可觀論述的保存而已。然而，實際上觀點與觀點之間確實存在著緊密的相關性，掌握的方式，唯有回歸到《群書治要》，從整體來掌握部分。藉由一一分辨《群書治要》各則論述所呈現的觀點，透過整合、歸納得出「觀點群」，就能掌握《群書治要》的核心關懷與思想脈絡。

　　統整《群書治要》各則論述所呈現的觀點，可以發現有明顯的聚焦，除了符合〈序〉所述，著重闡釋「為君之難」與「為臣不易」兩大核心想法之外，「君臣共生」、「直言受諫」、「法制」、「牧民」與「戢兵」等五大理念，亦是文字截錄的重點所在。也就是說，根據「文脈」的梳理，足以看見七大理念[6]是構成《群書治要》內在的核心思想，這意味著魏徵等人乃是透過截錄經典文字的方式來展現自身的想法，可謂是一種「以編代作」的書寫型態。

　　讓我們回到《群書治要‧墨子》，有了《群書治要》七大理念的掌握之後，再次檢視被挑選上的七篇內容，自然就能看清其

---

[6] 這裡用「理念」取代之前使用「議題」的說法，主要是「理念」代表魏徵等人對這些觀點的認同與堅持，而「議題」的用法只能說是客觀說明內容聚焦的狀況。因此，為了說明魏徵等人的想法及其特殊性，這裡使用「理念」一詞。

中的意義連結：〈所染〉聚焦在「為君難」、「君臣共生」；〈法儀〉聚焦在「法制」、「牧民」；〈七患〉觸及「為君難」、「君臣共生」、「法制」、「戢兵」；〈辭過〉聚焦在「牧民」、「為君難」；〈尚賢〉觸及「為君難」、「君臣共生」、「為臣不易」；〈非命〉聚焦在「為君難」；〈貴義〉則觸及了「為君難」、「直言受諫」。各篇內容不再是散亂無章的呈現，而是緊扣著關懷主題的闡釋，文義內涵在在顯示了編纂者的治政理念。

當然，七大理念只是就主要／核心關懷來說，若要細究，自然可再分析出許多次要的關懷面向，例如嬪儀女則、封建。換言之，我們只要依照如上的檢視方式，將不僅可以更寬地、更廣地看見《群書治要》中各部經典被挑選內容的意蘊，同時也能掌握更多的關懷面向。

總之，透過有效地梳理方式，僅僅憑藉著《群書治要》的截錄內容，依然能夠從「文脈」的掌握中感知魏徵等人的治政理念，如同〈序〉所清楚申明的編纂意圖。

（二）看見思想的脈絡：結合語境

雖然透過「文脈」的梳理，能夠得知其中具有條理、蘊含意義，推知《群書治要》存在魏徵等人的思想、理念，不過畢竟文句皆是出自古籍經典，如何確認「古意」已經轉化成「貞觀義」，將是塗繪思想內容與理念主張所要面對的關鍵問題。解決這個問題的方式，扼要而言，就是採用和「語境」結合的關聯探究。所謂「語境」，就是語言使用的情境，包含表達的意圖與社

會文化背景。雖然良好的理念具有普遍性，但真正的精彩是在形成的過程中顯示出的針對性與特殊性。尤其，在某些情況下，失去針對性的道理，往往不具適用性，缺乏實質價值，只會成為一種虛假的美麗包裝而已。宋人樓鑰就說：「唐太宗求治之初，魏徵仁義之說，自今觀之，是為空言，封德彝法律之說，自今觀之，是為實用，然太宗斷然行魏徵之言，而成貞觀之治。」[7]由此可見，精彩的內涵，必須考慮到當下的情境才能得到貼切的解讀，時空抽離與錯置的分辨，都將失去，甚至扭曲原有的意蘊。

要解讀帶有魏徵等人思想色彩的《群書治要》，必然需要緊扣著貞觀時期的情境，才能貼切感知其中的精彩。如何掌握貞觀情境呢？相關的歷史典籍，諸如《舊唐書》、《新唐書》、《唐會要》、《資治通鑑》等皆是可利用的素材，而作為貞觀一朝的經典記載——《貞觀政要》則是最佳的參照依據。換言之，我們可透過《貞觀政要》來確認《群書治要》的「文脈」是否真實存在，以及其中蘊含的具體意義為何？

細究十卷四十篇《貞觀政要》的內容，就會發現這部記述唐太宗君臣探尋致治之道的重要言論集，呈現出與《群書治要》緊密相關的現象。怎麼說呢？透過論集，可以看到唐太宗君臣在闡釋重要想法時，多會引證資料來增強信度，我們將這些引證資料回查《群書治要》，經過彙整、分析與統計之後，顯示出引證的資料同樣也被收錄在《群書治要》中具有極高的佔比，這樣的結果說明了《群書治要》與貞觀思潮的緊密性。因此，透過《貞觀政要》與《群書治要》的關聯，將可釐清當時關注的焦點與核心

7　〔宋〕樓鑰：〈論實用空言〉，《攻媿集》（北京：中華書局，1985 年），頁 301。

的理念。

且舉幾個例子來說明。

首先，就以貞觀一朝最為核心的治政理念——仁義為治——為例。「仁義為治」是魏徵堅持與推動的核心治政理念之一，之後也確實成為了貞觀一朝施政的主要方針，從而成就了眾所周知的「貞觀之治」。不過，透過《貞觀政要》的記述，可以知道貞觀之初對於未來施政的方針，唐太宗本無定見而臣子看法分歧，最終得以貞定方向，魏徵與封德彝的精彩路線爭辯起了關鍵性作用。仔細揣摩魏徵的說法：「五帝、三王，不易人而理。行帝道則帝，行王道則王，在於當時所理，化之而已。考之載籍，可得而知。」[8]這種看待人民以及強調施為的觀點，與《群書治要·墨子》：「昔者，桀之所亂，湯治之；紂之所亂，武王治之。此世不渝而民不改，上變正而民易教。其在湯、武則治，其在桀、紂則亂。安危治亂，在上之發政也。」[9]兩者意蘊相通。由此可知，《群書治要》並非單純是文獻資料的集成，其中存有魏徵等人的治政理念，而《貞觀政要》是剖析、解讀的重要依據。

其次，以唐太宗踐行誠信為例。魏徵有言：「臣聞為國之基，必資於德禮，君之所保，惟在於誠信。誠信立則下無二心，德禮形則遠人斯格。」[10]由此可知，唐太宗踐行誠信無疑是受到魏徵的影響。當然，如何定義誠信，自有唐太宗的看法，我們可以關注的是，太宗在踐行誠信上所透露的訊息。看一段《貞觀政

---

[8] 〔唐〕吳兢撰、謝保成集校：《貞觀政要集校》（北京：中華書局，2012 年），頁 36。

[9] 〔唐〕魏徵等編撰：《群書治要》校訂本，頁 831。除此之外，我們尚可找到其他的截錄文獻也顯示出這樣的觀點，例如《魏志》：「夫聖人不擇世而興，不易人而治。」《申鑒》：「桀、紂不易民而亂，湯、武不易民而治，政也。」

[10] 〔唐〕吳兢撰、謝保成集校：《貞觀政要集校》，頁 308。

要》裡的記載：有人上書陳情請皇帝斥退佞臣，太宗自認選用的
都是賢能有德性的人，就問可知道佞臣是誰呢？臣子並未直接回
應，而是提議說：「請陛下佯怒以試群臣，若能不畏雷霆，直言
進諫，則是正人，順情阿旨，則是佞人。」雖然不失為一良策，
但是太宗卻回應說：「流水清濁，在其源也。君者政源，人庶猶
水，君自為詐，欲臣下行直，是猶源濁而望水清，理不可得。」
由此可知，問題關鍵在「佯」、「詐」，所以太宗就總結說：
「朕欲使大信行於天下，不欲以詐道訓俗，卿言雖善，朕所不取
也。」[11]這樣的處事態度與精神，若取《群書治要》來看，與從
《吳越春秋》中截錄「白龍魚服」的內容有異曲同工之處。如
此，再一次說明了《貞觀政要》與《群書治要》的緊密關係。

　　又次，以唐太宗力行修身為例。將修身視為國治的要點，在
《貞觀政要》裡我們正好能夠在〈君道〉中看到唐太宗與魏徵的
對話，兩人同樣肯定修身與國治之間的緊密關聯，不過值得我們
特別留意的是，魏徵引用詹何「修身理國」的事蹟，同樣可見於
《群書治要》中的《列子・說符》與《政要論・臣不易》。如此
的緊密性，彰顯出《群書治要》的地位與價值。

　　根據以上所述，將《群書治要》與《貞觀政要》視為一體，
透過整合的方式，當可梳理其中存在的思想內涵，殆無疑義。也
就是說，我們將《群書治要》梳理出的關懷議題：「為君難」、
「為臣不易」、「君臣共生」、「直言受諫」、「法制」、「牧
民」與「戢兵」，就能夠透過《貞觀政要》來明確這些議題的內
涵與意義。當議題的內涵獲得確認，彼此的關聯也就浮現出來

---

[11]　〔唐〕吳兢撰、謝保成集校：《貞觀政要集校》，頁289。

了，整體思想的脈絡與特質也就鮮明了起來。

我們可以從幾個問題的思考來呈現關注議題之間的關係，以「為君難」而言，唐太宗為什麼會意識到身為君主有該「為」之事？又為何「難」為呢？可以這樣說，太宗由自省帶出革除「自矜」、「自賢」的想法，展現了自我限縮的觀點；以「為臣不易」而言，由自我想到他者，太宗想到作為不同個體的臣下當「為」何事？覺察到臣下何以「難」為？由此展現了對不同個體的理解與體貼；以「君臣共生」而言，君臣之間是什麼關係呢？以往是君尊臣卑的上下關係，太宗在自我限縮與意識臣下角色的情形下，尋求君臣能夠共生共成，這意味著君臣對待的模式與認知，與過往是有所不同的；以「直言受諫」而言，君臣既求共生共成，那麼如何落實呢？臣下講「直言」與君主求「受諫」，即是這種共生共成的互動模式；以「法制」、「牧民」與「戢兵」而言，在君臣關係的變化下，這些認定也產生什麼變化呢？如「法」不再講任法御人，「兵」不再求甲仗之數，「牧民」講求「生民」之道。由此可見，議題與議題之間，彼此緊密關聯。當然，最為關鍵之處，即是作為核心的「君」有了內省與外察的嶄新思想。

總之，《群書治要》與《貞觀政要》具有一古一今、理論（虛）和現實（實）的相互映照關係，彼此在研究、理解上具有相互發明的作用，是不可或缺的存在。

（三）洞悉裁截的用心：文獻比對

既然《群書治要》是魏徵等人透過截錄古籍的方式來展現想

法,那麼具體掌握剪裁的樣貌,是理解魏徵等人用心最為直接的方式。如何掌握剪裁的樣貌呢?別無他法,就是採取文獻比對的方式。透過細心比對的過程,不僅可以看見究竟《群書治要》保留了多少文獻,更重要的是掌握被魏徵等人割捨的部分,當擷取與捨去兩方面都有充分的認知之後,才能貼近魏徵等人的編纂用心,看見屬於《群書治要》自身的精彩。

透過文獻的比對,究竟可以看見什麼呢?就以《群書治要》收錄的《墨子》、《左傳》與《管子》為例。

《墨子》中幾篇核心的篇章,〈尚賢〉、〈尚同〉、〈兼愛〉、〈非攻〉、〈節用〉、〈節葬〉、〈天志〉、〈明鬼〉、〈非樂〉、〈非命〉與〈非儒〉正好鮮明的展現墨子的思想特色。然而,《群書治要・墨子》卻僅僅選錄〈尚賢〉與〈非命〉,並將之與〈所染〉、〈法儀〉、〈七患〉、〈辭過〉、〈貴義〉結合,作為符合《群書治要》理念表述的篇章內容。從焦點的轉移,論述的改變,可想而知《群書治要・墨子》已非《墨子》的本來面目。

至於《左傳》方面,以宣公二年「大棘之戰」來看,《左傳》解經的書寫有五大段落三個層面,內容豐富而生動,尤其其中兩個「君子曰」的論斷,展現了價值的判斷。然而,《群書治要・左傳》卻刻意截錄第一段與第三段的部分內容,並將「君子曰」剔除,顯見魏徵等人有意跳脫《左傳》詮釋的框架,賦予此段事蹟以新的意義。因此,若簡略地將《群書治要・左傳》與《左傳》視為相同的呈現,這是忽視魏徵等人編纂用心的錯誤看法。

至於《管子》方面,《群書治要・管子》從七十六篇中選錄

二十篇的部分內容，作為魏徵等人理念的展現。兩者有什麼不同呢？扼要地說，管子思想具有法家特點，從君權維護的角度，建構起法的思維體系，而魏徵心中的管子，可以用《貞觀政要》記載魏徵引用管子的話來代表，魏徵說：「管子曰：『聖君任法不任智，任公不任私。』故王天下，理國家。」[12]可以說，在「為君難」的認知下，唐太宗順從魏徵的想法，重新定義君、臣的角色與關係，使得法家君尊臣卑、任法御人的觀點已不復見，取而代之的是君臣共生、法行公正的理念。

　　根據以上的討論，可以清楚知道，文獻比對的工夫，對理解《群書治要》是何等的重要。簡單的說，沒有文獻的比對，就不知剪裁的奧妙；不知剪裁的奧妙，就無法掌握《群書治要》的精彩。唯有細心比對，掌握剪裁用心，才能理解《群書治要‧老子》已不同於《老子》，《群書治要‧管子》已不同於《管子》，洞悉《群書治要》賦予所收經典的意義與價值。

　　總結來說，在第一階段的研究中，僅就《群書治要》的歸類與分析，從「文脈」可以看見關懷的面向與聚焦的議題；進入第二階段的研究，透過《群書治要》與《貞觀政要》的關聯，發揮「語境」的效用，能夠看清關懷議題的內涵與政治理念；進入第三階段的研究，藉由《群書治要》與原始經典的比對，釐清文獻剪裁的前後差異，將具體看見魏徵等人的用心與思想的特色。

12　〔唐〕吳兢撰、謝保成集校：《貞觀政要集校》，頁 294。

三、貞觀精神與唐型文化

　　利用《貞觀政要》解讀《群書治要》，不僅可以讓我們理解到貞觀時期對群體、互動、共生、共成等迥然不同觀點的重視，見識了魏徵的睿智及其治政理念之外，並且進一步看見支撐「貞觀之治」的價值與精神。這樣的價值與精神，擴大來看，甚至可以成為唐型文化的特質，而與宋型文化相互輝映。

　　經過前面的敘述，《群書治要》內在治政理念所帶來的改變，無論是君或臣，甚至是制度，無疑是巨大的，然而若要萃取出足以代表貞觀的精神與特質，當是魏徵於《群書治要・序》所申明的——「簡而易從」，也就是強調「行」的「實踐思想」。這正好與強調「知」的宋代思想，形成了對比。

　　為什麼貞觀一朝如此重視實踐性呢？當唐太宗接下政權，在貞觀二年時有天詢問臣子們說：「隋煬帝算是博學有才能的人，對堯、舜也是心儀推崇的，而對桀、紂也是厭惡否定的，但是為什麼在行事上卻完全背反呢？」此刻，魏徵回應說：「身為君主雖然賢能並且擁有智慧，但是仍然需要不自滿而接納他人意見，如此才能得到眾人的協助，成就事業，隋煬帝就是憑恃他的才能而驕傲自大，所以才會導致國家滅亡。」在這裡，魏徵有句簡明扼要的話正好能夠鮮明的凸顯問題：「口誦堯舜之言而身為桀紂之行」。[13]此外，魏徵曾引用的觀點：「非知之難，行之惟難；

13　〔宋〕王欽若等編纂；周勳初等校訂：《冊府元龜》（校訂本）（南京：鳳凰出版社，2006），頁1750。相近說法又可見於〔宋〕沈樞《通鑑總類》。

非行之難，終之斯難。」[14]，也正說明了他一直聚焦的問題。就是因為帶有這樣的意識，使得實踐性成為了首要且持續關注的面向。

從實踐性展開的思想，最終成就了「貞觀之治」，它的內涵就存在《群書治要》裡。換言之，從《群書治要》可以獲得的最大啟發，就是「實踐思想」。

要怎麼理解「實踐思想」呢？有什麼特別呢？我們就以跑步為例，以「知」為導向的思維模式，像是起、終點確定，鳴槍式的競賽，思慮專注在如何迅速且順利安全的到達目的地，時間是壓力，過程只有充滿著種種需要克服的困境，喜悅留待成就的那一刻。以「行」為導向的思維模式，像是自由的跑者，雖然也有終點，但是時間不是壓力，所以可以提速快跑，也可以降速慢步，可以取捷徑，也可以繞遠路，重點在感受過程中不斷出現的意外驚喜，或看見剎那美景，或與人親切互動，或享受微風吹拂，萬物靜觀皆自得，喜悅之情時刻存在。可以這樣說，「實踐思想」有著迥然不同的心態與認知，最根本的差異，也是最符合實情的，就是在於對未來秉持「不可知」、「不可控」，誰知道這一步走下去會有什麼結果呢？所以在踏實前行時，需要用心感受一切，以欣賞的角度，期待「新的元素」的出現與加入，促成更精彩、美好、豐富的人生。由此可見，在實踐思想裡，「過程」是最重要的，一步一體驗，步步精彩。

除此之外，透過《群書治要》的啟發，「實踐思想」可以包含哪些面向呢？其一，是「人」：由於個體是有局限的，需要群

---

[14] 〔唐〕吳兢撰、謝保成集校：《貞觀政要集校》，頁536。

體的協助才得以成就，因此培養人脈、建立良好人際關係，就顯得非常重要。其二，是「事」：在踐履的過程中，容易懈怠，無法貫徹始終，原因無他，就是缺乏欣賞、感受美好事物的能力，因此需要培養開闊的胸襟，遠大的眼界，靈活的思緒，才有正向看待事物的心態。其三，是「時」：若立場不變，時機自然有好有壞，有順有逆，然而禍福相倚，因此需能轉換視角，順應時勢，化阻力為助力。其四，是「地」：雖然心態保持正向，無入而不自得，但在積極應對時，塑造有利的環境，更易形成善的循環，如同建築學的名言：「人塑造環境，環境塑造人。」其五，是「物」：在實踐的場域裡，有可利用的資源，或想擁有的物品。或許人因有追求美好事物的慾望，而有成長的動力，但是若不懂得珍惜，獲得當下即變為平庸，那麼往往只是流於不斷追求的空虛，因此珍惜資源、保有初心是富足安樂、心態正向的關鍵。

　　總之，由《群書治要》開啟的「實踐思想」，對於多變的現代而言，正向接納的心態，正能逐步踏實的往前邁進。

四、連結生活以譜寫新章

　　《群書治要》的可貴，是多面向的，包括保存古代典籍，存有屬於魏徵思想、貞觀思潮的文化資源，中日文化的視閾疊合。其中，有一個重要的面向，足以為後世的典範，那即是展現「熔古鑄今」的「剪截」手法。《群書治要》的內容幾乎完全吻合古代典籍的字句與思想，但是經過魏徵等人的剪截，卻能展現應世

的理念與智慧。

　　歷來文史研究的工作者，費心於解釋過去，希望從已發生的事實找到未來可資借鑒的價值，然而往往就陷溺其中，與現實有了隔閡，甚至是脫節，遑論未來如何又如何！《群書治要》的呈現，正好給予學術工作者一個反思，應該不僅止於「解釋過去」，而應該積極「面向生活，定義未來」。

　　回顧整個貞觀時期的政治發展過程，透過《貞觀政要》的君臣對話，不難理會「貞觀之治」的成就是難能可貴的。怎麼說呢？當唐太宗接下政權，面臨的處境，卻是連年災禍不斷，包括貞觀元年關中發生饑荒，貞觀二年天下發生蝗害，貞觀三年發生大水災，對於初掌大權的太宗而言，無疑是巨大挑戰。外在環境如此，如何應對挑戰呢？理所當然，必須依靠太宗的決斷與堅強的執政團隊。但是，此刻國政方針卻懸而未決，有三大核心問題困擾著太宗，大臣也爭執不休，包括「威權獨運或是委任群下」的權力運作問題，「耀兵振武或是以德服人」的對外政策問題，以及「仁義為治或是任法御人」的治理方式問題。最終，憑藉著魏徵的智慧與能力，配合太宗獨排眾議的決斷與貫徹執行的決心，才得以走出困境，成就貞觀治世。

　　擁有決策權的唐太宗，扮演的角色固然至關重要，設想若換成他人，廢棄魏徵的想法，也是理所當然，畢竟魏徵並非大臣、重臣、老臣，想法也迥異於眾人，但若是如此，也就不會迎來貞觀治世。不過，能顯巨大意義，仍體現在魏徵身上。怎麼說呢？除了必須具備動人的口才之外，有兩方面的能力與作為是值得後人借鑑的。一是，「洞悉趨勢」：平凡的人無法洞悉趨勢，掌握時代脈動，往往當下只會盲從、隨波逐流而已，時過境遷之後，

才恍然大悟，原來如此，唯有睿智的人，能夠見人所未見，看見時代核心問題，順著內在文明發展的脈絡，提出有力的解方，推動世界的進步。魏徵講仁義，重實踐，去自矜，求共生，見解迥異於封德彝，即是如此。二是，「熔古鑄今」：從傳統文化中汲取資源，轉化為應世的良方，這方面正好具體呈現為《群書治要》。怎麼說呢？一方面藉由古籍代言的形式呈現，另一方面透過剪裁方式轉化傳統思想，雖非破壞，但是已不盡是古義、原意，這是「熔古」。洞悉時代問題，轉化的傳統思想足能成為應世的理念、踐行的藍圖，這是「鑄今」。《群書治要》展現的「熔古鑄今」，終成貞觀治世，正說明了魏徵定義了未來。

借鑑魏徵，借鑑《群書治要》，古代框架需要大膽突破，在面向生活、面向社會、面向世界之時，洞悉趨勢，定義未來。現今，得益於科技的快速發展，人文社會學科的研究也有長足進步，包括古籍的數位化、大數據的應用等等。然而，偏向工具化的應用，似乎缺乏了最為核心的意義——「面向生活」，以致於不復見古代「士」——社會的中堅、文化推進者——的精神與作為。目前，科技正往另一個階段突破，想要再次定義未來，最負盛名就是 AI 的出現，未來的世界真令人期待。與此同時，人文學者可以扮演什麼角色呢？或者說，洞悉了趨勢嗎？怎麼參與「定義未來」呢？

其實，目前有一塊領域，正如火如荼的展開，那就是區塊鏈技術的應用。一方面以加密貨幣的型態展開著一場革命，另一方面試圖建構一個自由的虛擬空間，即元宇宙。關於前者，讓我引用卡蜜拉・盧索（Camila Russo）的話來了解目前這群人在努力的創造什麼：

讀到後面，希望你更了解他們的夢想，了解這群駭客如何打造一個迥異於當前世界運作模式的替代方案。今天的世界運作模式，是集中在少數幾個強大實體的手中，以太坊的創造者試圖把這股力量分散到個體的手中，讓大家更能掌握自己擁有的一切──從資產到資料，並擁有更多的自由，以自己想要的方式來運用──這就是我說加密貨幣是一場革命的原因。[15]

雖然不知道未來會不會挑戰成功，但是他們「洞悉」到的問題，以及想要來場「革命」，就是為了讓權力回歸個體，使人更「自由」，這不是走在自由、民主的進化路上嗎？他們的努力，明白的說，就是「去中心化」，這讓我想到唐太宗與魏徵在貞觀時期呈現的突破性思想──君臣共生，以及具體化的制度──中書、尚書、門下三省的分立，兩者中間有著異曲同工之處。也就是說，魏徵能夠汲取文化資源開出類「去中心化」（政治上可以是君無為而臣有為的模式）的理念，或許我們也可以「參與」這場革命，這場「定義未來」的活動，思考如何讓「去中心化」的運作成為可能，以及更具深刻意義。

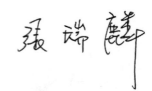

15　卡蜜拉・盧索（Camila Russo）著；洪慧芳譯：《以太奇襲：一位 19 歲天才，一場數位與金融革命》（台北：早安財經文化有限公司，2021 年），頁 24。

目 次

第一章　轉舊為新——《群書治要》的編纂與意義*

一、前言

　　回顧歷史，在朝代交替的時間區段中，對於文化的發展多具有關鍵性意義。戰火的洗禮，打破了學術文化穩定發展的走向，雖然典籍的焚棄與人才短缺等問題，常使新朝代在初始時顯得貧乏、失色，但伴隨而來的審視，汰除臃腫、無味、失根的學術內容，重新以不同的關懷與視野，形塑一代學術之新貌，卻是具有拓展文化的可貴價值。因此，在這看似失落的時刻裡，實質上蘊藏著劃定一代學術發展之要素而有待挖掘。

　　學術界有所謂「唐型文化」與「宋型文化」的說法[1]，作為一個朝代，唐代是如何發展成一個具有特殊性的「唐型文化」？如果，學術像是一個生命體，那麼初始的奠基，或將形塑其根本的性格。換言之，在初唐時期，關於學術文化的思考，是值得令人深入探究的。例如羅宗強在《隋唐五代文學思想史》中即肯定唐太宗和他們的重臣們為唐代文學的發展，奠定了很好的思想基

*　本文刊登於《文與哲》第三十六期（2020年6月）。論文內容是在執行「極樂寺與國立成功大學中國文學系共同培育漢學教育研究人才先期研究計畫」的研究成果上加以修訂，感謝極樂寺的經費資助。

[1]　傅樂成：〈唐型文化與宋型文化〉，見氏著《漢唐史論集》（臺北：聯經出版社，1981年），頁339-382。

礎。[2]不過，整體而言，對於初唐時期學術文化的詮釋與掌握，
仍欠缺一個精彩的關注視角。[3]

根據《唐會要》的說法，《群書治要》[4]一書是在貞觀五年
九月二十七日由魏徵等人編撰而成，並詳述云：

> 太宗欲覽前王得失。爰自六經，訖于諸子，上始五帝，下
> 盡晉年。徵與虞世南、褚亮、蕭德言等始成凡五十卷。上
> 之。諸王各賜一本。[5]

藉此，可以形成以下四點推想：其一，《群書治要》的編纂是在
唐太宗「欲覽前王得失」的情形下所發起，則上之所好，下必從
之，對於學術文化的投注，勢將形成風尚。其二，就編纂的時間
來看，屬於新時代的開端，其中正蘊含著新舊並存的思維內涵。
新的視野，或尚疏淺，然而以其蘊含帶來巨變之契機，彌足珍
貴。其三，視野所及，包含了經、史與諸子，層面之廣，可以視
為是融攝文化傳統的一個嘗試。其四，就編纂者而言，魏徵、虞
世南、褚亮與蕭德言四人，不僅學識淵博、學術涵養深厚，並且

---

[2] 羅宗強指出：「唐太宗和他的重臣們明確提出了文學必須有益於政教的主張，同時他們又重視文學的藝術特點，既反對綺艷文風，又並沒有連文學的藝術特性一并反掉，他們的文質並重的文學觀，為唐文學的發展奠定了一個很好的思想基礎。」文見氏著：《隋唐五代文學思想史》（北京：中華書局，2003年），頁19。

[3] 龔鵬程：〈唐朝中葉的文人經說〉，《湖南大學學報》（社會科學版）第20卷第1期（2006年1月），頁16-27。即以唐中葉貞元、元和之際存在文人說經的情形，此突破了對唐代經學的解讀與認知。

[4] 《群書治要》的書名略有不同，有名言「政要」、「理要」，依據魏徵等人所撰序文而言，當以「治要」為是。島田翰以為避唐高宗諱改治為理，又改為政。見島田翰：《古文舊書考》（臺北：廣文書局，1967年），頁157。

[5] 〔宋〕王溥：《唐會要》（京都：株式會社中文出版社，1978年），頁651。

具有舉足輕重的地位。舉如唐太宗所云:「貞觀以前,從我平定
天下,周旋艱險,玄齡之功無所與讓;貞觀之後,盡心於我,獻
納忠讜,安國利人,成我今日功業,為天下所稱者,惟魏徵而
已。」[6]作為輔成要角,魏徵等人所編撰之《群書治要》,理當
蘊含契合走向盛世的思維內涵。由此而言,《群書治要》深具價
值與意義。

　　然而,從《群書治要》的傳播與影響來看,不免令人產生疑
惑。一方面,成書後的《群書治要》並未獲得廣泛的流行與儒者
的討論,南宋時即見散佚之說,元代後當已不傳,今日所見乃清
嘉慶年間由日本回傳到中土的版本,藉此可見《群書治要》長期
被漠視的現象。另一方面,以關注《群書治要》的視角來說,最
為突出的面向,就是文獻學的掌握方式,而流傳於日本的特殊
性,讓中日文化的交流得到新的內涵,也有採用特殊視角來探討
《群書治要》蘊含意義的空間。不過,就目前關於《群書治要》
的四類研究:其一,以《群書治要》為對象,進行較為全面的展
示,舉如周少文《《群書治要》研究》與金光一《《群書治要》
研究》。[7]其次,擷取某個面向進行《群書治要》的分析與詮
釋,舉如呂效祖〈《群書治要》及中日文化交流〉、吳剛《從
《群書治要》看貞觀君臣的治國理念》、洪觀智《《群書治要》
史部研究──從貞觀史學的致用精神談起》、潘銘基〈「昭德塞
違,勸善懲惡」──論《群書治要》所引先秦諸子與治國之道〉

6　〔唐〕吳兢;謝保成集校:《貞觀政要集校》(北京:中華書局,2012 年),頁 63。

7　周少文:《《群書治要》研究》(臺北:國立臺北大學碩士論文,2007 年)。金光一:《《群
書治要》研究》(上海:復旦大學博士論文,2010 年)。

等。[8]其三，以文獻學的角度，著重於文獻保存的價值。除周少文與金光一亦有著墨外，舉如張蓓蓓〈略論中古子籍的整理——從嚴可均的工作談起〉、吳金華〈略談日本古寫本《群書治要》的文獻學價值〉、林溢欣〈從《群書治要》看唐初《孫子》版本系統——兼論《孫子》流傳、篇目次序等問題〉、王維佳《《群書治要》的回傳與嚴可均的輯佚成就》等。[9]其四，著重於實踐的推廣。舉如劉余莉、谷文國〈《群書治要》的得人之道〉、劉余莉、劉紅利〈《群書治要》論奢靡之害〉等。[10]諸多研究成果，仍舊無法彰顯位處於「初唐時期」之《群書治要》所蘊含的獨特價值與意義。

為彰顯《群書治要》蘊含著思維脈絡與時代特色，本文擬透過《群書治要》的梳理，審視其編纂型態與編纂宗旨，期盼能明晰《群書治要》所存在的思維架構與特殊取向。

---

[8] 呂效祖：〈《群書治要》及中日文化交流〉，《渭南師專學報》（社會科學版）1998年第6期，頁22-25。吳剛：《從《群書治要》看貞觀君臣的治國理念》（西安：陝西師範大學碩士論文，2009年）。洪觀智：《《群書治要》史部研究——從貞觀史學的致用精神談起》（臺北：國立臺灣大學碩士論文，2015年）。潘銘基：〈「昭德塞違，勸善懲惡」——論《群書治要》所引先秦諸子與治國之道〉，《諸子學刊》第十一輯（2015年1月），頁297-319。

[9] 張蓓蓓：〈略論中古子籍的整理——從嚴可均的工作談起〉，《漢學研究》第32卷第1期，頁39-72。吳金華：〈略談日本古寫本《群書治要》的文獻學價值〉，《文獻季刊》2003年7月第3期，頁118-127。林溢欣：〈從《群書治要》看唐初《孫子》版本系統——兼論《孫子》流傳、篇目次序等問題〉，《古籍整理研究季刊》2011年5月第3期，頁62-68。王維佳：《《群書治要》的回傳與嚴可均的輯佚成就》（上海：復旦大學碩士論文，2013年）。

[10] 劉余莉、谷文國：〈《群書治要》的得人之道〉，《理論探索》2014年第4期，頁67-70、101。劉余莉、劉紅利：〈《群書治要》論奢靡之害〉，《中共中央黨校學報》2014年2期，頁88-91。

二、《群書治要》的編纂型態

　　《群書治要》所呈現的樣貌究竟有何特色而值得探究呢？有關於此，可以從幾個方面來進行掌握：（一）典籍的性質。（二）取材的範圍。（三）選編的內容。（四）撰寫的方式。以下分別詳細說明。

（一）典籍的性質

　　根據〈群書治要序〉一文中所述：

> 但《皇覽》、《遍略》，隨方類聚，名目互顯，首尾淆亂，文義斷絕，尋究爲難。今之所撰，異乎先作，總立新名，各全舊體，欲令見本知末，原始要終，并弃彼春華，采茲秋實。一書之內，牙角無遺；一事之中，羽毛咸盡。[11]

從與《皇覽》、《遍略》的類比而言，《群書治要》的性質，當與之類似。然而，若因此等同視之，卻是魏徵等人所無法認同的。原因在於：《皇覽》是中國類書的始祖，與《遍略》一樣，是以「直書其事」、「隨方類聚」的方式來呈現，大體而言，屬於一種方便查驗資料的工具書，唐初即大量編輯這種類書，應與當時詩文創作大量徵集詞藻典故的需要，有著密切的關聯。顯

11　〔唐〕魏徵等撰：〈群書治要序〉，見魏徵等編撰；《群書治要》校訂本編輯委員會校訂：《群書治要》校訂本（北京：中國書店，2014 年），頁 2。本文所引《群書治要》，皆出自此書，為避免註解繁複，除必要說明外，將於文末逕明所出頁數，不另行標註。

然，在編輯意識上魏徵等人清楚地想要有所區隔，企圖展現出不同的意義，所謂「異乎先作」即是。

何謂「異乎先作」？焦點即在於內容之「文義」的呈現上。不同於僅止於追求可觀之詞藻，致使置「文義斷絕」於不顧，《群書治要》的編纂即反過來重視「文義」的完整性，秉持要能知本末、見始終的原則，將原有的「體」保存下來，最終在選錄的內容上展現出「一書之內，牙角無遺；一事之中，羽毛咸盡。」的全面性與完整性。

有關《群書治要》的特殊性，聞一多在討論類書時已有所關注，其云：

> 章句家是書簏，類書家也是書簏，章句家是「釋事而忘意」，類書家便是「采事而忘意」了。我這種說法並不苛刻。只消舉出《群書治要》來和《北堂書鈔》或《藝文類聚》比一比，你便明白。同是鈔書，同是一個時代的產物，但拿來和《治要》的「主意」的質素一比，《書鈔》或《類聚》「主事」的質素便顯著格外分明了。[12]

《北堂書鈔》，雖也是由虞世南所撰作，但根據劉禹錫的說法，乃是「集群書中事可為文用者」[13]，正如聞一多的判斷，著重於「采事」而忘了所存之「意」。至於《藝文類聚》，乃歐陽詢所

---

[12] 聞一多：〈類書與詩〉，見《聞一多全集・唐詩編上》（武漢：湖北人民出版社，1993 年），頁 6。

[13] 說法見總目提要「《北堂書鈔》一百六十卷」條，見〔清〕紀昀等：《欽定四庫全書總目》（整理本）（北京：中華書局，1997 年），頁 1771。

撰，雖「比類相從，事居於前，文列於後」[14]，合《皇覽》與
《文選》之兩長，但性質依舊與《北堂書鈔》近似，聞一多就認
為扣除了詩賦文部分，《藝文類聚》便等於是《北堂書鈔》了，
其間的差異更可視為是類書的進化史。[15]迥異於《北堂書鈔》與
《藝文類聚》的「主事」，《群書治要》展現出「主意」的質
素，聞一多確實凸顯出《群書治要》在編撰時，就存有一「文
義」關注的核心思維。

綜上所述，《群書治要》雖被劃歸為類書，但是在以「文
義」為主軸的呈現下，讓人無法迴避其保存舊「體」的特殊性，
並順此而思考到其中是否蘊含魏徵等人編撰之「意」呢？若是，
則《群書治要》是否即具有「以編代作」之特殊性的意涵呢？

（二）取材的範圍

《群書治要》在編撰成書時共有五十卷，依據〈群書治要
序〉一文中的敘述，文曰：

> 爰自六經，訖乎諸子，上始五帝，下盡晉年。凡爲五帙，
> 合五十卷。（〈群書治要序〉，頁2）

所以五十卷的《群書治要》，選錄典籍的時間區段，是從「五
帝」開始，直至「晉」為止。至於選錄的內容，從「六經」到

---

[14]　說法見總目提要「《藝文類聚》一百卷」條，見〔清〕紀昀等：《欽定四庫全書總目》（整理本），頁1771。

[15]　聞一多：〈類書與詩〉，頁6-7。

「諸子」，詳細來說，包括了「經」、「史」與「子」，橫跨三部的典籍。具體選錄的典籍，整理如下表：

次序	書名	次序	書名	次序	書名	次序	書名
1	周易	2	尚書	3	毛詩	4	左傳
5	禮記	6	周禮	7	周書	8	國語
9	韓詩外傳	10	孝經	11	論語	12	孔子家語
13	史記	14	吳越春秋	15	漢書	16	後漢書
17	魏志	18	蜀志	19	吳志	20	晉書
21	六韜	22	陰謀	23	鬻子	24	管子
25	晏子	26	司馬法	27	孫子兵法	28	老子
29	鶡冠子	30	列子	31	墨子	32	文子
33	曾子	34	吳子	35	商君書	36	尸子
37	申子	38	孟子	39	慎子	40	尹文子
41	莊子	42	尉繚子	43	孫卿子	44	呂氏春秋
45	韓子	46	三略	47	新語	48	賈子
49	淮南子	50	鹽鐵論	51	新序	52	說苑
53	桓子新論	54	潛夫論	55	崔寔政論	56	仲長子昌言
57	申鑒	58	中論	59	典論	60	劉廙政論
61	蔣子萬機論	62	政要論	63	體論	64	時務論
65	典語	66	傅子	67	袁子正書	68	抱朴子

　　根據上表所示，《群書治要》選錄的典籍來源，合計共有六十八部著作。[16]其中，卷一至卷十所收為屬於「經」的十二部著作，即次序 1～12，卷十一至卷三十所收為屬於「史」的八部著作，即次序 13～20，而卷三十一至卷五十所收為屬於「子」的四十八部著作，即次序 21～68。[17]目前可見版本僅有四十七卷，卷四之《春秋左氏傳》（上）、卷十三之《漢書》（一）與卷二十之《漢書》（八）三卷已亡佚，雖有缺憾，但並無礙於對選錄標的的掌握。[18]至於「子」的四十八部著作，依據《隋書・經籍志》的流派來看，屬於儒家者，有十七部，數量上最多；屬於道家者，有六部；屬於墨家者，有一部；屬於法家者，有八部；屬於名家者，有一部；屬於雜家者，有九部，份量上僅次於儒家；屬於兵家者，有六部，與道家等量齊觀。大體而言，儒家依舊具有主流地位而佔有較大的份量，不過道家、法家、雜家、兵家的份量，透露出《群書治要》在內涵上存在著多元而複雜的質素。

　　若依據《隋書・經籍志》的說法：「今考見存，分為四部，合條為一萬四千四百六十六部，有八萬九千六百六十六卷。」[19]魏徵等人當時面對的典籍數量大致與此貼近，即使「經」、「史」兩部受限於傳統文化所形成的認知框架，致使擇取空間相

---

[16]　《群書治要》校訂本編輯委員會在出版說明中，指出收錄典籍為六十六種，見《群書治要》，頁1。金光一認為摘錄六十八種，見氏著《《群書治要》研究》，頁1。洪觀智以為注文外，引錄了至少六十五種，見氏著《《群書治要》史部研究──從貞觀史學的致用精神談起》，頁1。之所以會有收錄典籍數量上的統計差異，主要應是來自於《三國志》與《時務論》兩部分，因《三國志》，實含《魏志》、《蜀志》與《吳志》，而《時務論》則有混入《體論》的情形。本文認為當以分別看待為宜，故收錄典籍之數應為六十八。

[17]　經、史、子的統計，乃是根據《隋書・經籍志》的分部。

[18]　本文所採校訂本雖有此三卷，但實為今人所補，故暫不討論。

[19]　〔唐〕魏徵、令狐德棻：《隋書》（北京：中華書局，1982年），頁908。

對較小，但以最終僅擇取六十八部著作來說，經過了精挑細選，其間必然存在著相通、相同的質素，始能共同建構起《群書治要》的思維殿堂。

　　因此，根據選錄著作的質量來看，《群書治要》存在著值得深入挖掘的意蘊。

（三）選編的內容

　　進一步觀察《群書治要》針對所收錄之六十八部著作的處理情形，可以看到去取間呈現出各自不同的跡象，以下分別由「經」、「史」、「子」三大部分來進行呈現：

1.「經」部方面

　　首先，以《周易》而言，《群書治要》引錄的資料依序為：

乾、坤、屯、蒙、師、比、履、泰、否、同人、大有、謙、豫、隨、觀、噬嗑、賁、大畜、頤、習坎、離、咸、恒、遯、大壯、晉、明夷、家人、睽、蹇、解、損、益、升、革、鼎、震、艮、豐、兌、渙、節、中孚、小過、既濟
繫辭（上）、繫辭（下）
說卦傳

　　六十四卦方面，擇取了其中的四十五卦，除乾、坤兩卦最後分別附有〈文言〉外，每卦後多兼有〈彖〉、〈象〉，且先〈彖〉而後〈象〉，少部分單取〈彖〉而無〈象〉，至於單獨附〈象〉的情形，並未見到。關於未收錄的十九卦，分別為：需、訟、小畜、蠱、臨、剝、復、无妄、大過、夬、姤、萃、困、

井、漸、歸妹、旅、巽、未濟。[20]僅就卦的數量來說，選錄的比例約佔七成，且選錄內容並未見穿插、錯亂之現象，依去取之跡象已可見編撰之用心。

其次，以《尚書》而言，《群書治要》引錄的資料依序為：

虞書	堯典、舜典、大禹謨、皋陶謨、益稷〔謨〕
夏書	五子之歌
商書	仲虺之誥、湯誥、伊訓、太甲上、太甲中、太甲下、咸有一德、說命上、說命中、說命下
周書	泰誓上、泰誓中、泰誓下、牧誓、武成、旅獒、康誥、酒誥、無逸、蔡仲之命、多方、立政、周官、君陳、畢命、君牙、冏命、呂刑

以上資料，乃是依據《群書治要》所選錄內容，核對《尚書》原本篇章所得，共關涉三十四個篇章。[21]至於，未觸及內容的篇章有：

夏書	禹貢、甘誓、胤征
商書	湯誓、盤庚上、盤庚中、盤庚下、高宗肜日、西伯戡黎、微子
周書	洪範、金縢、大誥、微子之命、梓材、召誥、洛誥、多士、君奭、顧命、康王之誥、文侯之命、費誓、秦誓

合計共有二十四個篇章的內容並未被《群書治要》所節錄。依據篇章的比例來說，被選錄的篇章，約佔總篇章的有五成八，與《易》相較，取捨更加鮮明，編纂之意值得玩味。

20　今本比對依〔魏〕王弼、韓康伯注；〔唐〕孔穎達等正義：《周易正義》，收入〔清〕阮元校勘：《十三經注疏》（1）（臺北：藝文印書館，1993 年）。

21　今本比對依〔漢〕孔安國傳；〔唐〕孔穎達等正義：《尚書正義》，收入〔清〕阮元校勘：《十三經注疏》（1）（臺北：藝文印書館，1993 年）。

又次，以《毛詩》而言，《群書治要》所引錄的資料，詳細情形如下：

周南	關雎、卷耳
邵南	甘棠、何彼襛矣
邶風	柏舟、谷風
鄘風	相鼠、干旄
衛風	淇澳、芄蘭
王風	葛藟、采葛
鄭風	風雨、子衿
齊風	雞鳴、甫田
魏風	伐檀、碩鼠
唐風	杕杜
秦風	晨風、渭陽、權輿
曹風	蜉蝣、候人
小雅	鹿鳴、皇皇者華、常棣、伐木、天保、南山有臺、蓼蕭、淇露、六月、車攻、鴻雁、白駒、節南山、正月、十月之交、小旻、小宛、小弁、巧言、巷伯、谷風、蓼莪、北山、青蠅、賓之初筵、采菽、角弓、菀柳、隰桑、白華、何草不黃
大雅	文王、大明、思齊、靈臺、行葦、假樂、民勞、板、蕩、抑、桑柔、雲漢、崧高、烝民、瞻仰
周頌	清廟、振鷺、雝、有客、敬之
魯頌	閟宮
商頌	長發、殷武

《群書治要》在《毛詩》的編寫內容上，標明各國國風，如「周南」、「邵南」等，並引錄了詩大序與小序的內容。依據上

12

表所示，《群書治要》共選錄了七十八首作品，其中於「風」之
十五國風選取了十二國風，排除了〈陳〉、〈檜〉與〈豳〉，共
有二十四首作品；於「雅」之〈大雅〉、〈小雅〉中擇取了四十
六首作品；於「頌」之〈周頌〉、〈魯頌〉、〈商頌〉中擷取了
八首作品。整體來說，《群書治要》在選錄《毛詩》上，幾乎兼
顧其本身的完整性，符合序文所謂「各全舊體」的想法。至於作
品選錄的比例，依據《詩經》三百零五篇來說[22]，僅佔約兩成
五，嚴選的跡象傳達出魏徵等人特殊的編選關懷。

又次，以《春秋左氏傳》而言，《群書治要》所引錄的情形
如下：

春秋左氏傳（上）	佚	
春秋左氏傳（中）	宣公	二年、三年、十一年、十二年、十五年、十六年
	成公	二年、六年、八年、十六年
	襄公	三年、四年、九年、十一年、十三年、十四年、十五年、二十一年、二十三年、二十五年、二十六年、二十七年、二十九年、三十年、三十一年
春秋左氏傳（下）	昭公	元年、三年、四年、五年、六年、七年、八年、九年、十二年、十三年、十五年、十八年、十九年、二十年、二十五年、二十六年、二十七年、二十八年
	定公	四年、五年、九年

---

[22]　今本比對依〔漢〕毛公傳、鄭玄箋；〔唐〕孔穎達等正義：《毛詩正義》，收入〔清〕阮元校勘：《十三經注疏》（2）（臺北：藝文印書館，1993年）。

	哀公	元年、六年、十一年、十四年、二十四年

　　《春秋左氏傳》（上）為《群書治要》卷四，已佚，無法掌握其選錄狀態。至於其他部分，核對於《春秋左氏傳》[23]，宣公原記載了十八年，《群書治要》選錄了其中的六年；成公原亦記載了十八年，《群書治要》選錄了其中的四年；襄公原記載了三十一年，《群書治要》選錄了其中的十五年；昭公原記載了三十二年，《群書治要》選錄了其中的十八年；定公原記載了十五年，《群書治要》選錄了其中的三年；哀公原記載了二十七年，《群書治要》選錄了其中的五年。依據以上所得資料，以「年」之時間單位為計算基礎，《群書治要》選錄《春秋左氏傳》的比例，約佔有三成六。雖然擇取有偏重於襄公與昭公的現象，但即使僅就兩公記載而言，擇取比例亦分別僅有約四成八與五成六而已，與《書》的情形貼近。值得提出的是：《春秋左氏傳》被截錄的內容，不僅多以對話的生動形式呈現，並且展現出顯著的「表意」作用。[24]

　　又次，以《禮記》而言，《群書治要》所選錄與未選錄的情形如下：

選錄篇章	曲禮（曲禮上、曲禮下）、檀弓（下）、王制、月令、文王世子、禮運、禮器、內則、玉藻、大傳、樂記、祭法、祭義、祭統、經解、仲尼燕居、中庸、表記、緇衣、大學、昏義、射義
未選錄篇章	檀弓上、曾子問、郊特牲、明堂位、喪服小記、少儀、學記、雜記上、雜記下、喪大記、哀公問、孔子

---

[23]　今本比對依〔晉〕杜預注；〔唐〕孔穎達等正義：《春秋左氏傳正義》，收入〔清〕阮元校勘：《十三經注疏》（6）（臺北：藝文印書館，1993 年）。

[24]　若以時間與事件兩相衡量，大體上《群書治要》截錄了《春秋左氏傳》約八十則的內容。

	閒居、坊記、奔喪、問喪、服問、間傳、三年問、深衣、投壺、儒行、冠義、鄉飲酒義、燕義、聘義、喪服四制

　　根據上表所述，可知《群書治要》選錄了《禮記》中的二十三個篇章的內容，而未進行引錄的篇章則有二十六個篇章。[25]以篇章比例上來說，《群書治要》選錄的資料所涉及的篇章量，約佔《禮記》總篇章數的四成七，不及半數，精挑細選意味著魏徵等人印可的思維。

　　又次，以《周禮》而言，《群書治要》所選錄與未選錄的情形如下：

選錄篇章	天官	大宰、膳夫
	地官	大司徒、鄉師、師氏、保氏、司救
	春官	大司樂
	夏官	大司馬、司勛（勳）
	秋官	大司寇、小司寇、司刺、小行人、掌客
未選錄篇章	冬官考工記	

　　《周禮》原篇名為〈天官冢宰〉、〈地官司徒〉、〈春官宗伯〉、〈夏官司馬〉、〈秋官司寇〉，《群書治要》僅簡略稱之。[26]從整體來說，《群書治要》似乎僅略過〈冬官考工記〉，實則不然，就以〈天官冢宰〉而言，《周禮》記述了六十三種職司，而《群書治要》卻只擇取其二。由此可知，《群書治要》雖引錄了 15 種職司，不過是九牛一毛，比例甚低，足見魏徵等人

---

[25] 今本比對依〔漢〕鄭玄注；〔唐〕孔穎達等正義：《禮記正義》，收入〔清〕阮元校勘：《十三經注疏》（5）（臺北：藝文印書館，1993 年）。

[26] 今本比對依〔漢〕鄭玄注；〔唐〕賈公彥疏：《周禮注疏》，收入〔清〕阮元校勘：《十三經注疏》（3）（臺北：藝文印書館，1993 年）。

在資料的擷取上，確實經過一番仔細的斟酌。

又次，以《周書》而言，《群書治要》所選錄與未選錄的情形如下：

選錄篇章	文傳解、官人（解）、芮良夫解
未選錄篇章	度訓解、命訓解、常訓解、文酌解、糴匡解、武稱解、允文解、大武解、大明武解、小明武解、大匡解、程典解、程寤、秦陰、九政、九開、劉法、文開、保開、八繁、酆保解、大開解、小開解、文儆解、柔武解、大開武解、小開武解、寶典解、酆謀解、寤儆解、武順解、武穆解、和寤解、武寤解、克殷解、大匡解、文政解、大聚解、世俘解、箕子、耆德、商誓解、度邑解、武儆解、五權解、成開解、作雒解、皇門解、大戒解、周月解、時訓解、月令解、諡法解、明堂解、嘗麥解、本典解、王會解、祭公解、史記解、職方解、太子晉解、王佩解、殷祝解、周祝解、武紀解、銓法解、器服解、周書序

由上表可見，選錄與未選錄的比例相當懸殊，《群書治要》選錄所涉及的三個篇章，不過佔《周書》總數七十篇（另有序一篇）的百分之四而已。[27]不過，換個角度來說，魏徵等人仍選擇引錄《周書》的內容，披沙揀金，可以想見所擇取的內容，必是深契其「意」。

又次，以《國語》而言，《群書治要》所選錄與未選錄的情形如下：

選錄篇章	周語、晉語、楚語
未選錄篇章	魯語、齊語、鄭語、吳語、越語

---

[27] 今本依黃懷信、張懋鎔、田旭東：《逸周書彙校集注》（上海：上海古籍出版社，1995年）。

依據上表,《群書治要》選錄《國語》,在總數八篇中有三篇被節錄,似乎份量不小,不過實際上《群書治要》取材自〈周語〉部分只有兩處,自〈晉語〉部分只有三處,自〈楚語〉部分也只有三處,顯然所錄僅佔《國語》的極少部分。[28]由此可見,如同《周書》的選錄狀態,魏徵等人費心的斟酌,必有藉《國語》以代言其「意」。

又次,以《韓詩外傳》而言,今本《韓詩外傳》有十卷[29],《群書治要》引錄內容所出卷數為:卷二、卷三、卷五、卷六、卷七、卷八。特殊之處在於《群書治要》所選錄的內容,迥異於編寫之慣例,並未依序引錄,舉如選錄卷八資料後接續選錄卷三的內容,選錄卷七資料後接續選錄卷六的內容,甚至有選錄卷五資料後接續選錄卷三的內容,並且再次引錄卷五內容以為收束的情形。此外,文字敘述方面,亦多有出入。諸如此類之特殊現象,究竟是因為引錄底本異於今本《韓詩外傳》?或是刻意重新安排?值得進一步探索。

又次,以《孝經》而言,《群書治要》所選錄與未選錄的情形如下:

選錄篇章	開宗明義章、天子章、諸侯章、卿大夫章、士章、庶人章、三才章、孝治章、聖治章、紀孝行章、五刑章、廣要道章、廣至德章、廣揚名章、諫諍章、感應章、事君章
未選錄篇章	喪親章

依據上表所示,《群書治要》幾乎選錄了《孝經》的所有篇

28　今本依〔三國吳〕韋昭:《國語韋昭註》(臺北:藝文印書館,1974 年)。

29　今本依屈守元箋疏:《韓詩外傳箋疏》(成都:巴蜀書社,1996 年)。

章。[30]不僅如此，在於內容方面，具有一個非常特殊的現象，《群書治要》亦幾乎引錄了所取《孝經》篇章的所有內容。據此推想，《孝經》在初唐時期必然受到極大的關注與重視。

又次，以《論語》而言，《群書治要》所選錄與未選錄的情形如下：

選錄篇章	學而、為政、八佾、里仁、公冶長、雍也、述而、泰伯、子罕、顏淵、子路、憲問、衛靈公、季氏、陽貨、微子、子張、堯曰
未選錄篇章	鄉黨、先進

根據上表，可知《群書治要》對於《論語》，也是顯示出比較全面性的選錄，僅有兩個篇章的內容完全不採用。[31]以篇章比例而言，所關涉的層面已近乎九成以上，不可謂不多。進一步觀察所選錄的內容，就份量上來說，也有著比較可觀的呈現。據此而言，《論語》在初唐時期亦受到深切的關注與普遍的認同。

最後，以《孔子家語》而言，《群書治要》所選錄與未選錄的情形如下：

選錄篇章	始誅、王言〔解〕、大婚〔解〕、問禮、五儀〔解〕、致思、三恕、好生、觀周、賢君、辨（作「辯」）政、六本、哀公問政、顏回、困誓、執轡、五刑〔解〕、刑政、問玉、屈節〔解〕、正論〔解〕、子夏問（作「曲禮子夏問」）
未選錄篇章	相魯、儒行解、弟子行、辯物、子路初見、在厄、入官、五帝德、五帝、本命解、論禮、觀鄉射、郊

30　今本比對依〔唐〕唐玄宗注；〔宋〕邢昺孔穎達疏：《孝經注疏》，收入〔清〕阮元校勘：《十三經注疏》（8）（臺北：藝文印書館，1993 年）。

31　今本比對依〔魏〕何晏等注；〔宋〕邢昺疏：《論語注疏》，收入〔清〕阮元校勘：《十三經注疏》（8）（臺北：藝文印書館，1993 年）。

| | 問、禮運、冠頌、廟制、辯樂解、七十二弟子解、本姓解、終記解、曲禮子貢問、曲禮公西赤問 |

　　根據上表資料進行統計，可知《群書治要》從《孔子家語》的二十二個篇章裡引錄了資料，未採用的篇章數正好也是二十二個，所以佔比剛好是五成。[32]據此比例而言，顯著的去取跡象足以說明其中蘊含著編選之意。

2.「史」部方面

　　在「史」部方面，《群書治要》所選錄的典籍有八部，以下依其載錄的順序進行說明。

　　首先，以《史記》而言，《群書治要》詳細選錄的情形，製表如下：

書名	《群書治要》選錄資料	原著篇章[33]
《史記》（上）	本紀	
	黃帝、顓頊、嚳、堯、舜	〈五帝本紀〉
	禹	〈夏本紀〉
	湯	〈殷本紀〉
	后稷	〈周本紀〉
	繆公	〈秦本紀〉
	秦始皇帝	〈秦始皇本紀〉
	世家	
	齊釐公	〈齊太公世家〉

---

[32]　今本依〔漢〕王肅注：《孔子家語》編入《新編諸子集成》（二）（臺北：世界書局，1974年）。

[33]　今本比對依瀧川龜太郎編著：《史記會注考證》（臺北：宏業書局，1990年）。

書名	《群書治要》選錄資料	原著篇章
	周公旦	〈魯周公世家〉
	燕昭王	〈燕召公世家〉
	微子開	〈宋微子世家〉
	唐叔虞	〈晉世家〉
	趙烈侯	〈趙世家〉
	魏文侯	〈魏世家〉
	齊威王	〈田敬仲完世家〉
《史記》（下）	史記列傳	
	管仲、晏嬰	〈管晏列傳〉
	韓非	〈老子韓非列傳〉
	司馬穰苴	〈司馬穰苴列傳〉
	孫武、吳起	〈孫子吳起列傳〉
	甘茂	〈樗里子甘茂列傳〉
	白起	〈白起王翦列傳〉
	樂毅	〈樂毅列傳〉
	廉頗、藺相如、趙奢、李牧	〈廉頗藺相如列傳〉
	屈原	〈屈原賈生列傳〉
	豫讓	〈刺客列傳〉
	李斯	〈李斯列傳〉
	田叔	〈田叔列傳〉
	循吏傳	〈循吏列傳〉
	酷吏傳	〈酷吏列傳〉
	滑稽傳	〈滑稽列傳〉

　　《史記》本有〈本紀〉12 卷、〈世家〉30 卷、〈表〉10 卷、〈書〉8 卷、〈列傳〉70 卷，合計共有 130 卷（篇），而依據上表顯示，《群書治要》依序選錄的《史記》內容，關涉篇章於〈本紀〉有 6 篇，於〈世家〉有 8 篇，於〈列傳〉有 15 篇，未取有關禮教制度的〈書〉與紀錄有關時事的〈表〉，合計為 29 篇。以總卷數來看，所佔比例約為二成二，若考量篇章性質，僅取〈本紀〉、〈世家〉與〈列傳〉三者來看，所佔比例雖拉升為約二成五，依舊呈現嚴選的狀態，去取跡象非常顯著。此外，相對於《漢書》而言，《群書治要》在《史記》選錄方面，僅以不到兩卷篇幅來進行呈現，一輕一重，似已呈現出時代的風尚。[34]

　　其次，以《吳越春秋》而言，《群書治要》僅選錄了其中兩則內容，一為「白龍魚服」的諫言，一為「螳螂（《群書治要》作「蟷蜋」。）捕蟬，黃雀在後」的諫言，兩者都是關於吳王夫差的內容。查閱今本《吳越春秋》十卷[35]，僅見於〈夫差內傳〉中一則「螳螂捕蟬，黃雀在後」的近似內容，依此推測，魏徵等人選錄所據底本與今本《吳越春秋》，在內容上當存有不少的差異。[36]至於，選錄內容雖僅有兩則，但完整文義正足以說明其難以割捨的想法。

---

[34] 關於《史記》與《漢書》成書後的接受與研究情形，可參閱曾小霞：《〈史記〉〈漢書〉的敘述學及其研究史》（蘇州：蘇州大學博士論文，2012 年）。趙翼於「唐初《三禮》《漢書》《文選》之學」中提到「次則《漢書》之學，亦唐初人所競尚。」可知唐初《漢書》盛行的面貌。詳見〔清〕趙翼：《廿二史劄記》（臺北：華世出版社，1977 年），頁 438-440。

[35] 今本依周春生：《吳越春秋輯校彙考》（上海：上海古籍出版社，1997 年）。

[36] 〔唐〕魏徵等編撰、劉余莉主編：《群書治要譯注》（北京：中國書店，2012 年），頁 1599。《群書治要譯注》以為今通行本為徐天祐的十卷本，當為欠缺兩卷的殘籍，而「白龍魚服」一則當在所佚兩卷內。

又次，以《漢書》而言，《群書治要》詳細選錄的情形，製表如下：

書名	《群書治要》選錄資料	原著篇章[37]
《漢書》（一）	佚	
《漢書》（二）	志	
	禮樂志	〈禮樂志〉
	刑法志	〈刑法志〉
	食貨志	〈食貨志〉
	藝文志	〈藝文志〉
《漢書》（三）	傳	
	韓信、黥布	〈韓彭英盧吳傳〉
	劉向	〈楚元王傳〉
	季布、欒布	〈季布欒布田叔傳〉
	蕭何、曹參	〈蕭何曹參傳〉
	張良、陳平、周勃、周亞夫	〈張陳王周傳〉
	樊噲	〈樊酈滕灌傅靳周傳〉
	周昌、申屠嘉	〈張周趙任申屠傳〉
《漢書》（四）	酈食其、陸賈、婁敬、叔孫通	〈酈陸朱劉叔孫傳〉
	蒯通	〈蒯伍江息夫傳〉
	賈誼	〈賈誼傳〉
	爰盎、晁錯	〈爰盎晁錯傳〉

---

[37] 今本依〔漢〕班固撰、〔唐〕顏師古注：《新校漢書集注》（臺北：世界書局，1973 年）。

書名	《群書治要》選錄資料	原著篇章
《漢書》（五）	張釋之、馮唐、汲黯	〈張馮汲鄭傳〉
	賈山、鄒陽、枚乘、路溫舒	〈賈鄒枚路傳〉
	蘇建	〈李廣蘇建傳〉
	韓安國	〈竇田灌韓傳〉[38]
	董仲舒	〈董仲舒傳〉
《漢書》（六）	司馬相如	〈司馬相如傳〉
	公孫弘、卜式	〈公孫弘卜式兒寬傳〉
	嚴助、吾丘壽王、主父偃、徐樂、嚴安、賈捐之	〈嚴朱吾丘主父徐嚴終王賈傳〉
	東方朔	〈東方朔傳〉
《漢書》（七）	朱雲、梅福	〈楊胡朱梅云傳〉
	雋不疑、疏廣、于定國、薛廣德	〈雋疏于薛平彭傳〉
	王吉、貢禹、鮑宣	〈王貢兩龔鮑傳〉
	魏相、丙吉	〈魏相丙吉傳〉
	京房	〈眭兩夏侯京翼李傳〉
	蓋寬饒、諸葛豐、鄭崇	〈蓋諸葛劉鄭孫毌將何傳〉
	蕭望之	〈蕭望之傳〉
《漢書》（八）	佚	

---

[38]　對照今本《漢書》，蘇建與韓安國分屬〈李廣蘇建傳〉與〈竇田灌韓傳〉，然先後次序卻不同，與通例有別，值得注意。

　　根據上表，可以看到《群書治要》所選錄《漢書》的部分，在卷十三的《漢書》（一）與卷二十的《漢書》（八）已經佚失，因此要清楚瞭解整體選錄的具體情況，是有困難的。不過，透過其他跡象，仍可掌握一些重要訊息。從《漢書》在《群書治要》中佔有八卷之多的篇幅來說，作為編纂的素材，單部典籍即佔有總體五十卷次內容的一成六，顯見其備受關注的情形。至於，在引錄 27 篇〈傳〉之外，特別選錄了四篇的〈志〉，對於正值國家制度確立的初唐時期而言，別具深意。雖然〈志〉的選錄，並非僅聚焦在《漢書》而已，如《晉書》即引錄〈刑法志〉與〈職官志〉，但取捨之間，即顯示了魏徵等人在編寫上存有的關懷面向與時代風尚。

　　又次，以《後漢書》而言，《群書治要》詳細選錄的情形，製表如下：

書名	《群書治要》選錄資料	原著篇章[39]
《後漢書》（一）	本紀	
	光武帝	〈光武帝紀上〉 〈光武帝紀下〉
	孝明帝	〈顯宗孝明帝紀〉
	孝章帝	〈肅宗孝章帝紀〉
	孝和帝	〈孝和孝殤帝紀〉
	皇后紀序	〈皇后紀上〉
	明德馬皇后、和熹鄧皇后	〈皇后紀上〉

---

[39] 今本依〔南朝宋〕范曄撰、〔唐〕李賢等注：《新校後漢書注》（臺北：世界書局，1973年）。

書名	《群書治要》選錄資料	原著篇章
	列傳	
	馮異、岑彭	〈馮岑賈列傳〉
	臧宮	〈吳蓋陳臧列傳〉
	祭遵	〈銚期王霸祭遵列傳〉
	馬武	〈朱景王杜馬劉傅堅馬列傳〉
	馬援	〈馬援列傳〉
	卓茂、魯恭	〈卓魯魏劉列傳〉
《後漢書》（二）	傳	
	宋弘、韋彪	〈伏侯宋蔡馮趙牟韋列傳〉
	杜林	〈宣張二王杜郭吳承鄭趙列傳〉
	桓譚、馮衍	〈桓譚馮衍列傳上〉〈馮衍傳下〉
	申屠剛、鮑永、郅惲	〈申屠剛鮑永郅惲列傳〉
	郭伋	〈郭杜孔張廉王蘇羊賈陸列傳〉
	樊宏、陰識	〈樊宏陰識列傳〉
	朱浮	〈朱馮虞鄭周列傳〉
	陳元	〈鄭范陳賈張列傳〉
	桓榮	〈桓榮丁鴻列傳〉
	第五倫、鍾離意、宋均、寒朗	〈第五鍾離宋寒列傳〉

書名	《群書治要》選錄資料	原著篇章
	東平王蒼	〈光武十王列傳〉
	朱暉	〈朱樂何列傳〉
	袁安	〈袁張韓周列傳〉
	郭躬、陳寵	〈郭陳列傳〉
	楊終	〈楊李翟應霍爰徐列傳〉
	龐參	〈李陳龐陳橋列傳〉
	崔駰	〈崔駰列傳〉
《後漢書》（三）	傳	
	楊震	〈楊震列傳〉
	張皓、种暠	〈張王种陳列傳〉
	劉陶、李雲、劉瑜	〈杜欒劉李劉謝列傳〉
	虞詡、傅燮、蓋勛	〈虞傅蓋臧列傳〉
	蔡邕	〈蔡邕列傳下〉
	左雄、周舉	〈左周黃列傳〉
	李固、杜喬	〈李杜列傳〉
《後漢書》（四）	傳	
	延篤、史弼	〈吳延史盧趙列傳〉
	陳蕃	〈陳王列傳〉
	竇武	〈竇何列傳〉
	循吏傳	〈循吏列傳〉
	酷吏傳	〈酷吏列傳〉
	宦者傳	〈宦者列傳〉

書名	《群書治要》選錄資料	原著篇章
	儒林傳序	〈儒林列傳上〉
	逸民傳	〈逸民列傳〉
	西羌	〈西羌傳〉
	鮮卑	〈烏桓鮮卑列傳〉

　　《群書治要》在處理《後漢書》方面，以四卷（卷二十一至卷二十四）來呈現，份量並不算少。《後漢書》內容原具有 10〈紀〉、80〈列傳〉、8〈志〉，合計 98 篇，魏徵等人選錄了 5〈紀〉、40〈列傳〉，共計 45 篇，選錄比例約為四成六，取捨現象顯著。此外，如前所云，雖《後漢書》亦有〈志〉，但是魏徵等人卻一字未取，兩相比較，足見別具心思。

　　又次，以《魏志》而言，《群書治要》詳細選錄的情形，製表如下：

書名	《群書治要》選錄資料	原著篇章[40]
《魏志》（上）	紀	《三國志・魏書》
	太祖武皇帝	〈武帝紀〉
	文皇帝	〈文帝紀〉
	明皇帝	〈明帝紀〉
	齊王芳	〈三少帝紀〉
	袁紹[41]	〈董二袁劉傳〉
	后妃傳	〈后妃傳〉
	武宣卞皇后、文德郭皇后	〈后妃傳〉

40　今本依〔晉〕陳壽撰、〔南朝宋〕裴松之注：《新校三國志注》（臺北：世界書局，1972年）。

41　將袁紹置於〈紀〉是比較特別的，值得注意。

書名	《群書治要》選錄資料	原著篇章
	傳	
	夏侯尚	〈諸夏侯曹傳〉
	荀彧、荀攸、賈詡	〈荀彧荀攸賈詡傳〉
	袁渙、王修、邴原	〈袁張涼國田王邴管傳〉
	崔琰、毛玠、徐奕、鮑勛	〈崔毛徐何邢鮑司馬傳〉
	王朗、王肅	〈鍾繇華歆王朗傳〉
	程昱、劉曄、蔣濟	〈程郭董劉蔣劉傳〉
	蘇則、杜畿	〈任蘇杜鄭倉傳〉
	龐德、閻溫	〈二李臧文呂許典二龐閻傳〉
《魏志》（下）	傳	
	陳思王植	〈任城陳蕭王傳〉
	中山恭王袞	〈武文世王公傳〉
	王粲、衛覬、劉廙	〈王衛二劉傅傳〉
	陳群、陳矯、盧毓	〈桓二陳徐衛盧傳〉
	和洽、杜襲	〈和常楊杜趙裴傳〉
	高柔	〈韓崔高孫王傳〉
	辛毗、楊阜、高堂隆	〈辛毗楊阜高堂隆傳〉
	田豫	〈滿田牽郭傳〉
	徐邈、王昶	〈徐胡二王傳〉
	鍾會	〈王毌丘諸葛鄧鍾傳〉

　　根據《隋書・經籍志》的記載：「《三國志》六十五卷敘錄一卷，晉太子中庶子陳壽撰，宋太中大夫裴松之注。」[42]則唐代應已有《三國志》的版本可供魏徵等人選錄編纂，然而翻檢《舊唐書・經籍志》，可以看到分別記錄了「《魏國志》三十卷」[43]、「《蜀國志》十五卷」[44]與「《吳國志》二十一卷」[45]，可以想見三部典籍應是單獨各自成書。進一步檢視《新唐書・藝文志》，同樣可以看到「陳壽《魏國志》三十卷」、「《蜀國志》十五卷」與「《吳國志》二十一卷」的記載。[46]因此，魏徵等人所據素材，應該是單行的三國史籍，也是這個原因，使得在呈現上各以《魏志》、《蜀志》與《吳志》來分別標示。

　　今本《三國志》在《魏書》方面，依舊為三十卷，內容上有4紀26傳，而根據上表統計，《群書治要》中《魏志》部分則納有 4 紀 20 傳，觸及面相當可觀。此外，可以特別留意的是袁紹部分的選錄，在次序上竟有所更動，越過了后妃傳而緊接在齊王芳之後，魏徵等人是有意如此呢？或是所依據的版本原是如此呢？或是編纂一時之誤呢？有待進一步的探究。

　　又次，以《蜀志》而言，《群書治要》詳細選錄的情形，製表如下：

書名	《群書治要》選錄資料	《三國志・蜀書》篇章
《蜀志》	劉璋	〈劉二牧傳〉

42　〔唐〕魏徵、令狐德棻：《隋書》，頁 955。

43　〔後晉〕劉昫等撰：《舊唐書》（北京：中華書局，1975 年），頁 1989。

44　〔後晉〕劉昫等撰：《舊唐書》，頁 1992。

45　〔後晉〕劉昫等撰：《舊唐書》，頁 1992。

46　〔宋〕歐陽脩、宋祁：《新唐書》（北京：中華書局，1975 年），頁 1455。

書名	《群書治要》選錄資料	《三國志·蜀書》篇章
	劉備	〈先主傳〉
	諸葛亮	〈諸葛亮傳〉
	關羽、張飛	〈關張馬黃趙傳〉
	龐統	〈龐統法正傳〉
	簡雍	〈許麋孫簡伊秦傳〉
	董和、董允	〈董劉馬陳董呂傳〉
	張裔	〈霍王向張楊費傳〉
	黃權	〈黃李呂馬王張傳〉
	蔣琬	〈蔣琬費禕姜維傳〉
	楊戲	〈鄧張宗楊傳〉

　　《蜀志》在《三國志》中屬於《蜀書》部分，經核對，關涉篇章如上表所示。《蜀書》的原有內容為 15 傳，而魏徵等人選取了其中的 11 傳，從關涉篇章層面來說，佔比來到約七成三，相對而言，略顯偏高，然從引錄內容，刻意刪削以凸顯一二事件，足見其中所存心思。

　　又次，以《吳志》而言，《群書治要》詳細選錄的情形，製表如下：

書名	《群書治要》選錄資料	《三國志·吳書》篇章
《吳志》（上）	孫權	〈吳主傳〉
	孫休、孫皓	〈三嗣主傳〉
	張昭、顧譚、步騭	〈張顧諸葛步傳〉
	張紘	〈張嚴程闞薛傳〉
	呂蒙	〈周瑜魯肅呂蒙傳〉

書名	《群書治要》選錄資料	《三國志・吳書》篇章
	呂範	〈朱治朱然呂範朱桓傳〉
	虞翻、張溫、駱統、朱據	〈虞陸張駱陸吾朱傳〉
《吳志》（下）	陸遜	〈陸遜傳〉
	孫登、孫和、孫霸	〈吳主五子傳〉
	潘濬、陸凱	〈潘濬陸凱傳〉
	樓玄、賀邵、韋曜、華覈	〈王樓賀韋華傳〉

　　《吳志》在《三國志》中屬於《吳書》部分，經核對，關涉篇章如上表所示。《吳書》的原有內容為 20 傳，而魏徵等人選取了其中的 11 傳，從關涉篇章層面來說，所佔比例僅約為五成五，相對《魏志》與《蜀志》而言，略顯嚴苛。

　　大體上，從文字敘述的份量來看，整個《三國志》的內容在《群書治要》中佔有四卷的篇幅，已能顯示其重要性。不過，《魏志》有兩卷，《吳志》有一卷半，《蜀志》卻僅有半卷左右的篇幅，比例顯有失衡，值得關注魏徵等人於去取間所存有的想法。

　　最後，以《晉書》而言，《群書治要》詳細選錄的情形，製表如下：

書名	《群書治要》選錄篇章	《晉書》篇章[47]
《晉書》上	紀	
	武皇帝司馬炎	〈世祖武帝〉紀 3

47　今本比對所採〔唐〕房玄齡等撰：《新校本晉書》（臺北：鼎文書局，1992 年）。

書名	《群書治要》選錄篇章	《晉書》篇章
	惠皇帝司馬衷	〈孝惠帝〉紀 4
	成皇帝司馬衍	〈顯宗成帝　康帝〉紀 7
	簡文皇帝司馬昱	〈太宗簡文帝　孝武帝〉紀 9
	后妃傳	
	武元楊皇后、惠賈庶人	〈后妃上〉傳 1[48]
	傳	
	琅耶王伷、扶風王駿、齊王攸	〈宣五王　文六王〉傳 8
	齊王攸子冏	〈汝南王亮　楚王瑋　趙王倫　齊王冏　長沙王乂　成都王穎　河間王顒　東海王越〉傳 29
	愍懷太子遹	〈愍懷太子〉傳 23
	安平王孚、高密王泰	〈宗室〉傳 7
	劉寔	〈魏舒　李憙　劉寔　高光〉傳 11
	閻纘、段灼	〈向雄　段灼　閻纘〉傳 18
	虞悝	〈忠義〉傳 59
	刑法志	〈刑法志〉
	百官志（附有何曾、羊祜、秦秀、李憙）[49]	〈職官志〉（〈王祥　鄭沖　何曾　石苞〉傳 3、〈羊祜　杜預〉傳 4、〈曹志　庾峻　郭象　庾純　秦秀〉傳 20、〈魏舒　李憙　劉寔　高光〉傳 11）

[48] 由於撰寫《晉書》的家數甚多，在修撰今本所傳《晉書》時，已有十八家流行，內容差異頗大，故將今本傳次附之於後，以利比較與查考。

[49] 《群書治要》所錄《晉書》部分與今本差異甚大，致使解讀產生困難，舉如此處〈百官志〉之後，接連四人之〈傳〉，究竟是隸屬於〈百官志〉？或是〈傳〉之始？需要進一步查考。

書名	《群書治要》選錄篇章	《晉書》篇章
《晉書》下	傳	
	劉毅	〈劉毅　和嶠　武陔　任愷　崔洪　郭奕　侯史光　何攀〉傳15
	張華	〈衞瓘　張華〉傳6
	裴頠	〈陳騫　裴秀〉傳5
	傅玄	〈傅玄〉傳17
	任愷	〈劉毅　和嶠　武陔　任愷　崔洪　郭奕　侯史光　何攀〉傳15
	裴楷	〈陳騫　裴秀〉傳5
	和嶠	〈劉毅　和嶠　武陔　任愷　崔洪　郭奕　侯史光　何攀〉傳15
	郤詵	〈郤詵　阮種　華譚〉傳22
	荀勖、馮紞	〈王沈　荀顗　荀勖　馮紞〉傳9
	劉頌	〈劉頌　李重〉傳16
	江統	〈江統　孫楚〉傳26
	陸機	〈陸機　陸雲〉傳24
	胡威	〈良吏〉傳60
	周顗	〈劉隗　刁協　戴若思　周顗〉傳39
	陶侃	〈劉弘　陶侃〉傳36
	高崧	〈孫惠　熊遠　王鑒　陳頵　高崧〉傳41
	何充	〈陸曄　何充　褚翜　蔡謨　諸葛恢　殷浩〉傳47
	吳隱之	〈良吏〉傳60

今本《晉書》由房玄齡等監修，從貞觀二十年（646）開始進行撰寫，於貞觀二十二年（648）時完成，歷經兩年的時間，而《群書治要》的成書時間是在貞觀五年（631），兩者相距十餘年的時間，《群書治要》內關於《晉書》的部分，自然非取自房玄齡等人所撰寫之《晉書》版本（以下簡稱房本《晉書》）而是臧榮緒的《晉書》，但即使經湯球所輯，仍未能窺見臧本全貌，因此依舊取房本《晉書》作為比較基礎以掌握此間變化。上表所呈現的內容，左邊是依照《群書治要》內《晉書》在選錄內容上的焦點，依序進行排列，並配合右邊房本《晉書》的呈現，將同〈傳〉之人並列表示。表中，房本《晉書》部分，除顯示完整的關聯篇章之外，並將〈傳〉次進行標示。

透過上表的呈現，有幾點令人關注：其一，《群書治要》之《晉書》與房本《晉書》差異甚大。從表中左右兩方資料的對比，很明顯地可以看到〈傳〉次在順序上差異，也就是說在撰寫安排上兩者有不同的思考，加上就胡威與吳隱之之於〈良吏〉以及虞悝之於〈忠義〉來說，兩者呈現的樣貌有著極大的差異。其二，兩部《晉書》異中有同。雖然形式上顯見不同，但是進一步審視內容，將會發現兩《晉書》在文字敘述上有極為近似的部分，顯見兩者亦存有關聯性。其三，魏徵等人取材靈活。以《群書治要》編撰的慣例來說，《晉書》部分理當亦是忠於原著，但依據上表所示，〈傳〉中夾〈志〉，實屬突兀，而面對體例粗疏之作，魏徵等人依舊進行選錄，可見實際化思維讓《群書治要》的編撰，突破了外在形式的禁忌，在直接聚焦於內容時使取材更顯寬廣。

3.「子」部方面

關於「子」部的四十八部著作，在篇次的選錄上，涵蓋面各有不同，有涵蓋了著作中極大篇章的，而又有些則僅取著作中少數幾篇的，去取之跡象，顯示出魏徵等人乃有「意」的進行選錄。

以下將《群書治要》所取四十八部著作，依序將其選錄之篇章，製表呈現如下：

書名	篇章名稱	備註
六韜[50]	序、文韜、武韜、龍韜、虎韜、犬韜	缺〈豹韜〉
陰謀[51]	陰謀	
鬻子[52]	〔撰吏五帝三王傳政乙第五〕[53]、〔大道文王問第八〕、〔貴道五帝三王周政乙第五〕、〔撰吏五帝三王傳政乙第三〕、〔曲阜魯周公政甲第十四〕、〔道符五帝三王傳政甲第二〕、〔上禹政第六〕、〔道符五帝三王傳政甲第	1.今本有 14 篇 2.《群書治要》未明篇章，依今本還原

---

[50] 當今數位人文發展可觀，本文於資料比對將運用 Dr. Donald Sturgeon（德龍）主編：「中國哲學書電子化計劃」（Chinese Text Project）電子資料庫，如此書，網址：https://ctext.org/liu-tao/zh。（上網時間 2017 年 5 月 4 日，未免重複皆如是，不再標註）其所採用為四部叢刊本《六韜》，本文亦回檢紙本《六韜》六卷，收入王雲五主持：《四部叢刊初編縮本》（臺北：臺灣商務印書館，1967 年）。《群書治要》所收標示為〈序〉者，實乃〈文韜〉裡之〈文師〉。

[51] 「中國哲學書電子化計劃」電子資料庫：https://ctext.org/wiki.pl?if=gb&res=479942。未明底本，不過字句除補遺外，與《群書治要》一致，應是據《群書治要》而來。

[52] 今本依方勇編纂：《子藏‧道家部‧鬻子》（北京：國家圖書館出版社，2014 年 3 月），文字略有不同。

[53] 《群書治要》校訂本中，有關篇目部分，有一些並未標明，易於混淆，故經核對後，將之補上。為了進行區隔，所以在篇名處將加上六角括號進行標記。

書名	篇章名稱	備註
	五〕、〔慎誅魯周公第六〕	
管子[54]	牧民、形勢、權修（作「脩」）[55]、立政、七法、五輔、法法、中匡、小匡、霸形、霸言、戒、君臣（作「君臣下」）、小稱、治國、桓公問、形勢解、板（作「版」）法解、明法解、輕重（作「輕重乙」）	今本有 86 篇，其中 10 篇有目無文
晏子[56]	諫上、諫下、問上、問下、雜上、雜下	文出內篇 6 卷，另有外篇 2 卷
司馬法[57]	〔仁本〕、〔天子之義〕	今本如《隋書‧經籍志》3 卷 5 篇
孫子兵法[58]	〔謀攻〕、〔虛實〕、〔九變〕、〔行軍〕、〔地形〕、〔火攻〕、〔用間〕	今本有 13 篇
老子[59]	道經、德經	今本老子八十一章，道經取 19 章，德經取 30 章，合計 49 章
鶡冠子[60]	博選、著希、世賢	今本有 19 篇

---

[54] 今本依黎翔鳳：《管子校注》（北京：中華書局，2004 年）。

[55] 《群書治要》中之篇名，若與今本有異，將於括弧中標明今本篇名。

[56] 今本依吳則虞：《晏子春秋集釋》（臺北：鼎文書局，1977 年）。

[57] 今本依《司馬法》三卷收入王雲五主持：《四部叢刊初編縮本》（臺北：臺灣商務印書館，1967 年）。

[58] 今本依〔春秋〕孫武撰、〔漢〕曹操等注、楊丙安校理：《十一家注孫子校理》（北京：中華書局，2010 年）。

[59] 今本依王卡點校：《老子道德經河上公章句》（北京：中華書局，1997 年）。

[60] 今本依黃懷信：《鶡冠子校注》（北京：中華書局，2014 年）。

書名	篇章名稱	備註
列子[61]	禦寇（天明本作「天瑞」）、殷湯問（作「湯問」）、力命、說符	今本有 8 篇
墨子[62]	所染、法儀、七患、辭過、尚賢、非命、貴義	本有 15 卷 71 篇而 18 篇佚，今有 53 篇
文子[63]	道原、精誠、九守、符言、道德、上德、微明、道自然（作「自然」）、下德、上仁、上義、上禮	今本有 12 篇
曾子[64]	修身、立孝（作「曾子立孝」）、制言（作「曾子制言」）、疾病（作「曾子疾病」）	今本《曾子》有 12 篇，未見〈修身〉
吳子[65]	圖國、論將、治兵、勵士	今本有 6 篇，〈論將〉與〈治兵〉次序不同
商君書[66]	六法、修權、定分	今本 26 篇，兩篇有目無文，其中未見〈六法〉
尸子	勸學、貴言、四儀、明堂、	今本有藉《群書治

---

[61]　今本依楊伯峻：《列子集解》（臺北：華正書局，1987 年）。

[62]　今本依吳毓江：《墨子校注》（北京：中華書局，1993 年）。《群書治要》所錄《墨子》篇章，雖以七篇形式呈現，實來自九個篇章。至於，截錄後產生的意義轉變，以先撰寫〈異構新詮：《群書治要》選編《墨子》的意蘊〉一文發表於第一屆群書治要國際學術研討會（2019.6.3-4 在成大中文系舉辦）經修改而為〈《群書治要》選編《墨子》的意蘊：從初期墨學的解讀談起〉，文章已通過《成大中文學報》審查，將進行刊登，讀者可參閱。

[63]　今本依李定生、徐慧君：《文子校釋》（上海：上海古籍出版社，2004 年）。

[64]　今本依〔北周〕盧辯注、〔清〕孔廣森補注：《曾子十二篇》（臺北：廣文書局，1975 年）。

[65]　今本依〔戰國〕吳起撰、孫星衍校：《吳子》編入《新編諸子集成》（八）（臺北：世界書局，1974 年）。

[66]　今本依嚴萬里校、簡書箋：《商君書箋正》（臺北：廣文書局，1975 年）。

書名	篇章名稱	備註
	分、發蒙、恕、治天下、仁意、廣、綽子、處道、神明	要》整理
申子	大體	今本藉《群書治要》整理
孟子[67]	梁惠王、公孫丑、滕文公、離婁、告子、盡心	今本有 7 篇
慎子[68]	〔威德〕、因循、民雜、知忠、德立、君人、君臣	《漢書・藝文志》指有 42 篇，今存有 8 篇（最後一篇為〈慎子逸文〉）
尹文子[69]	大道（作「大道上」）、聖人（作「大道下」）	今本篇名有別
莊子[70]	胠篋、天地、天道、知北游、徐無（作「无」）鬼	今本有內、外、雜篇，共 33 篇，《群書治要》取自外、雜篇
尉繚子[71]	天官、兵談、戰威、兵令（作「兵令上」）	現存 24 篇，〈兵令〉中文字有未見者
孫卿子[72]	勸學、修身、不苟、〔榮辱〕、非十二子、仲尼、儒效、王制、富國、〔王霸〕、君道、臣道、致士、議兵、天	今本有 32 篇，而〈正論〉後次序為：〈性惡〉、〈君子〉、〈大

---

67 今本依〔漢〕趙岐注；〔宋〕孫奭疏：《孟子注疏》，收入〔清〕阮元校勘：《十三經注疏》(8)（臺北：藝文印書館，1993 年）。

68 今本依許富宏：《慎子集校集注》（北京：中華書局，2014 年）。

69 今本依錢熙祚校：《尹文子》編入《新編諸子集成》（六）（臺北：世界書局，1974 年）。

70 今本依郭慶藩輯：《莊子集釋》（臺北：華正書局，1994 年）。

71 今本依劉仲平註譯：《尉繚子今註今譯》（臺北：商務印書館，1981 年）。

72 今本依〔清〕王先謙：《荀子集解》（北京：中華書局，1997 年）。

書名	篇章名稱	備註
	論、正道（作「正論」）、子道、性惡、哀公、大略、君子	略）、〈子道〉、〈哀公〉
呂氏春秋[73]	貴公、去私、〔功名〕、論人、勸學、尊師、大樂、侈樂、和樂（作「適音」）、音律、制樂、義兵（作「蕩兵」）、論威、慎窮（作「愛士」）、節喪、安死、至忠、不侵、有始覽（小目-去尤）[74]、謹聽、務本、孝行覽（小目-孝行）、〔義賞〕、慎大覽（小目-慎大）、順說、貴國（作「貴因」）、先識覽（小目-先識）、審分覽（小目-審分）、〔君守〕、任教（作「任數」）、勿躬、雜俗覽（作「離俗覽」，小目-用民）、適威、恃君覽（小目-知分）、達鬱、行論、驕恣、開春論（未見[75]）、慎行論（小目-疑似）、貴直論（小目-貴直）、直諫、壅塞、不苟論（小目-自知）、貴當、似順論（小目-分職）	今本有 12 紀 8 覽 6 論，共 160 篇
韓子[76]	十過、說難、解老、說林上、觀行、用人、功名、大體、外儲說左上、外儲說左下、難	今本有 55 篇，而〈姦劫弒臣〉次序列於 14，在〈解

---

[73] 今本依王利器：《呂氏春秋注疏》（成都：巴蜀出版社，2002 年）。

[74] 〈有始覽〉是大目，而〈去尤〉是小目，《群書治要》此處僅標示大目，今從多數標舉細目方式，將小目補充標示出來。

[75] 對照今本典籍，亦有未見所錄內容者，將以括號標註「未見」來呈現。

[76] 今本比對依〔清〕王先慎：《韓非子集解》（北京：中華書局，2011 年）。

書名	篇章名稱	備註
	勢、六反、奸劫弒臣	老〉之前
三略[77]	上略、中略、下略	今本有亦 3 篇
新語[78]	輔政、無為、辨惑、資質、至德、本行、明君（作「明誡」）、思務	今本有 12 篇，文有異
賈子[79]	連語、問教（作「春秋」）、先醒、退讓、官人、大政（作「大政上、大政下」）、修政（作「修政語下」）、立後義	今本 57 篇，外有〈佚文〉
淮南子[80]	原道、本經、主術、繆稱、齊俗、道應、泛（作「氾」）論、詮言、說山、人間（作「閒」）、泰族	今本有 21 篇
鹽鐵論[81]	貪富（作「貧富」）、相刺、後刑、授時、水旱、崇禮、取下、擊之、刑德、申韓、周秦、詔聖	今本有 60 篇
新序[82]	雜事[83]、〔刺奢〕、諫言、猛政、和政	今本 10 卷，〈雜事〉有 5 卷，而〈諫言〉、〈猛政〉、〈和政〉未見其中
說苑[84]	君道、臣術、貴德、復恩、政	今本有 20 篇

---

[77] 今本依魏汝霖註譯：《黃石公三略今註今譯》（臺北：臺灣商務印書館，1984 年）。

[78] 今本依王利器：《新語校注》（臺北：明文書局，1987 年）。

[79] 今本依〔漢〕賈誼撰、閻振益、鍾夏校注：《新書校注》（北京：中華書局，2000 年）。

[80] 今本依何寧：《淮南子集釋》（北京：中華書局，1998 年）。

[81] 今本依王利器：《鹽鐵論校注》（北京：中華書局，1996 年）。

[82] 今本依〔漢〕劉向編著、石光瑛校釋：《新序校釋》（北京：中華書局，2001 年）。

[83] 其中「孟子見齊宣王」一段內容，未見於今本。

[84] 今本依〔漢〕劉向撰、向宗魯校證：《說苑校證》（北京：中華書局，2011 年）。

書名	篇章名稱	備註
	理、尊賢、正諫、法誡（作「敬慎」而文略異）、善說、修文、反質	
桓子新論	求輔、言體、見微、譴非、啟悟、雜事	原 29 篇已佚
潛夫論[85]	贊（作「讚」）學、務本、明暗（作「闇」）、思賢、潛嘆（作「歎」）、勸將、明忠、德化	今本加上敘錄為 36 篇
崔寔政論	政論、制度、足信、足兵、用臣、內恕、去赦	今本有藉《群書治要》整理
仲長子昌言	德教、損益、法誡、教禁、中制、拾遺、性行、議難	今本有藉《群書治要》整理
申鑒[86]	政體、时（作「時」）事、雜言（分上、下）	今本有五篇
中論[87]	法象、修本、虛道、貴驗、核辨（作「覈辯」）、爵祿、務本、審大臣、亡國、賞罰、復三年、制役	今本有 20 篇與〈佚文〉，而將〈復三年〉、〈制役〉置入〈佚文〉
典論	奸讒、內誡	佚，今本僅存〈論文〉
劉廙政論	備政、正名、慎愛、審愛、欲失、疑賢、任臣、下視	佚
蔣子萬機論	政略、刑論、用奇	今本有藉《群書治要》整理

---

[85] 今本依胡楚生：《潛夫論集釋》（臺北：鼎文書局，1979 年）。

[86] 今本依〔漢〕荀悅撰、〔明〕黃省曾注：《申鑒》（上海：上海古籍出版社，1990 年）。

[87] 今本依〔魏〕徐幹撰、孫啟治解詁：《中論解詁》（北京：中華書局，2014 年）。

書名	篇章名稱	備註
政要論	為君難、臣不易、治本、政務、節欲、詳刑、兵要、辨能、尊嫡、諫爭、決壅、贊象、銘誄、序作	今本有藉《群書治要》整理
體論	君體、臣體、行體、政體、法體	今本 8 篇，有藉《群書治要》整理
時務論	審查計謀、斷忠臣國	佚
典語	重爵、清治、君道、臣職、任賢、料才、通變、恤民	佚
傅子	治體、舉賢、授職、核工、檢商賈、仁論、信義、禮樂、法刑、重爵祿、平役賦、貴教、戒言、正心、通志、典制、安民、孝仁、問政、問刑、信道、信直、驕違、治正、假言	今本有藉《群書治要》整理
袁子正書	體政、經國、設官、政略、論兵、王子主失、厚德、用賢、悅近、貴公、治亂、損益、世治、刑法、人主、致賢、明賞罰	佚
抱朴子[88]	酒誡、疾謬、刺驕、博喻、廣譬	今本內篇 20 篇、外篇 50 卷，文出外篇

　　根據上表，除了一些著作已經亡佚，缺乏流傳版本來進行比對外，可以看到《群書治要》選錄的大體狀況。以覆蓋比例較高者而言，除《陰謀》單篇外，有《六韜》、《文子》、《孟子》、《三略》、《申鑒》，分屬儒家、道家與兵家，和子部中

---

[88] 今本依楊明照：《抱朴子外篇校箋》（北京：中華書局，1996 年）；陳飛龍：《抱朴子內篇今註今譯》（臺北：臺灣商務印書館，2001 年）。

選錄偏多之流派的傾向相同。再由選錄份量來看，與史部偏重於《漢書》近似，被選錄 49 章的《老子》與 44 篇內容的《呂氏春秋》顯然是很凸出的，而《管子》被選錄有 20 篇、《孫卿子》被選錄有 21 篇、《傅子》被選錄有 25 篇等等，都是相對較多而顯得特別的，以流派來看，為道家、雜家、法家和儒家，與子部整體選錄的取向一致，顯示出魏徵等人在編撰時存在著特殊的視野。

透過以上的梳理，包括經、史與子等三大部分，雖有部分典籍少有刪削，但整體呈現的樣貌，即意味著編纂者有欲藉以展現的內涵與想法。

（四）撰寫的方式：「各全舊體」與「去華從實」

《群書治要》的編撰，是以先「經」，次「史」，最後續之以「子」的方式來進行。先後次序符合傳統以「經」為重的思維，其間雖有部分典籍與今日的看法與評價上有所落差，但實吻合於經典化過程中存有的時代發展軌跡。如前所述，在「各全舊體」的思維底下，《群書治要》即是以典籍為單位來進行呈現的。換言之，如是作法，部分保留了各部典籍本身的編纂意識與原始面貌，正符合《群書治要》於序中所表明之「見知本末」、「原始要終」的想法。

在「各全舊體」的思維下，除了以典籍為單位外，在內容的選錄上，有兩現象值得注意：其一，篇章的次序幾乎依照著原著來進行排列。關於此點，可以透過前文所製的選錄表獲得印證。也就是在透過與可掌握的原著進行對照中，看到魏徵等人謹守如

是規則，據此而論，一方面將可想見已亡佚作品的大致輪廓，舉如《時務論》、《袁子正書》等，另一方面，與今本面貌迥異，如《晉書》，正可推想其時異本共存的現象以及探究典範確立的緣由。其二，段落文字大體相近。《群書治要》與原著對照，文字段落的呈現，除了少數文字表述略有差異之外，主要表意的文字內容大致相同，顯見兩者雖是二分，實本為一的關係。

　　不過，《群書治要》畢竟不是一套收羅群書的叢書，在「各全舊體」的框架下，魏徵等人依舊可運用編纂的手法，以展現其撰述意識與著作理想。試觀〈群書治要序〉，文曰：

> 近古皇王，時有撰述，并皆包括天地，牢籠群有，競采浮豔之詞，爭馳迂誕之說，騁末學之博聞，飾雕蟲之小伎，流宕忘反，殊途同致。雖辯周萬物，愈失司契之源；術總百端，彌乖得一之旨。（〈群書治要序〉，頁 1）

魏徵等人在進行編撰《群書治要》前，已先意識到要迥異於前代皇王的「撰述」，那種爭競於浮豔、迂誕，雖「包括天地，牢籠群有」，看似豐富而完美，實質上卻是喪失「司契之源」、背離「得一之旨」的無用作品。有了這樣的撰述意識，在力求避免「殊途同致」的情況下，魏徵等人自然不會採行消極地彙集諸家作品，而是積極地在選錄中進行「剪裁」的工作，其云：

> 采摭群書，剪截淫放，光昭訓典。（〈群書治要序〉，頁 1）

簡單的覆述，並無法吸引人們的目光，在缺乏討論與實踐之下，被束之高閣的經典，依舊不具任何意義。要讓典籍重新展現其價值意義，必須有一番作為，魏徵等人就在群書的「采擷」上與字句的「翦截」上，亦即存有「要採用哪些書？」與「字句如何呈現？」的編選意識，採用所謂「棄彼春華，採茲秋實」之「去華從實」的方式，將經典著作進行一番處理，以其希望的面貌重新呈現。換言之，《群書治要》中收錄的典籍，乃是經過了魏徵等人有「意」的「剪裁」，雖然字句不異原著的狀態有別，有些是完整引錄原著篇章內容，舉如《孝經》的篇章，有些則是以跳接的方式節錄文字，舉如史傳的內容，但從整體呈現的意義而言，其中實際上皆已融入了魏徵等人的「新意」。由於「新意」的存在，蘊含著魏徵等人想要傳達的意涵，《群書治要》足以變成是一種再創造的作品，其實也正映照著「總立新名」下隱含之「轉舊為新」的思維。

除了群書的「采擷」與字句的「翦截」上可見《群書治要》所賦予的「新意」外，尚有兩個方面的處理，也同樣被賦予了這樣的意涵。其一，為「注文」的呈現；其二，為「故事性」的剪裁。

首先，就「注文」的呈現來說，無論是「經」部，或是「史」部與「子」部的著作，在《群書治要》中都有運用「注文」來進行說明的情形，當然就多寡、頻率上而言，會有所差異，「經」部最多，「史」部其次，而「子」部最少。會有如此差異，從文義理解需要的角度來看，不難推知。不過，《群書治要》的「注文」，雖是有益於文義的理解，但也並不純粹只是為了中性的說明、訓釋，甚至是補充訊息而已。也就是說，包括：

「注文」的有無？選擇哪個注疏版本作為「注文」的內容？剪截多少敘述的文字作為「注文」？在用與不用之間，同樣蘊含著魏徵等人所要表達的「新意」。

其次，就「故事性」的剪裁而言，比較顯著地展現在史傳的著作中，舉如於《史記》中剪截周宣王於武公之子「廢長立少」一事（頁 257-258），化繁為簡，不僅始終、本末敘述完整，且鮮明的將焦點——不納諫——凸顯了出來。又《魏志》之袁紹部分（頁 584），《群書治要》僅簡潔聚焦在兩件事上，一為不從沮授諫，一為不從田豐諫，不僅藉此定位了袁紹，也傳達了明通納諫的重要性。諸如此類，《群書治要》透過裁截後的聚焦，並保留事情前後、始終、本末的發展，不僅成功吸引住閱讀者的目光，並且有效傳達了「言外之意」。

三、《群書治要》編纂主題與宗旨

透過以上的分析，可見從典籍的選擇、篇章的斟酌、字句的剪裁等形式樣貌，無不展現出魏徵等人在編纂《群書治要》上，不僅僅只是保存經典、文化的內容，更是有意識地傳達出一些新的想法、理念。在〈群書治要序〉中，有文云：

> 本求治要，故以治要為名。（〈群書治要序〉，頁 2）

用意可說非常地明顯，「本求治要」一語已清楚說明，就是要透

過《群書治要》的編纂來探討並揭示治國理政的關鍵要素。所以，在〈群書治要序〉文中，又有一段話，不僅與此說法相應，而且又將治國理政的關鍵要素拓展開來，其文云：

> 聖思所存，務乎政術，綴敘大略，咸發神衷；雅致鉤深，規摹宏遠，網羅治體，事非一目。（〈群書治要序〉，頁1）

唐太宗掛心於「政術」，所以魏徵等人就盡心於「治要」上，兩相呼應，彰顯了《群書治要》之聚焦所在。不過，身為君主，關心為政理國，務求治世良方，自是理所當然，並無特殊之處，令人關注的應該是其中的內涵是否存有特殊性，也就是此處所言之「咸發神衷」。魏徵等人究竟藉由《群書治要》發明了哪些見解來回應唐太宗？其「規摹」又如何足以謂之宏遠？此中內涵，將左右《群書治要》的價值與意義。

要釐清《群書治要》發明了哪些想法？是否具有遠見卓識？就必須進入到《群書治要》，從內容的梳理來進行掌握。魏徵等人在「綴敘」以成《群書治要》時，在內容上有沒有特殊關懷而形成一些焦點呢？若對《群書治要》進行一番檢視，將可發現確實存有一些主題關懷，以下分別說明之。

（一）為君難

關乎政術，首先自然聚焦在決策者——「君主」——身上，所以在〈群書治要序〉一文中，也鮮明的將之凸顯出來，其文

云：

> 若乃欽明之後，屈己以救時，無道之君，樂身以亡國，或臨難而知懼，在危而獲安，或得志而驕居，業成以致敗者，莫不備其得失，以著為君之難。（〈群書治要序〉，頁1）

得天命、打天下而為一國之君，此後如何維繫一個國家的正常運作而不至於敗亂亡國，魏徵等人認為「君主」是必須有所付出，有所作為，所以《群書治要》中一個核心的主題，就是彰顯「為君之難」。有趣的是，《群書治要》引錄的著作中，桓範於《政要論》裡有一篇題為「為君難」（頁1176-1178）的論述，正可藉以呈現此思維之發展歷程。

至於「為君之難」的具體內容為何？魏徵等人用「屈己」一詞，已大體說明了當時候的認知，雖意若淺顯，但與儒家「克己復禮」的說法具有緊密的關聯性。[89]「屈己」所指，包含了兩個層面，其一，屬於物質層面之克制自己的慾望，不耗費民生、民力以養身；其二，屬於人文精神層面之警惕自我，勿自智、戒專獨，當謙遜以待人。

以「物質層面」來說，舉如《詩經》中擷取〈碩鼠〉以刺「重斂」（頁44）、《左氏春秋傳》中截錄晉靈公的「厚斂以雕牆」（頁85-86）、《國語》中截錄靈王為「章華之臺」（頁172-173）、《史記》中截錄紂之「好酒淫樂」（頁241-242）與

---

[89] 有關魏徵言論可見於〈論畋獵〉、〈論慎終〉中，文見〔唐〕吳兢撰、謝保成集校：《貞觀政要集校》，頁517-518、536-541。

戎王悅女樂一事（頁 245-246）、《呂氏春秋》中截錄〈侈樂〉
明侈樂不樂的道理（頁 945），諸如此類，魏徵等人彙集了
「經」、「史」與「子」著作中相關的內容，從不同的事例與論
述，不斷地將主題的內涵突顯出來。至於，由此所衍伸而成的
「牧民」議題，容後再述。

　　以「人文精神層面」來說，舉如《詩經》中擷取〈苀蘭〉刺
惠公之「驕而無禮」（頁 42-43）、《孔子家語》中引錄〈哀公
問政〉言「立敬自長始」以講修身（頁 228-230）、《後漢書》
中引錄孝明皇帝事蹟以明不自矜之德（頁 480-481）、《呂氏春
秋》中節錄〈行論〉明「亡國之主必驕，必自智，必輕物。」
（頁 965）、《韓子》中引錄〈十過〉講「行僻自用，無禮諸
侯」之失（頁 971），諸如此類，以種種不同的事例與論述，彰
顯君主在待人、接物上需保有謙遜、誠敬的態度。

　　值得注意的是，與謙遜緊密關聯而延伸開的議題──「知人
任能」、「君臣共生」與「納諫」，在《群書治要》中實成為一
核心的焦點。關於「君臣共生」與「納諫」，容後再述。至於
「知人任能」方面，在《群書治要》中，不斷傳達出的訊息是，
人皆有長短、高下、優劣之處，所以君主當取其優長而略其不
足，因其所長而任之以職。會有如此想法，當然表面上是以美德
來標舉，但實質上則是認知到君主也是有限的個體，必須獲得他
人的輔助，才能達到國治民安的成效。因此，在「知人任能」的
主題裡，不僅含括了知人、用人的問題，並且涉及了分職、定分
的討論。

　　關於知人、用人方面，舉如《毛詩》中引錄〈卷耳〉講求賢
知臣（頁 40）、《孔子家語》中引錄〈五儀〉論審人與取人之

法（頁 217-219）以及引錄〈子夏問〉講「知為人臣者，然後可以為人君。」（頁 237）、《晏子》中於〈問上〉引錄景公與晏子對話明任人之道（頁 787）、《尸子》中引錄〈分〉講用賢（頁 875-876）、《慎子》中引錄〈民雜〉談「因民之能為資」（頁 895）、《呂氏春秋》中引錄〈論人〉談知人（頁 943）、《韓子》中取錄〈難勢〉講知人任賢（頁 977）、《新語》中引錄〈資質〉講知質（頁 987）、《劉廙政論》引錄〈疑賢〉講為君難（頁 1169-1170）、《袁子正書》引錄〈世治〉講用人不求備（頁 1263），諸如此類，圍繞於人才的討論，所錄資料甚多，顯示了魏徵等人的深切關懷。

關於分職、定分方面，舉如《毛詩》節錄〈南山有臺〉明得賢以立太平之基（頁 47）、《韓子》中取錄〈觀行〉詳「用力寡而功名立」（頁 973-974）、《尹文子》中引錄〈大道〉講聖人之治貴在與眾共治（頁 899-901）、《體論》中引錄〈君體〉講設官分職為君之體（頁 1193-1197）、《典語》引錄〈君道〉與〈臣職〉講分官別職（頁 1213-1214）、《袁子正書》中引錄〈設官〉講分職（頁 1250-1251），諸如此類，擷取各種角度與論述，彰顯君主不能單憑己力以求政理的道理。

除此之外，關於君主方面，亦存有長期一直備受關注的仁義、道德之修身議題，舉如《孝經》、《曾子》引錄了〈修身〉與〈立孝〉、《文子》引錄有〈道德〉、〈上德〉、〈下德〉、〈上仁〉、〈上義〉與〈上禮〉等等，只是《群書治要》將不同的學說匯集在一起，存有多元視角的激盪作用，以及產生視閾融合的契機。

（二）為臣不易

　　將焦點鎖定在「政術」上，並且又是提供給君王閱讀的典籍，那麼《群書治要》為何需要談臣道呢？原因可由前文所述，進一步來說，當聚焦於知人任能、設官分職時，君主如何審知、明視呢？謙遜而下視，使得不同的視角被帶了進來，除了可以體諒臣下的困境，並看見了君臣之間不同的責任。試觀〈群書治要序〉一文所云，其言：

　　　其委質策名，立功樹惠，貞心直道，忘軀殉國，身殞百年之中，聲馳千載之外，或大奸臣猾，轉日回天，社鼠城狐，反白仰黑，忠良由其放逐，邦國因以危亡者，咸亦述其終始，以顯為臣不易。（〈群書治要序〉，頁 1-2）

　　藉由為臣行徑的終始描述，不僅呈現忠良一面，並且納進奸邪的一面，透過雙面並陳的多方事例與論述，讓君主得以窺見「為臣不易」，從而禮敬臣子。

　　關於「為臣不易」方面，舉如《孔子家語》中引錄〈賢君〉論人臣之賢（頁 224）、《史記》中截錄趙高亂秦始終之事蹟（頁 249-251）、《後漢書》中截錄楊震終始之事蹟（頁 529-532）、《呂氏春秋》中引錄〈至忠〉以明忠（頁 953）、《韓子》中引錄〈說難〉見親疏之別（頁 971-972）、《淮南子》中引錄〈主術〉詳君臣異道（頁 1006-1009）、《政要論》中引錄〈臣不易〉[90]、《傅子》中引錄〈驕違〉以詳惑佞（頁 1245-

---

[90]　〔唐〕魏徵等人編撰：《群書治要》校訂本，頁 1179-1182。文中詳明大臣、小臣與外臣的責任

1246），諸如此類，聚焦於臣道的言論，在開啟為臣之道的內涵外，也同時重新定位了為臣的角色與地位。

（三）君臣共生

在《群書治要》中，論述份量僅次於「直言受諫」的議題，就屬「君臣共生」了。所謂「君臣共生」，就是管理天下並非單獨可以憑藉君主一個人的卓越能力來撐持，必須倚賴諸多臣子的輔佐，才能成就大業。與此相近的意涵，舉如君臣一體、君臣共治、聖賢共治等用語，皆不乏見於論述之中。此議題被有意識地凸顯出來，意味著不論是君或是臣，一方面，對於「溥天之下，莫非王土，率土之濱，莫非王臣」[91]之天下僅隸屬於天子，天子擁有絕對地位的看法，已產生了調整；另一方面，也看見了個體在能力上的有限性。這樣的關注，足以促使唐代在學術、政治、文化等各方面產生轉變，值得深入探究。

關於「君臣共生」方面的討論，舉如《申子》中引錄〈大體〉講「明君如身，臣如手。」（頁 885-886）、《慎子》中引錄〈知忠〉講治亂安危非一人之力的道理[92]、《劉廙政論》中引錄〈備政〉講共成之道（頁 1164-1166）、《蔣子萬機論》中引錄〈政略〉講君臣一體相須而行（頁 1173）、《體論》中引錄〈臣體〉講君臣相須而成體（頁 1198-1201）、《典語》中引錄〈任賢〉明「大臣與人主一體」之理（頁 1214-1215）、《傅

與困境。

91　〔漢〕毛公傳、鄭玄箋；〔唐〕孔穎達等正義：《毛詩正義》，頁 444。

92　魏徵等人編撰：《群書治要》校訂本，頁 896-897。文中有云：「亡國之君，非一人之罪也；治國之君，非一人之力也。」不以成敗繫之於個人身上，更符合真實的情況。

子》中引錄〈舉賢〉講聖賢共治（頁 1220-1222），諸如此類，魏徵等人將這些論述匯聚起來，實質上也間接表達出對君臣應有之關係的想法。

（四）直言受諫

所謂「直言受諫」，其內容包含了兩部分，一個是來自於發出方之臣子的「直言」，一個是作為領受方之君主的「受諫」。一般來說，喜愛以「納諫」來指稱，也確實成為貞觀時期政治上君臣互動的標誌，然而作為一個議題，其中自然含括複雜的部分，除了「納諫」僅能顯示出對君王的期待之外，並無法明晰諫言所提出者的立場與思維，以及對反之拒諫的情形。然而，這些複雜的情形確實被《群書治要》所節錄，是故本文認為以「直言受諫」來概括此議題，應較適當。

從《群書治要》的整體內容來看，選錄資料所呈現的關注情況，「直言受諫」的主題當是最為鮮明的。不論是經、史或子，或事蹟，或論述，皆多所引錄關於諫諍的資料。究其原由，一方面當是來自於理性認知個體思維的侷限，期盼能夠避免因君主的專獨而造成傷害，另一方面即是輔臣角色的重視與君臣共生思維的成形。因此，關於這個主題，實可視為君臣之間溝通的重要橋樑。

關於「直言受諫」方面的呈現，在史部之中，不乏君臣之間的對話，故相關事例所在多有，以《吳越春秋》來說，所選錄兩則資料，即皆是對於吳王的諫言。經部而具有史之性質的《春秋左氏傳》，亦多見於上下之間的對話。此外，舉如《尚書》引錄「高宗夢得說」一事而顯「后從諫則聖」之說（頁 26-27）、

《毛詩》中引錄〈淇澳〉取武公之聽諫（頁 42）、《晏子》中引錄〈諫上〉與〈諫下〉彰顯納諫之益（頁 776-783）、《呂氏春秋》中引錄〈去尤〉與〈謹聽〉詳聽言之意而〈貴直〉與〈直諫〉則明直言及直諫之可貴[93]、《鹽鐵論》中引錄〈相刺〉講聽言之少（頁 1031-1032）、《新序》中引錄〈諫言〉（頁 1055-1056）、《說苑》中引錄〈正諫〉（頁 1073）、《政要論》中引錄〈諫爭〉講正言直諫（頁 1188-1189）、《傅子》中引錄〈信道〉講古之直言（頁 1245），諸如此類，以不同的事例與多元的論述，彰顯「直言受諫」的價值，足見魏徵等人關注之意。

（五）牧民

就目前對國家的定義來說，人民、土地、政府與主權是四個不可或缺的構成要件，顯見人類社會在不斷地發展下已能看見普通「人民」的重要性。不過，事實上了解「人民」之於國家的重要，直至目前為止，仍需努力尋求合宜對待人民的方式。舉例來說，《尚書》已云：「天視自我民視，天聽自我民聽。」[94]孟子承之而凸顯人心向背的重要性，但君／位尊權重者與民卻時常產生利益的衝突，而無聲、弱勢的人民多為被犧牲的一方，只是弔詭的是，被犧牲的人民實是左右國家存亡之關鍵。這種複雜的連繫性關係，對於初唐創業立國的君臣而言，因親見隋朝之興亡，其體認是非常深切的。因此，面對人民，究竟君主應該採取怎樣

---

[93] 〈去尤〉與〈謹聽〉見《群書治要》校訂本，頁 955-956。《群書治要》中〈去尤〉只標大目〈有始覽〉，今還以細目。〈貴直〉與〈直諫〉見《群書治要》校訂本，頁 966-967。《群書治要》中〈貴直〉標成大目〈貴直論〉，今還以細目標示。

[94] 〔漢〕孔安國傳；〔唐〕孔穎達等正義：《尚書正義》，頁 155。

的實際作為？就成為了關注的主題之一，本文以「牧民」一詞來概括此論述範疇。在此議題中，「富民」的觀點，值得留意其蘊含的時代意義。

關於「牧民」方面的呈現，舉如《毛詩》中引錄〈蓼莪〉以人民勞苦刺幽王、《春秋左氏傳》中引錄闔廬與夫差之成敗（頁130）、《六韜》中引錄〈文韜〉講愛民治國之道（頁727-733）、《管子》中引錄〈牧民〉（頁750-751）與〈治國〉（頁763-764）講富民順民之道、《墨子》中引錄〈辭過〉講節用而利民（頁826-828）、《孫卿子》中引錄〈富國〉講節用裕民（頁923-929）、《呂氏春秋》中引錄〈適威〉講待民之道（頁963）、《淮南子》中引錄〈詮言〉講安民（頁1023-1024）、《潛夫論》中引錄〈務本〉講富民正學（頁1092-1094）、《傅子》中引錄〈安民〉講富民安民（頁1241-1243），諸如此類，彙集不同事例與論述角度，正可深化主題的內涵，並且對於唐朝在施行與人民相關的政策上產生了影響力。

（六）法制

在盛言禮樂文化、講求仁義道德的政治傳統，尤其在秦朝因法而結束短命的帝國之後，對於「法制」的態度，就一直存在著負面的觀感，難有積極的認可。不過，對於國家綱紀的維護來說，「法制」卻是一個無法迴避的面向。在《群書治要》的內容上，可以發現對於「法制」的討論，也呈現出一個顯著聚焦的情形。其內涵是否仍然無法跳脫傳統法家的思維呢？抑或是已有新的創造性突破呢？值得審視。

　　關於「法制」方面的資料，舉如《管子》中引錄〈法法〉（頁 756-758）與〈明法解〉（頁 770-773）講行法修制、《墨子》中引錄〈法儀〉講法天治法（頁 824-825）、《商君書》中引錄〈六法〉明立法宜時（頁 866）、《慎子》中引錄〈君人〉與〈君臣〉講明依法（頁 897-898）、《韓子》中引錄〈解老〉（頁 972）講變法而〈用人〉（頁 974）求守法、《崔寔政論》中引錄〈制度〉講修法（頁 1109-1111）、《蔣子萬機論》中引錄〈用奇〉論明法與拔奇（頁 1174-1175）、《體論》中引錄〈法體〉講執法（頁 1204-1206）、《傅子》中引錄〈法刑〉講禮法相濟（頁 1229-1230）、《袁子正書》中引錄〈刑法〉明重法慎令（頁 1263-1265），諸如此類，不同的角度與主張，並關涉於禮教、刑賞等複雜面向，撐開了對於「法制」的思考面向，對於唐代制度的建構與執行，提供了有利的參照基礎。

（七）戢兵

　　《論語》中記載子貢問政，孔子回答：「足食。足兵。民信之矣。」[95]一為生存憑藉，一為維護工具，一為人文精神，足見三者在治國理政上的重要性已被彰顯開來。不過，無論古今、治亂，安邦於內，定國於外，「兵」總是不可或缺的，然而正視並給予相當的關注與討論，卻是明顯不足。在《群書治要》中，對於「兵」的討論，從選錄資料來看，亦呈現出聚焦的狀況，顯示出初唐時期對「兵」的議題有所關注與省思。本文透過資料的粗

---

[95]　〔魏〕何晏等注；〔宋〕邢昺疏：《論語注疏》，頁 107。足食、足兵與民有信三者，對照於貞觀時期著眼於踐行的關聯，分別與牧民、戢兵與法制三者有緊密聯繫，值得推敲。

步掌握，認為以「戢兵」來進行概括《群書治要》所選錄資料的取向是較為適當的。也就是說，此期在「兵」的思維上應有拓展，值得進行仔細的分辨。

　　關於「戢兵」方面的討論，舉如《六韜》中引錄〈武韜〉講置將而〈龍韜〉講立將與用兵（頁 736-741）、《孫子兵法》中引錄用兵之法[96]、《吳子》中引錄〈論將〉（頁 863）與〈治兵〉（頁 864）、《尉繚子》中引錄〈兵談〉（頁 911-912）與〈戰威〉（頁 912-913）及〈兵令〉（頁 914-915）、《孫卿子》中引錄〈議兵〉講兵要（頁 934-936）、《呂氏春秋》中引錄〈義兵〉明兵不可偃[97]、《潛夫論》中引錄〈勸將〉論兵敗之由（頁 1100-1101）、《崔寔政論》中引錄〈足兵〉（頁 1112-1113）、《政要論》中引錄〈兵要〉（頁 1186-1187）、《袁子正書》中引錄〈論兵〉（頁 1252-1254），諸如此類，彙集可觀的資料與說法，足以引發初唐時期君臣對於「兵」的認知，當然也側寫出此期的思維取向。

　　透過以上的梳理，可以清楚地看到，《群書治要》在內容的呈現上，是具有主題式的聚焦，聚焦在有關「治體」的七大焦點。這七大鮮明的主題，彰顯了《群書治要》具有的宏遠「規摹」，並表示魏徵等人在進行資料的選錄上，非漫無目的、雜亂無章的擷取，而是有一個取捨的標準與撰作意識。進一步剖析這七大主題，其間關係應可繪製成下表[98]：

---

[96]　此處資料經檢視《孫子兵法》，實出自〈謀攻〉、〈虛實〉與〈九變〉三篇，《群書治要》未行標示，避免混一，故加以說明。〔唐〕魏徵等人編撰：《群書治要》校訂本，頁 802。

[97]　〔唐〕魏徵等人編撰：《群書治要》校訂本，頁 948-949。一作〈蕩兵〉。

[98]　有關《群書治要》具有主題式議題化的聚焦，進而呈現出成體的思維，乃是與林朝成教授共同執行極樂寺委託計畫的研究成果。見林朝成、張瑞麟：〈「教學研究計畫──以《群書治要》為對

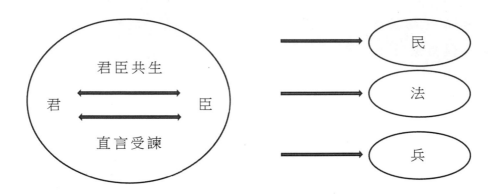

七大主題的視角，當然還是取自君王，也就是從閱讀者的角度來思考。君王需知「為君難」，當理會「為臣不易」，洞悉「君臣共生」的道理，並積極藉由「直言受諫」之君臣溝通方式，完善治國理政的決策體，始得成就可大可久之功業。如圖所示，君、臣屬於「共生」，所以可以視為成體的關係，而透過「直言受諫」的互動，讓彼此更顯緊密，因此四主題可圈置於一處。至於，「民」、「法」與「兵」三個方面，正是決策體必須思考與面對的問題，是故彼此關係可以繪製成上圖。

　　根據主題間具有的緊密關係，當可斷定魏徵等人在編纂時，已經對「治體」的要素有所構思，使得在選錄資料時，自然而然地擷取了相關的內容，從而產生聚焦的效果。讓我們重新審視

象》（臺南：成功大學中文系，2018年）。在共同執行研究計劃的基礎上，對於《群書治要》有著相同的理解與掌握，以及詮釋與分析的策略，最後由我以本文落實具體分析《群書治要》本身的內涵，而林朝成教授進一步藉此與《貞觀政要》進行連結來展現議題的內涵，詳見林朝成：〈《群書治要》與貞觀之治──從君臣互動談起〉，《成大中文學報》第67期（2019年12月），頁101-142。林朝成：〈《群書治要》與貞觀之治──以「牧民之道」為例〉，第七屆臺大成大東華三校論壇學術研討會會議論文（2019年5月24日）。

〈群書治要序〉所云，其言：

> 以為六籍紛綸，百家踳駁。窮理盡性，則勞而少功；周覽
> 泛觀，則博而寡要。（〈群書治要序〉，頁 1）

面對龐大的文化資產，作為一個有意願承繼的接受者，唐太宗所
感受到的卻是「勞而少功」──缺乏踐行效益，是「博而寡要」
──浮華無實，所以需要有一番整理的工夫。換言之，當唐太宗
想要「取鑒乎哲人」時，遇到的問題是：「六籍紛綸，百家踳
駁。」這也就成為了魏徵等人在進行《群書治要》編纂時的主要
問題意識。〈群書治要序〉又云：

> 用之當今，足以鑒覽前古；傳之來葉，可以貽厥孫謀。引
> 而申之，觸類而長，蓋亦言之者無罪，聞之者足以自戒，
> 庶弘茲九德，簡而易從。觀彼百王，不疾而速，崇巍巍之
> 盛業，開蕩蕩之王道。（〈群書治要序〉，頁 2）

這段話是對於《群書治要》成書的期待，其中提到的「用之當
今」與「簡而易從」，可以說是回應、解決唐太宗所面臨的問
題。是故，綜合以上所述，魏徵等人編纂《群書治要》的宗旨乃
是：透過經典的整理，呈現在政治上簡易而有效的實踐思維。

四、《群書治要》編纂的視野與意義

　　每一部典籍，無不呈現作者的視野，或深或淺，或廣或狹，皆是個體生命學習、體驗與契悟的成果，各具獨特性，縱使是「述而不作」，在敘述中無法抽離的說者，已在不知不覺中進行了再次的創造。《群書治要》以主題式關懷來纂輯典籍文獻，在典籍的挑選、篇章的取捨上已彰顯了作者的獨特用心，況且又進行了文字上的刪節，實質上已非本來面目。因此，《群書治要》應當被視為一部再行創造的作品，存有其獨特的視野。

　　雖然唐代在史學方面有顯著的發展，加上〈群書治要序〉中流露出的鑒戒思維，很難讓人擺脫「以史為鑒」的思考框架，但《群書治要》的內涵具有更為積極的意義。首先，從編纂宗旨來說，簡易可從的追求，實踐性與實際化的取向，已讓《群書治要》帶有時代的新視野。誠如錢穆所表示的：研究歷史，應該從「現時代中找問題」，應該在「過去時代中找答案」，這是研究歷史的兩個要點。[99]雖然講的是歷史的研讀，不過魏徵等人的作法實質上就是如此。用當代的新問題，借鑑於古代的思維與事蹟，以尋求新的突破，這就是「轉舊為新」的展現。因此，必須進一步關注的是《群書治要》是否存在新的突破？

　　《群書治要》如何存有新的突破呢？可以由兩個面向來說。其一，聚焦的主題顯示了時代的變動。聚焦於「民」，代表唐時，人民地位已有所變化，必須有一番新對待。[100]聚焦於

---

[99]　錢穆：《中國歷史精神》，收於《錢賓四先生全集》（29）（臺北：聯經出版社，1998 年），頁 20。

[100]　內藤湖南指出：「到了隋唐，人民從貴族手中解放出來，由國家直接統治，特別是制定了把農民

「臣」，代表唐時，看待臣下，包含身分與責任，有所變化。[101]聚焦於「君」，一方面關係乃是相對的，「臣」、「民」有了變化，「君」自然隨之而變；另一方面，源自於特殊因素，舉如唐太宗以隋為鑑，故對「君」所扮演的角色有了重新的思考。諸如此類，在染上時代的色彩後，《群書治要》的面貌，就不再是帶著古代的面具而已，其中具有整體性的思維變化。[102]其二，關注的主題所帶來的變化。從以上的討論中，可以了解到《群書治要》有多個關懷的主題，在份量上有輕有重。一般來說，份量輕，代表關懷程度小，份量重，代表關懷程度大，《群書治要》顯著著重於「直言受諫」的主題，又加以凸顯「為君難」、「為臣不易」與「君臣共生」的概念，新視野、新思維蘊含其中，不言可喻。

　　此外，《群書治要》大體纂輯古代典籍而成，所用文字內容與論述思維多近本來面目，如何能「轉舊為新」呢？如同「賦詩言志」一般，經史百家之言，透過《群書治要》帶入新的環境，獲得重現與解讀，其意涵已隨魏徵等人之「志」而產生了變化。更重要的是，經史百家的思維內涵，多元而不同，諸如儒家、道家、墨家、法家、兵家、雜家與名家，所見各異，《群書治要》卻不避紛雜，將之彙集在一起，其效益即是在不主一家、不專一

做為國家佃戶的制度。由此可見，人民地位與角色在唐代已產生的變化。」詳見內藤湖南著、夏應元等譯：《中國史通論》（北京：社會科學文獻出版，2004 年），頁 328-329。

[101] 內藤湖南認為六朝是貴族掌握權勢，雖然唐太宗在制度上否決了貴族的權力，但實際上在從政中，仍有那種形式的殘迹。如是說法，其實也就看到唐太宗改變權力結構的實際作為。詳見氏著、夏應元等譯：《中國史通論》，頁 326-338。

[102] 有關貞觀時期君臣之間互動的新貌，詳見林朝成：〈《群書治要》與貞觀之治──從君臣互動談起〉，《成大中文學報》67 期（2019.12），頁 101-142。

說，於截長補短、補偏救弊中，博采眾長，讓思維的視野活潑而寬廣，以應當世之「用」。這種突破框架的思維模式，從唐太宗回應《群書治要》所選錄一則事例，可見《群書治要》帶來的並非是另一個準則、規範或框架。唐太宗在〈答魏徵手詔〉中，有文云：

> 朕聞晉武帝自平吳以後，務在驕奢，不復留心治政。何曾退朝，謂其子劭曰：「吾每見主上，不論經國遠圖，但說平生常語，此非貽厥子孫者也。爾身猶可以免。」指諸孫曰：「此等必遇亂。」及孫綏，果為淫刑所戮。前史美之，以為明於先見。朕意不然，謂曾之不忠，其罪大矣。夫為人臣，當進思竭誠，退思補過，將順其美，規救其惡，所以為治也。曾位極臺司，名器隆重，當直詞正諫，論道佐時。今乃退有後言，進無廷諫，以為明智，不亦謬乎！顛而不扶，安用彼相？公之所諫，朕聞過矣。[103]

這是唐太宗對於史書所載有關何曾事蹟描述與評價的看法，顯然在立場與角度的不同下，產生了見解的差異。試觀《群書治要》所選錄的內容，其文云：

> 泰始九年，為司徒，以疲疾求退，孫綏位至侍中，潘滔譖之于太傅越，遂被殺，初，曾告老，時被召見，侍坐終日，世祖不論經國大事，但說平生常語。曾出每曰：將恐

103　〔唐〕唐太宗：〈答魏徵手詔〉，見吳云、冀宇校注《唐太宗全集》（天津：天津古籍出版社，2004年），頁373。

身不免亂，能及嗣乎。告其二子曰：汝等猶可得没。指諸
孫曰：此輩必遇亂死也。及綏死。兄嵩曰：我祖其神乎。
（頁 696）

如同唐太宗的理解，何曾確實在與晉武帝的互動中，察知國家未
來的治亂與子孫的禍福，史書將此事記載下來，於彰顯其先見之
明中隱含推崇其卓越識見之意。不過，看在身為君主的唐太宗眼
裡，卻產生了不同的理解與反應。這樣的差異，說明了唐太宗對
於「以古為鑑」的內容，並非一昧的接受與遵從。尤其，更重要
的是觸發唐太宗產生不同的思維，即是所謂「公之所諫，朕聞過
矣。」與現實的狀況產生了關聯性，也就是《群書治要》關注的
主題之一──「直言受諫」。由此可見，《群書治要》的形式內
容並未侷限人的思考，反而透過主題的多元內涵拓展可用之價值
與精神。

至於，《群書治要》的編纂意義，藉由以上的討論，有兩個
面向是值得令人關注的：

1.「轉舊為新」的模式

傳統文化的價值內涵，如何在時移境遷之後，跨過時間與空
間的界限，重新植根而成長、茁壯，是一個值得深思的問題。擺
脫魏晉南北朝的紛爭，進入有唐新時代，在戰火的巨大破壞之
後，面對政治、文化的重建，傳統並非理當進入當代，發展的方
向有待決定，魏徵等人利用編纂《群書治要》的機會，彙集經、
史與子的內容，以主題式的再現，可說是有效的融化、轉化傳
統，而這些主題的關懷面向，一方面反映著時代的趨勢，另一方

面緊扣唐代君臣的思維與踐行，可說是達到開新的功效。因此，《群書治要》的編纂模式，在轉舊為新的價值上，值得今人關注。

2.實踐價值的展現

　　誠如〈群書治要序〉所說，傳統學術文化的發展，最終容易走上空言無實、博而寡要的狀態。純學術的發展，並非不美，但文化的傳統，多植根於生命的真實體悟，並且現實的不合理，往往足以帶來出人意表的精彩。唐代走上實際化的發展道路，《群書治要》反映著這種取向，從尋求「簡而易從」的實踐性而突破傳統學術家派的隔閡來說，魏徵等人回應了現實而展現了精彩。

五、結語

　　唐太宗及其臣下們不僅經歷改朝換代的艱辛，在親眼目睹隋之興亡下，並開啟有唐貞觀的盛世，因此他們的作為與視野，是令人好奇的。魏徵等人應唐太宗在政治上的需求，進行《群書治要》的編纂，從內容上涉及經史百家之學來說，吸納文化傳統以用於世的取向顯著，所以剖析《群書治要》的編纂方式，將有利於了解如何轉舊為新以開創新的時代。

　　經由形式與內容的梳理，可以得到以下的結論：

　　1.依據典籍的性質、取材的範圍、選編的內容與撰寫的方式等四方面的梳理與探究，可以確切得知《群書治要》是具有清楚的編纂意識，並且形成撰述的宗旨。面對眾說紛雜、博而寡要的

文化資源，魏徵等人秉持的編纂宗旨是：透過經典的整理，呈現在政治上簡易而有效的實踐思維。

　　2.扣緊於編纂的宗旨，在內容上，可以看到《群書治要》以主題式的選錄資料。大體上而言，有七大聚焦點：「為君難」、「為臣不易」、「君臣共生」、「直言受諫」、「牧民」、「法制」、「戢兵」。其中，又特別關注於「直言受諫」的主題。這樣的呈現，魏徵等人雖述而不作，但其「意」已藉經史百家之言展露無遺。

　　3.在《群書治要》的編纂形式上，共選用了橫跨「經」、「史」、「子」的六十八部著作。雖然「各全舊體」，仍以原始著作為單位來嘗試保留其本來面目，但是文字內容卻經過了刪節，包括文字篇章中的注文。因此，從大的典籍選擇到細的文字截錄，其中皆存有魏徵等人的別識心裁。

　　4.藉由魏徵等人在《群書治要》編纂上呈現的特色，關注其蘊含的意義，有兩個面向是值得令人關注的：其一，「轉舊為新」的模式。其二，實踐價值的展現。分別涉及到古今與知行的問題，《群書治要》的展現，有足以令人借鑒之處。

第二章　立名存思——關於《群書治要》的編纂、傳播與接受*

一、前言

　　典籍的價值與意義，除了作品本身具有的意蘊外，傳播與接受兩個面向，同樣具有關鍵性的重要影響。作品，在直接展現與間接潛存中喻示作者的睿智與巧思，自是左右典籍價值之關鍵，殆無疑義。傳播方面，典籍的亡佚將直接導致價值的消逝，在散佈的過程中，種種現實的因緣，常常帶來新的元素，促使著作的原始內涵產生許多變化。至於接受方面，受到關注者有意的取捨、放大、縮小，解讀拓展了意義，足以豐富或改變原有意涵。因此，若要相對完整的認識一部具有生命的著作，有關寫作、傳播與接受三方面，當有所掌握與省思。

　　魏徵（580-643）等人所編撰的《群書治要》，在貞觀五年（631）成書之後[1]，雖然獲得唐太宗的讚賞[2]，但如鮑廷博（1728-1814）在嘉慶六年（1801）重雕岡田挺之（1737-1799）《孝經鄭註》的跋所說：「不知所謂《群書治要》輯自何人？刊於何代？何以歷久不傳，至近時始行於世？其所收是否�然獻宋

---

* 　本文刊登於《東華漢學》第三十三期（2021 年 6 月）。

1 　〔宋〕王溥：《唐會要》（京都：株式會社中文出版社，1978 年），頁 651。

2 　〔唐〕劉肅：《大唐新語》（北京：中華書局，1997 年），頁 133。

原本？或由後人掇拾他書以成者？茫茫煙水，無從執而問難焉，亦俟薄海內外窮經之士論定焉可耳。」錢侗（1778-1815）於〈重刊鄭注孝經序〉也說：「攷《群書治要》，凡五十卷唐魏公撰，其書久佚，僅見日本天明七年刻本。」[3]由此可知，《群書治要》在重新獲得認識前，有一段長久的時間是在中國學術領域裡消失，致使乾嘉學者產生疑惑與爭辯。[4]從雕版印刷的發展來看，《群書治要》的亡佚與典籍走向普及正形成了背反的現象[5]，為何如此呢？掌握流傳的狀況，將有助於接受與解讀。

應與《群書治要》重回中土時正值乾嘉學術的發展有關，如阮元（1764-1849）就看見其中保存古籍善策的價值，後續觀看《群書治要》的角度就較集中由文獻學來切入，舉如嚴靈峯〈定州竹簡《文子》殘本試探〉[6]、吳金華〈略談日本古寫本《群書治要》的文獻學價值〉[7]、金光一《《群書治要》研究》[8]、林溢

---

[3] 鮑廷博的跋與錢侗〈重刊鄭注孝經序〉，見「中國哲學書電子化計劃」線上圖書館：https://ctext.org/library.pl?if=gb&file=82889&page=113 於 2020 年 7 月 27 日上網讀取。

[4] 顧永新指出：「幾十年後，由於《群書治要》的真實性和價值逐漸為清朝學界所認同，相應地對岡田輯本的認識也有所變化。」這是從討論《孝經鄭注》而關聯至《群書治要》認識狀況。詳見氏著〈《孝經鄭注》回傳中國考〉，《文獻季刊》第 3 期（2004.7），頁 217-228。

[5] 胡應麟說：「余嘗隋世所雕，特浮屠經像。……唐至中葉以後，始漸以其法雕刻諸書，至五代而行，至宋而盛，於今而極矣。」可見雕版印刷發展的狀況，文見氏著《少室山房筆叢》（北京：中華書局，1958），頁 59-60。張秀民也說：「宋代官私刻書最盛，為雕版印刷史上的黃金時代。」可見宋代書籍傳播之盛。詳見氏著《中國印刷史》（上海：上海人民出版社，1989），頁 57。

[6] 嚴靈峯將《群書治要》作為探討定州竹簡《文子》的文獻資料。詳見氏著〈定州竹簡《文子》殘本試探〉，《哲學與文化》24 卷第 2 期（1997.2），頁 98-106。

[7] 吳金華從古籍的目錄、版本、輯佚、校勘等方面，說明日本鐮倉時代古寫本《群書治要》的文獻價值，其中有關目錄學的角度與誤文的見解值得注意。詳見氏著〈略談日本古寫本《群書治要》的文獻學價值〉，《文獻季刊》第 3 期（2003.7），頁 118-127。

[8] 金光一的研究，在凸顯《群書治要》的文獻價值，考述所存佚書外，也探討《群書治要》的編輯、體例與流傳，甚至觸及《群書治要》在日本文化史上的地位，如同所言「研究是重新得出《群書治要》校勘整理本的基礎工作」，是文獻學角度下重要的研究成果。見氏著《《群書治

欣先後用於分析《孫子》等三典籍的文獻研究[9]、王維佳《《群書治要》的回傳與嚴可均的輯佚成就》[10]、張蓓蓓〈略論中古子籍的整理——從嚴可均的工作談起〉[11]、李小龍〈中尾松泉堂本店——《群書治要》佚存錄〉[12]、劉佩德〈《群書治要》、《說郛》所收《鬻子》合校〉[13]、楊春燕《《群書治要》保存的散佚諸子文獻研究》[14]、鞏曰國和張豔麗〈《群書治要》所見《管子》異文考〉[15]、牛曉坤《金澤本《群書治要》子書（卷三一至三七）研究》[16]、潘銘基〈日藏平安時代九条家本《群書治要》研究〉等三篇文章[17]、王文暉〈從古寫本《群書治要》看通行本

要》研究》（上海：復旦大學博士論文，2010 年）。

[9] 林溢欣：〈從《群書治要》看唐初《孫子》版本系統——兼論《孫子》流傳、篇目次序等問題〉，《古籍整理研究季刊》第 3 期（2011.5），頁 62-68。又，氏著〈從日本藏卷子本《群書治要》看《三國志》校勘及其版本問題〉，《中國文化研究所學報》第 53 期（2011.7），頁 193-216。又，氏著〈《群書治要》引《吳越春秋》探微——兼論今傳《吳越春秋》為皇甫遵本〉，《古籍整理研究學刊》第 1 期（2019.1），頁 19-23。

[10] 王維佳：《《群書治要》的回傳與嚴可均的輯佚成就》（上海：復旦大學碩士論文，2013年）。

[11] 張蓓蓓：〈略論中古子籍的整理——從嚴可均的工作談起〉，《漢學研究》第 32 卷第 1 期（2014.3），頁 39-72。

[12] 李小龍針對《群書治要》的版本與流傳有詳細的說明，可與金光一研究相互補充。詳見氏著〈中尾松泉堂本店——《群書治要》佚存錄〉，《文史知識》（2014.10），頁 122-127。

[13] 劉佩德是以《道藏》本《鬻子》為底本，運用《群書治要》與明抄本《說郛》所收資料逐一校訂，詳見氏著〈《群書治要》、《說郛》所收《鬻子》合校〉，《管子學刊》第 4 期（2014），頁 88-90。

[14] 楊春燕針對《群書治要》中節錄的十四部散佚諸子文獻進行研究，大略呈現了文獻價值、學術價值與影響日本的情形。見氏著《《群書治要》保存的散佚諸子文獻研究》（天津：天津師範大學碩士論文，2015 年）。

[15] 鞏曰國、張豔麗：〈《群書治要》所見《管子》異文考〉，《管子學刊》第 3 期（2015），頁 12-16、34。

[16] 牛曉坤從校勘的角度進行子部七卷內容的比對分析，說明整體上呈現的特點與價值。詳見氏著《金澤本《群書治要》子書（卷三一至三七）研究》（河北：河北大學碩士論文，2018 年）。

[17] 潘銘基考察目前所存最早的九条家本《群書治要》，並以所載《後漢書》、《孟子》與《慎子》為例說明在校勘典籍上的重要性，是釐清《群書治要》存世版本的重要研究。詳見氏著〈日藏平

《孔子家語》存在的問題〉[18]等。然而,這種關注方式,雖是肯定《群書治要》的存在價值,但是終極關懷卻不在《群書治要》自身,似有缺憾。換言之,《群書治要》是否擁有屬於自身的意義?

與文獻學關注的角度相關,目前學界多以「類書」來看待《群書治要》,胡道靜就指出類書具有「輯錄佚書」與「校勘古籍」的特殊作用,但這種「百科全書」與「資料匯編」性質的定位方式是否合宜?[19]金光一在《《群書治要》研究》就說:「從其所採取的形式來看,僅僅是一種叢鈔群書的資料彙編,並不能說是有系統的著作。」[20]不過,從魏徵等人在〈群書治要序〉裡提到:「但《皇覽》、《遍略》,隨方類聚,名目互顯,首尾淆亂,文義斷絕,尋究為難。今之所撰,異乎先作,總立新名,各全舊體,欲令見本知末,原始要終,并弃彼春華,采茲秋實。」[21]很清楚的表達了編撰的意識有三:一是,不同於《皇覽》、《遍略》的類書型態;二是,文義講求完整,要能見本知末;三

安時代九条家本《群書治要》研究〉,《中國文化研究所學報》第 67 期(2018.7),頁 1-40;又有聚焦在「《群書治要》所載《孟子》及其校勘《孟子》用例」研究,詳見氏著〈《群書治要》所載《孟子》研究〉,《域外漢籍研究集刊》第 16 輯(2018.8),頁 293-317;又有聚焦《漢書》的探究,詳見氏著〈《群書治要》所錄《漢書》及其注解研究——兼論其所據《漢書》注本〉,《成大中文學報》第 68 期(2020.3),頁 73-114。

[18] 王文暉藉與《群書治要》的比對,指出今本《孔子家語》存在的問題,其中將《群書治要》直接視為古本內容,並斷定較今本完整、古樸,有待斟酌,詳見氏著〈從古寫本《群書治要》看通行本《孔子家語》存在的問題〉,《中國典籍與文化》第 4 期總第 107 期(2018),頁 113-119。

[19] 胡道靜:〈類書的源流與作用〉,收入氏著《中國古代典籍十講》(上海:復旦大學出版社,2004 年),頁 60-104。本文對於類書的性質、起源、類型、作用、反作用與特殊作用有深入論述。

[20] 金光一:《《群書治要》研究》,頁 7。

[21] 〔唐〕魏徵等撰:〈群書治要序〉,魏徵等編撰、《群書治要》校訂本編輯委員會校訂:《群書治要》校訂本(北京:中國書店,2014 年),魏氏序,頁 2。

是，不要繁文虛飾，要能合時有用。顯然，魏徵等人對於《群書治要》的定位與展現，是有不同於類書的性質。因此，為了釐清《群書治要》是否擁有可為思想詮釋的資源，本文嘗試先回到《群書治要》本身，透過編纂者的思想與編纂旨意的掌握，確立《群書治要》具有思想的內涵，之後再配合傳播的掌握，審視目前接受的狀態與未來可拓展的面向。

二、關於《群書治要》的編纂

在《群書治要》的編纂上有兩方面當關注：（一）《群書治要》成書的旨意。（二）編纂者的學思。前者，是整體性的把握《群書治要》的呈現，而後者是透過編纂者的學思來洞悉《群書治要》所被賦予的意蘊。

（一）《群書治要》成書的旨意

《群書治要》的成書時間與編纂始末，試觀《唐會要》的記載：

> 貞觀五年九月二十七日，秘書監魏徵撰《群書政要》，上之。[22]

---

[22] 〔宋〕王溥：《唐會要》，頁 651。《群書治要》有名為「政要」、「理要」，依魏徵等人所撰序文，當以「治要」為是。島田翰以為乃避唐高宗諱改治為理，又改為政。見〔日〕島田翰：

成書時間在貞觀五年九月二十七日，應無疑義，但將編撰權僅歸屬於魏徵，顯得粗略。以文後小注所云：

> 太宗欲覽前王得失。……徵與虞世南、褚亮、蕭德言等始成凡五十卷。[23]

顯然，《群書治要》是由魏徵、虞世南（558-638）、褚亮（560-647）與蕭德言（558-654）等人共同編撰而成，並非個人獨立完成的作品。《新唐書》亦言：

> 太宗欲知前世得失，詔魏徵、虞世南、褚亮及德言裒次經史百氏帝王所以興衰者上之，帝愛其書博而要，曰：「使我稽古臨事不惑者，公等力也！」賚賜尤渥。[24]

文中所指即《群書治要》，可見是由魏徵等四人共同擔負起編纂的責任。〈群書治要序〉云：

> 以為六籍紛綸，百家蹖駁。窮理盡性，則勞而少功；周覽泛觀，則博而寡要。故爰命臣等，采摭群書，翦截淫放，光昭訓典。……爰自六經，訖乎諸子，上始五帝，下盡晉年。凡為五帙，合五十卷，本求治要，故以「治要」為名。[25]

《古文舊書考》（臺北：廣文書局，1967），頁 157。

[23] 〔宋〕王溥：《唐會要》，頁 651。

[24] 〔宋〕歐陽脩等撰：《新唐書》（北京：中華書局，1975 年），頁 5653。

[25] 〔唐〕魏徵等撰：〈群書治要序〉，魏徵等編撰、《群書治要》校訂本編輯委員會校訂：《群書治要》校訂本，魏氏序，頁 1-2。

　　結合以上幾則引文，可知《群書治要》含括了經、史、子的典籍內容，選材時間跨度是從五帝直到晉代，在經過「翦截」的處理後，將緊扣「治要」的內容，以五十卷的樣貌呈現。

　　或許是「治要」與「知前世得失」的顯著目的，讓人忘了追問：究竟「治要」所關注的內容為何？具有什麼意義？既是「翦截」，取捨間是否具有獨特意蘊？關於這些問題，可從引文所謂「博而要」與「臨事不惑」兩方面來看。以唐太宗「博而要」的說法而言，若結合於序言所謂「博而寡要」的論述，魏徵等人所編撰的《群書治要》正嘗試解決「六籍紛綸，百家踳駁」的問題，並回應現實的需求。換言之，《群書治要》的思想，就展現在魏徵等人的「翦截」手法上，這是不能被忽略的層面。〈群書治要序〉文末云：

> 用之當今，足以鑒覽前古；傳之來葉，可以貽厥孫謀。引而申之，觸類而長，蓋亦言之者無罪，聞之者足以自戒，庶弘茲九德，簡而易從。觀彼百王，不疾而速，崇巍巍之盛業，開蕩蕩之王道。[26]

雖然「博而要」與「博而寡要」有直接的對應關係，但是若從意義的統攝來講，「簡而易從」的說法，一方面表示解決了「勞而少功」的實踐問題，另一方面也呈現出使六經紛綸、百家踳駁之「博」獲得條理而轉變成「簡」之易於被領悟的型態，更能展現《群書治要》的撰作深意。此外，就全文的收束而言，導向當下

---

[26] 〔唐〕魏徵等撰：〈群書治要序〉，魏徵等編撰、《群書治要》校訂本編輯委員會校訂：《群書治要》校訂本，魏氏序，頁2。

的實踐意識是強烈的，正展現出《群書治要》並非只是資料彙編而已。與此相呼應，唐太宗即肯定《群書治要》能發揮「臨事不惑」的效用。這意味著兩個內涵，一是具有具體實踐意義，二為與踐行者的思維相互契合，可為取資。因認同而踐行，由踐行而轉化。[27]《群書治要》所收經、史、子等典籍之精要，已因踐行而扣緊當代，並在重組中構成一個隱含時代特色的嶄新思想體系。試觀唐太宗即位之後，兩件與封德彝（568-627）有關的文治事件。《資治通鑑》記載：

> 上宴群臣，奏《秦王破陳樂》。上曰：「……雖非文德之雍容，然功業由茲而成，不敢忘本。」封德彝曰：「陛下以神武平海內，豈文德之足比。」上曰：「戡亂以武，守成以文，文武之用，各隨其時。卿謂文不及武，斯言過矣！」[28]

時間在貞觀元年（627）正月，距太宗武德九年（626）八月即位，約半年的時間，可想見若太宗想要有一番不同於高祖的作為，此刻正是關鍵時期。透過演奏《秦王破陳樂》一事，揭示了太宗有意識的關注文德而不廢武功的想法。何謂「文德」？《資治通鑑》記載：

---

27 唐太宗說：「朕謂亂離之後，風俗難移。比觀百姓漸知廉恥，官人奉法，盜賊日稀，故知人無常俗，但政有治亂耳。是以為國之道，必須撫之以仁義，示之以威信。因人之心，去其苛刻，不作異端，自然安靜。」從「風俗難移」到「人無常俗」，中間有政治、社會、人民的變化，更有唐太宗認知的轉變。文見〔唐〕吳兢撰、謝保成集校：《貞觀政要集校》（北京：中華書局，2012年），頁251。

28 〔宋〕司馬光：《資治通鑑》（北京：中華書局，1997年），頁6030。

> 封德彝非之曰：「三代以還，人漸澆訛，故秦任法律，漢
> 雜霸道，蓋欲化而不能，豈能之而不欲邪！魏徵書生，未
> 識時務，若信其虛論，必敗國家。」徵曰：「五帝、三王
> 不易民而化……若謂古人淳朴，漸至澆訛，則至于今日，
> 當悉化為鬼魅矣，人主安得而治之！」上卒從徵言。[29]

封、魏兩人在致治見解上的歧異是顯著的，且此爭論成為當時的
焦點，更具有重大意義。封德彝根據近世秦漢的具體發展，指出
人有走向「澆訛」的趨勢，所以必須應時而變延續秦漢的治法。
魏徵則強調人的「淳朴」本質，一方面取證於五帝、三王，一方
面不廢於當下，其中含有理想成分。兩者不僅在治國理念上顯有
歧異，對人性的判定也有不同。[30]然而，太宗為何會選擇相信看
起來不識時務、近似虛論的魏徵？太宗云：

> 朕看古來帝王，以仁義為治者，國祚延長，任法御人者，
> 雖救弊於一時，敗亡亦促。既見前王成事，足是元龜，今
> 欲專以仁義、誠信為治，望革近代之澆薄也。[31]

這是貞觀元年時太宗對大臣所說的話，可見在「仁義」與「法
律」間做抉擇時，太宗與大臣確實經過了仔細地反覆討論與思
辨，最後是在「前王成事」的有力支撐下始能堅信不移、力行不

29　〔宋〕司馬光：《資治通鑑》，頁 6084。

30　魏徵的觀點，與被截錄入《墨子‧非命》的觀點神似，可見《群書治要》思想內涵正反映著魏徵
　　為主的價值觀點。詳見張瑞麟：〈《群書治要》選編《墨子》的意蘊：從初期墨學的解讀談
　　起〉，《成大中文學報》第 68 期（2020.03），頁 35-36。

31　〔唐〕吳兢撰、謝保成集校：《貞觀政要集校》，頁 249。

倦。《資治通鑑》記載：

> 元年，關中饑，米斗直絹一匹；二年，天下蝗；三年，大
> 水。上勤而撫之……是歲，天下大稔，流散者咸歸鄉里，
> 米斗不過三、四錢，終歲斷死刑纔二十九人。[32]

貞觀元年到貞觀三年（629）之間，時局並不安定，有饑荒、蝗
災、水災等，考驗接踵而至，直至貞觀四年（630），始撥雲見
日，天下豐收，人民漸趨安樂。所謂「勤而撫之」，就是採行
「仁義」為治的方式。《貞觀政要》云：

> 太宗每力行不倦，數年間，海內康寧，突厥破滅，因謂群
> 臣曰：「貞觀初，人皆異論，云當今必不可行帝道、王
> 道，惟魏徵勸我。既從其言，不過數載，遂得華夏安寧，
> 遠戎賓服。……使我遂至於此，皆魏徵之力也。」[33]

不可諱言，如果沒有太宗的決斷與堅持，魏徵的想法確實很難推
行，這點從太宗終於盼到「海內康寧，突厥破滅」而鬆了一口氣
的表述是可以感受得到。換言之，「仁義」為治的方向，雖然在
貞觀元年已經劃定，但「異論」下的疑慮，以及接續的災變，難
免考驗君臣的心思與作為，致使太宗在終見成效下難忘初年的紛
爭。據此，亦可推想：貞觀四年後，仁義為治的方針將獲得貞
定。

---

[32] 〔宋〕司馬光：《資治通鑑》，頁 6084-6085。

[33] 〔唐〕吳兢撰、謝保成集校：《貞觀政要集校》，頁 36-37。

之所以凸顯貞觀元年到四年間的變化，主要是要說明「仁義」從理想走入現實的過程並非簡易。作為相映的著作，《群書治要》此刻正在著手編纂。《新唐書》云：

> 及太宗即位，益崇儒術。乃於門下別置弘文館，又增置書、律學，進士加讀經、史一部。[34]

「弘文館」的設置，被解讀是對推崇儒術的具體作為。《資治通鑑》云：

> 上於弘文殿聚四部書二十餘萬卷，置弘文館於殿側，精選天下文學之士虞世南、褚亮……蕭德言等，以本官兼學士，令更日宿直，聽朝之際，引入內殿，講論前言往行，商榷政事，或至夜分乃罷。[35]

弘文館的前身為修文館[36]，實延續秦王時期文學館十八學士的功能，不僅商榷政事，也討論典籍，極受太宗的重視。[37]據此，可見唐太宗在踐行「仁義」時，不乏卓越的人才。至於，弘文殿聚書「二十餘萬卷」，可知擁有豐厚的文化資源。《舊唐書》記載：

---

[34] 〔宋〕歐陽脩等撰：《新唐書》，頁 1163。

[35] 〔宋〕司馬光：《資治通鑑》，頁 6023。

[36] 武德四年（621）正月於門下省置修文館，至九年三月改為弘文館，而九月即位後大闢教於弘文殿，並置弘文館於殿側。見〔宋〕王溥：《唐會要》，頁 1114。

[37] 〔唐〕歐陽脩等撰：《新唐書》，頁 3977。

> 貞觀二年，遷祕書監，參預朝政。徵以喪亂之後，典章紛雜，奏引學者校定四部書。數年之間，祕府圖籍，粲然畢備。[38]

魏徵在貞觀三年時被拔擢為祕書監，掌管著國家大量的圖書資源。藉此，必須揭示的是：作為文化資源的主管者──魏徵，協同十八學士中的虞世南、褚亮與蕭德言，一方面處於典籍的整理，另一方面正力行著「仁義」，所編纂《群書治要》必然展現著融化傳統以深化「仁義」為治的思想內容。《大唐新語》云：

> 太宗欲見前代帝王事得失以為鑒戒，魏徵乃以虞世南、褚遂良、蕭德言等采經史百家之內嘉言善語，明王暗君之跡，為五十卷，號《群書理要》，上之。太宗手詔曰：「朕少尚威武，不精學業，先王之道，茫若涉海。覽所撰書，博而且要，見所未見，聞所未聞，使朕致治稽古，臨事不惑。其為勞也，不亦大哉！」[39]

崇尚威武、忙於征戰的太宗，欠缺文化素養，實屬自然，但在致治的需求下接觸了學術，魏徵同時提供了可觀的一面。具體來說，就是以「仁義」說服了唐太宗，則接下來由魏徵主編的《群書治要》，正反映著踐行「仁義」的思維體系，所謂「博而且要」，正是梳理了先王之道，改變了無法適從的現象，而「見所

38　〔後晉〕劉昫等撰：《舊唐書》（北京：中華書局，1975 年），頁 2548。此處標為貞觀二年，當誤，從《新唐書》「貞觀三年」說。〔宋〕歐陽脩等撰：《新唐書》，頁 3869。

39　〔唐〕劉肅：《大唐新語》（北京：中華書局，1997 年），頁 133。

未見，聞所未聞」之說，正是提供了深化「仁義」的思維，使唐太宗在踐行上，所謂「致治稽古，臨事不惑」，能得心應手。唐太宗積極取資於傳統，是非常顯著的，劉洎云：

> 伏惟陛下誕叡膺圖，登庸歷試。多才多藝，道著於匡時；允文允武，功成於纂祀。萬方即敘，九圍清晏。尚且雖休勿休，日慎一日，求異聞於振古，勞叡思於當年。乙夜觀書，事高漢帝；馬上披卷，勤過魏王。[40]

肯定文化的價值，並積極從中尋求可踐行之處，這是唐太宗，也是貞觀一朝展現出的特殊性。作為此期的作品，從《群書治要》與《貞觀政要》在思維內容上所展現的緊密性[41]，即顯示出《群書治要》緊扣當下的現實意義。若進一步走入《群書治要》，以所選錄的子部來說，48 部作品中儒家佔有 17 部，道家有 6 部，墨家有 1 部，法家有 8 部，名家有 1 部，雜家有 9 部，兵家有 6 部，多元的內容，暗示著進入唐代後所產生的思想融合。[42]再根據截錄的內容進行歸納與分析，將可見其中具有主題式的焦點議題，包括：「為君難」、「為臣不易」、「君臣共生」、「直言受諫」、「牧民」、「法制」與「戢兵」等七大聚焦關懷，而各

---

[40] 〔唐〕吳兢撰、謝保成集校：《貞觀政要集校》，頁 206。

[41] 《貞觀政要》的思想內涵與《群書治要》存在緊密的關聯，參見林朝成：〈《群書治要》與貞觀之治——從君臣互動談起〉，《成大中文學報》第 67 期（2019.12），頁 101-142；林朝成：〈《群書治要》與貞觀之治——以「牧民之道」為例〉，《成大中文學報》第68期（2020.3），頁 115-154。

[42] 依《隋書·經籍志》統計。〔唐〕魏徵、令狐德棻：《隋書》（北京：中華書局，1982 年），頁 903-1104。

個議題之內以及議題之間，並非僅是文獻資料的條列，彼此確實存在著內在思想的共構關係。[43]因此，對貞觀時期而言，《群書治要》可說是提供了鞏固與深化思想的文化資源，而本身也存在著成體的思維。

（二）編纂者的學思

《群書治要》並非海納百川式的資料彙編，透過資料的選錄與節錄，以「不言而言」的方式，展現成體的思維。與此相映，編纂者的學思，必當要有相同的視野與洞見，否則《群書治要》將成無源之水。以下，分述四位編纂者的學思面貌。

1.蕭德言

蕭德言，字文行，雍州長安人，博涉經史，尤精《春秋左氏傳》，好屬文。隋仁壽中，授校書郎。貞觀中，除著作郎兼弘文館學士。討論先後，有時多存有輕重之意，但本文之所以選擇先討論蕭德言，乃是阮元認為《群書治要》實際上是由蕭德言來完成的，故由此切入。阮元云：

> 又《唐書》〈蕭德言傳〉云：「太宗詔魏徵、虞世南、褚亮及德言，裒次經史百氏帝王所以興衰者上之。……德言

---

[43] 《群書治要》具有七大焦點議題的分析，詳見林朝成、張瑞麟：《教學研究計畫——以《群書治要》為對象》（臺南：成功大學中文系，2018 年），頁 9-48。至於議題之間具有的共構關係，透過林朝成的研究可以得知。他將七大焦點議題分為兩組，一是「為君難」、「為臣不易」、「君臣共生」與「直言受諫」，以君臣互動來展現議題的內在脈絡，詳見氏著〈《群書治要》與貞觀之治——從君臣互動談起〉，頁 101-142；二是，「牧民」、「法制」與「戰兵」，詳見氏著〈《群書治要》與貞觀之治——以「牧民之道」為例〉，頁 115-154。

80

賚賜尤渥。」然則書實成于德言之手。故《唐書》于〈魏
徵〉、〈虞世南〉、〈褚亮傳〉皆不及也。[44]

阮元認為《群書治要》是完成於「德言之手」，判斷的依據，乃
是單純憑藉《新唐書》僅將《群書治要》的編纂訊息放置在〈蕭
德言傳〉以及「賚賜尤渥」一語，指出並無隻言片語見於〈魏
徵〉、〈虞世南〉、〈褚亮〉等傳記之中。不過，阮元的判斷，
除了忽略《新唐書》自有其編寫手眼外，史書中亦有所謂互見法
的運用，顯然立論有待商榷。因此，回到唐太宗詔令本身，以
《群書治要》為合撰之作，似乎較為妥當。

有別於魏徵、虞世南與褚亮，蕭德言被置於〈儒學傳〉中，
應是政治上缺少顯著事蹟，而在學術上較有專精表現。根據《舊
唐書》所載：

德言晚年尤篤志於學，自晝達夜，略無休倦。每欲開《五
經》，必束帶盥濯，危坐對之。妻子候間請曰：「終日如
是，無乃勞乎？」德言曰：「敬先聖之言，豈憚如此！」[45]

蕭德言晚年更專注於學問，以《五經》的學習來說，敬慎嚴謹的
態度透露出超越知識、回歸自身的取逕。藉此，可見為學之梗
概。此外，依據講經授業於晉王一事：

---

[44] 〔清〕阮元：《揅經室集》（北京：中華書局，1993 年），頁 1216。島田翰也是根據蕭德言傳
的記載而論斷：魏徵為之總裁，而德言主其撰也。參見氏著《古文舊書考》，頁 157。

[45] 〔後晉〕劉昫等撰：《舊唐書》，頁 4952。

> 初授《孝經》於著作郎蕭德言，太宗問曰：「此書中何言為要？」對曰：「夫孝，始於事親，中於事君，終於立身。君子之事上，進思盡忠，退思補過，將順其美，匡救其惡。」太宗大悅曰：「行此，足以事父兄，為臣子矣。」[46]

雖僅是擷取〈開宗明義章〉與〈事君章〉的字句，卻契合了唐太宗的心思，展現出蕭德言活化經典的一面，也相應於《群書治要》講求實踐與納諫的一面。或許即是這種通透的能「知」有「行」，當年老請求致仕時，太宗遺之書云：

> 惟卿幼挺珪璋，早標美譽。下帷閉戶，包括《六經》；映雪聚螢，牢籠百氏。……頃年已來，天下無事，方欲建禮作樂，偃武修文。卿年齒已衰，教將何恃！所冀才德猶茂，臥振高風，使濟南伏生，重在於茲日；關西孔子，故顯於當今。[47]

除了肯定蕭德言博通六經百氏，視為「濟南伏生」與「關西孔子」再世外，欲藉其才以「建禮作樂」，足見蕭德言並非僅是一老學究，而是能應時而變、知行兼具的儒者。

　　然而，考慮到時間的因素，當貞觀五年《群書治要》完成時，蕭德言已經 74 歲，僅是著作郎兼弘文館學士，雖歷經陳、隋，可能帶來比較寬闊視野，但篤守經典、濃厚的儒者色彩，實

46　〔後晉〕劉昫等撰：《舊唐書》，頁65。

47　〔後晉〕劉昫等撰：《舊唐書》，頁4952-4953。

不足以單獨或主導編纂具有多元性質的《群書治要》。況且,以此期走向群體視野的趨勢來說,蕭德言應是扮演一個提供經典上的思想激盪者,共同呈現初唐時期的思維新貌。[48]

2.虞世南

虞世南,字伯施,越州餘姚人。陳滅之後,與兄長世基同入長安,俱有重名。隋大業初,累授秘書郎,遷起居舍人。隋煬帝愛其才,但疾其峭正,故不甚用。不過,正因如此,入唐後,並未受虞世基亂隋的影響,反而受到唐太宗的重視,《貞觀政要》云:

> 貞觀初,太宗引為上客,因開文館,館中號為多士,咸推世南為文學之宗,授以記室,與房玄齡對掌文翰。[49]

虞世南在武德四年時任記事參軍已是十八學士之一,後仍為弘文館學士。所謂「文學之宗」,可見當時的成就與地位。不過,依據《新唐書》的表述:「文章婉縟,慕僕射徐陵,陵自以類己,由是有名。」[50]似乎延續著南朝徐庾體或宮體詩的風尚,但後又有云:

> 帝嘗作宮體詩,使賡和。世南曰:「聖作誠工,然體非雅正。上之所好,下必有甚者,臣恐此詩一傳,天下風靡。

---

48 透過《貞觀政要》,可見唐太宗有意識地想要跳脫獨智、自賢的個體侷限,走向互動、對話的群體輔成。詳參〔唐〕吳兢撰、謝保成集校:《貞觀政要集校》,頁83、147、362。

49 〔唐〕吳兢撰、謝保成集校:《貞觀政要集校》,頁74。

50 〔宋〕歐陽脩等撰:《新唐書》,頁3972。

不敢奉詔。」帝曰：「朕試卿耳！」[51]

唐太宗作「宮體詩」，並使賡和，顯然了解虞世南的造詣，只是此時虞世南並非藉機展現長才，而是有意識的提出不同的想法，所謂「體非雅正」即是。《貞觀政要》記載，唐太宗讚許虞世南有五絕：「一曰德行，二曰忠直，三曰博學，四曰詞藻，五曰書翰。」[52]德行與忠直是一個人價值精神的展現，較難產生變異，學術面貌與趨向，卻可能隨應各種情境而產生變化，則此處所述應非虛言。虞世南確實可能對宮體詩風進行反省，並為契合新的時代要求而產生了轉變。

　　以貞觀時期，最為人津津樂道的直言受諫來說，根據《舊唐書》記載：

六年，正倫與御史大夫韋挺、秘書少監虞世南、著作郎姚思廉等咸上封事稱旨，太宗為之設宴，因謂曰：「朕歷觀自古人臣立忠之事，若值明王，便得盡誠規諫，至如龍逢、比干，竟不免菹戮。為君不易，為臣極難。我又聞龍可擾而馴，然喉下有逆鱗，觸之則殺人。人主亦有逆鱗，卿等遂不避犯觸，各進封事。常能如此，朕豈慮有危亡哉！我思卿等此意，豈能暫忘？故聊設宴樂也。」[53]

藉此可梳理出三個訊息：其一，諫諍存在的含義，唐太宗認為代

51　〔宋〕歐陽脩等撰：《新唐書》，頁 3972。

52　〔唐〕吳兢撰、謝保成集校：《貞觀政要集校》，頁 74。

53　〔後晉〕劉昫等撰：《舊唐書》，頁 2542。

表了世有明君、朝有忠臣、國治而民安。其二，唐太宗積極建構直言受諫的君臣溝通環境。從「為臣極難」與體會臣子之「意」，傳達出唐太宗設身處地的諒解臣子，加上有形的設宴與賞賜，以貞觀六年（632）仍當掌權之初而言，唐太宗有意營建一個意味著走向治世的君臣互動模式。其三，呼應著唐太宗的想法，貞觀時期形成直言諫諍的風潮。除了魏徵具有鮮明的色彩外，杜正倫、韋挺、姚思廉與虞世南皆屬敢言直諫之人，誠如《廿二史劄記》所言：「貞觀中直諫者不止魏徵」。[54]《新唐書》引吳兢（670-749）所云：「太宗皇帝好悅至言，時有魏徵、王珪、虞世南、李大亮、岑文本、劉洎、馬周、褚遂良、杜正倫、高季輔，咸以切諫，引居要職。」[55]皆可為證。伴隨諫諍的重視，形似而神非的情況就會出現，如權萬紀、李仁發能魚目混珠，足為反證。由此可知，人雖舊人，難免留有過往視野侷限，但在新的時代面對新的問題，有些具有睿智、學識的人，包括魏徵、房玄齡、虞世南等人，或主導，或呼應，不僅轉變了自己，也改變了時代。

　　除了直言諫諍，虞世南展現相應時代的作為，唐太宗云：「拾遺補闕，無日暫忘，實當代名臣，人倫準的。吾有小善，必將順而成之；吾有小失，必犯顏而諫之。今其云亡，石渠、東觀之中，無復人矣，痛惜豈可言耶！」[56]肯定之意，並不下於魏徵。順此，試觀高祖崩將厚送終禮一事，虞世南透過諫言表達不同的意見，最終雖只達到略加裁抑的效果，但值得關注的是：虞

---

[54]　〔清〕趙翼：《廿二史劄記》（臺北：華世出版社，1977 年），頁 392-395。

[55]　〔宋〕歐陽脩等撰：《新唐書》，頁 4527。

[56]　〔後晉〕劉昫等撰：《舊唐書》，頁 2570。

世南諫言中以資論證的重要憑藉，包括漢成帝造延、昌二陵而劉
向上書與魏文帝為壽陵而作終制兩事，皆被選錄於《群書治要》
之中。由此可知，《群書治要》中透過選錄所呈現的人物事蹟與
思想內涵，實為魏、虞、褚、蕭等四人所共許的思維走向。

不過，考慮到時間的因素，當《群書治要》成書時，虞世南
已經 74 歲，狀態與蕭德言極為近似。太宗即位時，轉著作郎，
兼弘文館學士，後除秘書少監[57]，直到貞觀七年（633）才接替
魏徵轉秘書監，地位顯然不及魏徵。因此，從合撰、共許、輔成
來理解其與《群書治要》的關係，應是較為妥當。

3.褚亮

褚亮，字希明，杭州錢塘人。根據《舊唐書》記載：

> 亮幼聰敏好學，善屬文。……年十八，詣陳僕射徐陵，陵
> 與商榷文章，深異之。陳後主聞而召見，使賦詩，江總及
> 諸辭人在坐，莫不推善。[58]

文學才能是褚亮獲得陳後主召見與江總等人讚許的重要面向，尤
其與徐陵商榷文章而「深異之」，堪與虞世南並列。基於這樣的
成就，陳禎明初，為尚書殿中侍郎，入隋為東宮學士，大業中，
授太常博士。之後，李世民聞名求訪，引為王府文學。[59]武德九
年時，名列十八學士，太宗入居春宮，除太子舍人，遷太子中

57　《唐會要》提及秘書少監於貞觀四年十一月復置一員，「以虞世南為之」，由此可知虞世南職位
　　之變化。〔宋〕王溥：《唐會要》，頁 1123。
58　〔後晉〕劉昫等撰：《舊唐書》，頁 2578。
59　〔宋〕司馬光：《資治通鑑》，頁 5822。

允。貞觀元年，為弘文館學士。直至貞觀九年（635），始進授員外散騎常侍、封陽翟縣男，拜通直散騎常侍、學士如故。地位並未崇顯，位在魏徵之下。不過，除了文學寫作的突出表現外，值得關注的是褚亮存有與魏徵、虞世南等人相應的一面。《舊唐書》云：

> 太宗每有征伐，亮常侍從，軍中宴筵，必預歡賞，從容諷議，多所裨益。[60]

太宗征戰時，褚亮常隨從侍奉，並藉「諷議」的方式提供意見。換言之，褚亮展現出貞觀直諫的共同色彩。進一步追索，可以發現褚亮勇於表達不同想法，已見諸高祖之時。《舊唐書》：「時高祖以寇亂漸平，每冬畋狩。」褚亮從「親逼猛獸」提出諫言，最終也獲得高祖的採納。[61]

　　只是同屬諫言，卻不可一概而論，包括視角、內容與效應等面向，皆能左右諫言的樣貌。褚亮能順應太宗的態度，在諷議上盡情發揮，共構貞觀君臣一體的新氣象，但在輔佐薛舉（？-618）時任黃門侍郎，獲委機務，終因識淺見薄而未能變化時局。如薛舉因戰事不利而問群臣：「自古天子有降事乎？」褚亮回應：

> 趙佗歸漢，劉禪仕晉，近世蕭琮，至今猶貴。轉禍為福，

60　〔後晉〕劉昫等撰：《舊唐書》，頁 2582。
61　〔後晉〕劉昫等撰：《舊唐書》，頁 2581。諫言內容，僅及人主安危，意義不大。

自 古 有 之 。⁶²

　　褚亮以古今三例，包括南越王趙佗歸漢、蜀漢後主劉禪降魏仕晉
與西梁王蕭琮降隋，扼要回覆，甚至順應薛舉所思，提出「轉禍
為福」的說法。雖或戰或降，是非難能定論，但相較於能左右薛
舉想法的郝瑗，褚亮的說服力與視野的廣度，就顯得失色許多。
不過，當褚亮在隋煬帝議改宗廟之制時，提出「大復古而貴能
變」的見解，認為「今若依周制，理有未安，雜用漢儀，事難全
採。」⁶³展現立於當下、因時通變的思維，與貞觀時期轉向實
踐，具有一致性。

　　除了學術走向、思維視野與權力地位外，褚亮當《群書治
要》成書時，也已是 72 歲高齡，歷練情況近似虞世南與蕭德
言，要主導《群書治要》的編纂，顯有困難。

4.魏徵

　　魏徵，字玄成，鉅鹿曲城人。在佐成太宗之前，已可見卓越
的識見，如任李密文學參軍，進十策，奇之而不能用；當王世充
來攻，魏徵提應對之方，自認乃奇謀深策，鄭頲卻視為老生常
談；⁶⁴隱太子李建成聞魏徵名引為洗馬，但誠如魏徵
回應太宗所云：「太子蚤從徵言，不死今日之禍。」⁶⁵亦因無法
信從，終有玄武門之禍。是以，太宗極看重魏徵的才能，並多信
用之。先引為詹事主簿，及踐祚，擢拜諫議大夫，封鉅鹿縣男，

⁶²　〔宋〕司馬光：《資治通鑑》，頁 5767。
⁶³　〔後晉〕劉昫等撰：《舊唐書》，頁 2579-2581。
⁶⁴　〔後晉〕劉昫等撰：《舊唐書》，頁 2545。
⁶⁵　〔宋〕歐陽脩等撰：《新唐書》，頁 3868。

使安輯河北時許以便宜從事。《資治通鑑》記載：

> 徵至磁州，遇州縣錮送前太子千牛李志安、齊王護軍李思
> 行詣京師，徵曰：「吾受命之日，前宮、齊府左右皆赦不
> 問；今復送思行等，則誰不自疑！雖遣使者，人誰信之！
> 吾不可以顧身嫌，不為國慮。且既蒙國士之遇，敢不以國
> 士報之乎！」遂皆解縱之。[66]

魏徵的作為，不僅回應太宗的信任，並且展現了卓越的識見。尤
其，捨己為國的無悔抉擇，展現可貴的價值精神。對此，唐太宗
顯然有所感受，所以更加拉近彼此的距離。《新唐書》記載：

> 或引至臥內，訪天下事。徵亦自以不世遇，乃展盡底蘊無
> 所隱，凡二百餘奏，無不剴切當帝心者。由是拜尚書右
> 丞，兼諫議大夫。[67]

藉此足見君臣的緊密互動。由「引至臥內」一語，可知太宗對魏
徵的信任與親近，依「展盡底蘊無所隱」一語，可見魏徵的真誠
與睿智，而「剴切當帝心」一語，則彰顯了魏徵的想法符合現實
的需求。憑藉著逐步建立的能力與品格的信賴，唐太宗不僅使魏
徵升任尚書右丞兼諫議大夫，並且在國家未來方針上，摒除眾議

---

[66] 《資治通鑑》繫武德九年七月，《新唐書》與《舊唐書》繫太宗即位後，時間有出入，不過事件
本身說法大體相近。〔宋〕司馬光：《資治通鑑》，頁6017。

[67] 〔宋〕歐陽脩等撰：《新唐書》，頁3868。

獨用徵言：「偃武修文，中國既安，四夷自服。」[68]力行不倦的結果，終在貞觀四年逐漸看到成效。誠如唐太宗於貞觀十二年（638）所云：

> 貞觀以前，從我平定天下，周旋艱險，玄齡之功無所與讓。貞觀之後，盡心於我，獻納忠讜，安國利人，成我今日功業，為天下所稱者，惟魏徵而已。古之名臣，何以加也。[69]

扼要回顧過往，在唐太宗的心目中，房玄齡與魏徵兩人分別在創業與守成上有著不可替代的重要性。令人關注的是「惟魏徵」一語，充分說明在「貞觀」後，促使唐太宗得以一新氣象、安國利人，關鍵僅繫於魏徵。與此相應，魏徵在貞觀三年累遷秘書監、參與朝政後，貞觀七年代王珪為侍中，累封鄭國公，貞觀十年（636）雖罷為特進，仍知門下省事，直至貞觀十七年（643）授太子太師，知門下事如故，長期擁有參與朝政的重要權力與地位。

當然，若以唐太宗事無不從來凸顯魏徵，也有違實情，最顯著的莫過於對外的決策，往往與魏徵的主張相左，因此從思想具有的影響力來看待魏徵當較適當。如前所述，魏徵的想法具有殊異性，不僅與眾不同，且能取得太宗的認同，並產生擴散性的影響。舉例來說，唐太宗頗好畋獵，貞觀十四年（640）時親格猛獸復晨出夜還，魏徵就上奏云：

68　〔宋〕司馬光：《資治通鑑》，頁1548。
69　〔唐〕吳兢撰、謝保成集校：《貞觀政要集校》，頁63。

昔漢文臨霸坂欲馳下，袁盎攬轡曰：「聖主不乘危，不徼幸……陛下縱欲自輕，奈高廟何？」孝武好格猛獸，相如進諫：「力稱烏獲，捷言慶忌，人誠有之，獸亦宜然。……雖萬全而無患，然本非天子所宜近。」孝元郊泰時，因留射獵，薛廣德奏稱：……臣竊思此數帝，心豈木石，獨不好馳騁之樂？而割情屈己，從臣下之言者，志存為國，不為身也。臣伏聞車駕近出，親格猛獸，晨往夜還。以萬乘之尊，闇行荒野，踐深林，涉豐草，甚非萬全之計。願陛下割私情之娛，罷格獸之樂，上為宗廟社稷，下慰群寮兆庶。[70]

一樣是針對畋獵提出諫言，魏徵與褚亮的言論顯有意義深淺的不同。魏徵引用三則往事，包括袁盎之於漢文帝、司馬相如之於漢武帝、薛廣德之於漢元帝，皆因天子冒險而各有說辭，終能制止不善的行徑，除了可以加強論述內容的說服力，也間接透過三個不同的說辭來豐富道理的面向，最終透過自身的梳理，以古鑑今，彰顯罷樂在於「志存為國」而不只為身的深遠意義。由此可見，魏徵具有更寬廣的視野，能闡釋深厚的價值內涵，誘使唐太宗納受並加以踐行。在此，值得提出的是：這三個例子並節錄於《群書治要》之中，正意味著《群書治要》所選錄的內容，實隱含著魏徵等人的思想色彩。

藉由《貞觀政要》窺探魏徵的思想，可以發現具有以儒家為核心，融化各家說法而成體的特質。以貞觀十一年（637）闇宦

---

[70] 〔唐〕吳兢撰、謝保成集校：《貞觀政要集校》，頁517-518。

充外使之弊為例，魏徵在上疏的內容裡，除大量引用《潛夫論》、《體論》外，並擷取道家之《文子》與法家之《管子》，精彩安置任人與用法的問題，展現出以仁義為本，擇善任能、存公任法的思想內涵。[71]又，如講「無為」，雖《論語》也有孔子提及「無為而治」的觀點，但終究在老子、道家的思想中有完整而深入的闡釋。魏徵數度提及端拱無為，〈諫太宗十思疏〉就顯然以儒家「德義」思想為基礎，融通了道家《文子》「君臣異道」的觀點[72]；貞觀十一年上疏言君臣相保以至於無為而治，除了以孔子德禮思維為基礎外，加入了《文子》的觀點，以及擷取《說苑》中管仲的言論與引證《淮南子》中穆伯的觀點。[73]諸如此類，皆可見魏徵思想多元豐富的寬廣視野。

綜上所述，魏徵的思維走向，明顯與包羅眾家的《群書治要》具有相對緊密的關係，並且貞觀三年時 50 歲的魏徵正遷轉為秘書監，一方面掌管大量的圖書典籍，另一方面又積極參與、介入國家的發展，不論在資源、權責，或是成書後太宗對於內容的認可，無不反映出魏徵在編纂上的主導地位。[74]

---

71 〔唐〕吳兢撰、謝保成集校：《貞觀政要集校》，頁 291-299。魏徵上疏內容中，標明為《淮南子》者，經比對後當為《文子》。

72 〔唐〕吳兢撰、謝保成集校：《貞觀政要集校》，頁 18。

73 〔唐〕吳兢撰、謝保成集校：《貞觀政要集校》，頁 308-311。

74 關於《群書治要》的編成，若肯定其中存在思想內涵，則主導者的角色就顯得非常重要。唐太宗雖然是下令編纂的人，也能展現與前代君王有別的風範，廖宜方就提出太宗是一個由武轉文，有特別識見與企圖的帝王，但是從《貞觀政要》裡太宗與魏徵的密切互動，可見太宗深受魏徵影響的情形。廖宜方說法參見氏著《唐代的歷史記憶》（臺北：國立臺灣大學出版中心，2011年），頁 57-80。至於，金光一則認為：「可以說該書是集體合作的結果，即在蕭德言資料工作的基礎上，虞世南和褚亮摘選起草，最後魏徵監修作序。」如何確認分工如此是個問題。說法參見氏著《《群書治要》研究》，頁 14-18。

三、《群書治要》的傳播

　　《群書治要》在成書後並未受到廣泛的關注，何以如此？錯綜複雜的各種因素，包括典籍的傳寫、刊刻、保存、詮釋與接受等，實難臆測究竟關鍵何在。因此，本文嘗試先客觀呈現目前可掌握《群書治要》的流傳狀態與可見版本，然後再梳理各種不同的詮釋與接受的角度，藉以呼應前文所言，明晰思想研究的可行性與必要性。

（一）《群書治要》在中國的流傳

1.由唐而宋的佚失

　　貞觀後，能夠掌握到《群書治要》的相關記載，主要在唐、宋兩朝，以下分別敘述之。

　　（1）唐代時期

　　在唐代，可對典籍保存造成巨大傷害，有兩個時間點：一是安史之亂（755-763），二是黃巢之亂（875-884），洪邁（1123-1202）在「書籍之厄」中，即將兩事件列入其中。[75]不過，戰火的傷害，此刻尚未導致《群書治要》闕佚的遺憾。據所見資料，有四個時間點，可推知唐代後續對《群書治要》的關注情形。

　　首先，見於楊相如（神龍時進士）的上疏。時間或以為開元元年（713），或以為先天（712-713）中，差異性並不大，皆當

---

[75]　〔宋〕洪邁，《容齋隨筆》（上海：上海古籍出版社，1978年），頁398。

玄宗初年。《冊府元龜》記載：

> 先天中為常州晉陽尉上疏陳便宜曰：臣聞賈生……往者太
> 宗嘗勅魏徵作《群書理要》五十篇，大論得失。臣誠請陛
> 下，溫清閒暇，以時觀覽，其書雖簡略不備，亦足以見忠
> 臣之讜言，知經國之要會矣。[76]

楊相如的上疏，不僅顯示對《群書治要》的認知與評價，並且展
現後續對《群書治要》的解讀角度。身為低階官員的楊相如，能
具體說明《群書治要》的價值，顯見當時存有對《群書治要》理
解與接受的途徑，並非僅被收藏於皇宮內庫之中。

其次，是唐玄宗天寶年間。王應麟（1223-1296）《玉海》
云：

> 《集賢注記》天寶十三載十月，敕院內別寫《群書政要》
> 刊出所引《道德經》文。先是，院中進魏文正所撰《群書
> 政要》，上覽之稱善，令寫十數本，分賜太子以下。[77]

同屬玄宗時期，時為天寶十三年（754）。值得玩味的是，為何
要取用《群書治要》中的《道德經》，而非直接採用完整的《道
德經》，是否特別關注、肯定魏徵等人的識見？存在想像空間。
透過引文，可知此時對《群書治要》的價值依舊展現肯定之意，

---

[76]　〔宋〕王欽若等編：《冊府元龜》（臺北：大化書局，1984 年），頁 2805-2806。

[77]　〔宋〕王應麟：《玉海》（上海：上海古籍出版社，1992 年），頁 449。《集賢注記》是唐集賢
　　　學士韋述撰述至天寶十五年（756）身在集賢四十年的見聞。

並且存有接受與傳播的活動。

其三，是德宗時期。根據王應麟《玉海》云：

> 《鄴侯家傳》：德宗謂李泌曰：「朕欲知自古政理之要而史籍廣博卒難尋究，讀何書而可？」對曰：「昔魏徵為太宗略群書之言理道者，成五十卷，謂之《群書理要》，今集賢合有本。」[78]

這是唐德宗與李泌的君臣對話，話題的焦點即在如何掌握治國理政的關鍵。從李泌的答覆，可知《群書治要》當時就保存在集賢院。此處雖未明確說明所處時間，但從德宗在位時間（779-805），可以推知：經過安史之亂，《群書治要》並未受到戰火影響而產生闕佚的情形。

其四，是元和時期。李絳（764-830）〈進歷代君臣事跡五十條狀〉云：

> 元和四年……昔太宗亦命魏徵等博採歷代事跡，撰《群書政要》置在坐側，常自省閱，書於國史，著為不刊。……臣等謹依撰錄，都五十條，賢愚成敗，勒為兩卷，隨狀進上，其《群書政要》，是太宗親覽之書，其中事跡周備，伏望德政日新，成不諱之朝，致無為之化。[79]

---

[78] 〔宋〕王應麟：《玉海》，頁 527-528。

[79] 〔唐〕蔣偕編：《李相國論事集》（北京：中華書局，1985 年），頁 6。此作「餘」，目錄作「條」，依目錄。

元和四年（809）是唐憲宗在位之時，雖前有順宗，但其在位不足一年，所以可說是與德宗銜接。因此，當李絳在強調取鑒致理時，將唐太宗與《群書治要》視為有力的佐證，並凸顯《群書治要》的內容價值，可視為是連續性的關注。

（2）宋代時期

成書於後晉開運二年（945）由劉昫（887-946）等撰的《舊唐書》，將《群書治要》記載於〈經籍志〉子部的雜家中。成書於宋仁宗嘉祐五年（1060）由宋祁（998-1061）、歐陽脩（1007-1072）等合撰的《新唐書》，亦將《群書治要》記載於〈藝文志〉雜家類中。此外，王欽若（962-1025）等編撰之《冊府元龜》（大中祥符六年（1013）書成）在學校部的「譔集」中，亦提及《群書治要》，並言：「今採其序例，以明述作之意。」[80]則北宋時期，《群書治要》當尚未闕佚。

進入南宋，雖然憑藉著雕版印刷的快速發展，使典籍的傳播更為便利，但戰爭的影響，仍足以摧毀典籍的保存。根據成書於紹興三十一年（1161）由鄭樵（1104-1162）撰寫的《通志》，於諸子類儒術中記述：「《群書治要》五十卷（魏徵撰）」[81]則此時《群書治要》五十卷，應尚可見其全本。其後，章如愚（慶元二年進士）在《群書考索》「諸子百家」中，亦云：「《群書治要》之作於魏徵……所謂雜家者然也。」[82]似乎直至此時，仍存有全本。不過，王應麟《玉海》云：

80　〔宋〕王欽若等編撰：《冊府元龜》，頁 3209。
81　〔宋〕鄭樵：《通志》（杭州：浙江古籍出版社，2000 年），頁 786。
82　〔宋〕章如愚：《群書考索》（京都：株式會社中文出版社，1982 年），頁 88。原作魏證，應為魏徵。

《中興書目》：十卷，秘閣所錄唐人墨蹟，乾道七年寫副本藏之，起第十一止二十卷，餘不存。[83]

《中興書目》應指《中興館閣書目》七十卷，乃成書於淳熙五年（1178）六月。書中卻指出《群書治要》在南宋孝宗乾道七年（1171）時，僅存卷十一至卷二十的十卷內容。王應麟與鄭樵所言有落差，或所見、所指不同使然。不過，此後確實消聲匿跡，除元末脫脫等撰《宋史》云：「《群書治要》十卷（秘閣所錄）」[84]或取《中興書目》之說外，並未見任何相關記載與討論，應已亡佚而不傳。[85]

2.清代的再現

日本寬政八年（1796），即仁宗嘉慶元年，尾張藩主將所刊刻天明本《群書治要》托近藤守重（1771-1829）轉送中國後，開啟了《群書治要》在中國重新流傳的契機。根據王重民《中國善本書目提要》的記載，此書是「日本天明七年刻本」，有二十五冊之多，以九行十八字形式書寫，中土已久佚。[86]此本重新進入中國知識份子的視野後，迅速引起了迴響。如鮑廷博輯《知不足齋叢書》，即提及天明本《群書治要》，同時的錢侗也提及親見久佚的《群書治要》，當時是嘉慶七年（1802），距離天明本

---

[83] 〔宋〕王應麟：《玉海》，頁450。

[84] 〔元〕脫脫等：《宋史》（臺北：鼎文書局，1991年），頁5301。阮元云：「《宋史·藝文志》即不著錄，知其佚久矣。」所言有誤。見氏著《揅經室集》，頁1216。

[85] 金光一亦推測，到了元初，《群書治要》可能已經徹底散失。見氏著《《群書治要》研究》，頁46。

[86] 王重民：《中國善本書目提要》（臺北：明文書局，1984年），頁354。

攜離日本時間僅約六年。此外，奏進嘉慶，賜名《宛委別藏》，是阮元邀集鮑廷博、何元錫（1766-1829）等著名學者搜集《四庫》未收書的叢書，《群書治要》即被編入其中，阮元更仿《四庫提要》方式，撰寫題要一篇，鮑廷博與何元錫亦參互審訂，其文云：

> 此本乃日本人擺印。前有魏徵序，惟闕第四、第十三、第二十三卷。[87]

其實，從與鮑廷博的交遊來看，阮元必然知道天明本《群書治要》，只是透過引文，由「日本人擺印」一語，可知其所親見當是由日回傳之刻本。

　　此後，道光二十八年（1848）由楊尚文（1807-1856）刊印的《連筠簃叢書》，以及咸豐七年（1857）由伍崇曜（1810-1863）刊印的《粵雅堂叢書》，亦皆將《群書治要》收入其中。進入民國之後，商務印書館《四部叢刊》取天明本《群書治要》影印出版，《叢書集成》則取《連筠簃叢書》之《群書治要》重新排印刊行。[88]

3.當代校訂本

　　學術成果理當後出轉精，不過受限於學識、品格的不同，就

---

[87]　〔清〕阮元：《揅經室集》，頁 1216。此處指缺卷有卷二十三，與今日所見闕第二十，疑有誤。島田翰亦指佚失第二十三卷，未知所見為異本？或筆誤？有待釐清。

[88]　關於清朝《群書治要》流傳的狀態，可參見金光一：《《群書治要》研究》，頁 76-82；周少文，《《群書治要》研究》（臺北：國立臺北大學古典文獻研究所碩士論文，2007 年），頁 69-73；《群書治要》學習小組，〈譯注說明〉，見〔唐〕魏徵等編撰、劉余莉主編：《群書治要譯注》（北京：中國書店，2012 年），頁 31-32。

很難確保後出者必然較為美善，況且在美善之外，尚有其他衍生的價值。因此，當《群書治要》的流傳版本，包括「平安本」、「金澤文庫本」與「元和本」，皆可重見於世時，視野已不再為「天明本」所限，若重新審視，應可看見不同面貌與意義。

在天明本之外，2014 年《群書治要》校訂本編輯委員會出版重新校訂後的《群書治要》，除附有林信敬〈校正《群書治要》序〉、細井德民〈刊《群書治要》考例〉外，亦放上阮元〈《群書治要》五十卷提要〉。在內容的處理上，出版說明中指出：

> 以《四部叢刊》影印本為底本錄入正文，以「金澤文本」手抄本為主校本，以元和二年銅活字本、日本早稻田大學館藏天明本為參校本。[89]

因《四部叢刊》影印本與早稻田大學館藏天明本皆歸屬天明本，所以校訂本功在彙整「天明本」與「金澤文庫本」的異同。大體處理上較特別之處，除經、子收錄以《四部叢刊》為參校本，史部以《百衲本二十四史》為參校本外，又有：（1）原文之改動：如天明本有錯訛、脫誤之處，則依「金澤文庫」本改正。其他有所改動，皆出校記。（2）補上章題。（3）補缺失之三卷。諸如此類，皆凸顯出校訂本嶄新的一面。

---

[89] 《群書治要》校訂本編輯委員會，〈出版說明〉，〔唐〕魏徵等編撰：《群書治要》校訂本，出版說明，頁3。

（二）《群書治要》在日本的流傳

　　《群書治要》得以保存，實賴流傳至日本，並獲尊崇，在歷代傳抄、刊刻不輟下始有今日面貌。根據細井德民所云：「謹考國史，承和、貞觀之際，經筵屢講此書。」[90]林敬信亦云：「我朝承和、貞觀之間，致重雍襲熙之盛者，未必不因講究此書之力。」[91]所謂承和（834-848）到貞觀（859-877）之間，包括了仁明天皇（810-850，833-850 在位）、文德天皇（827-858，850-858 在位）、清和天皇（850-881，858-876 在位）與陽城天皇（869-949，876-884 在位）。此後，又有宇多天皇（867-931，887-897 在位）與醍醐天皇（885-930，897-930 在位）可見閱讀《群書治要》的記載。不僅呈現出長期的關注，並且展現尊崇與重視的態度。雖然，此後對於《群書治要》的關注產生變化，但流傳不輟，以下略述日本主要各版本。[92]

1.平安本

　　現存最古老的《群書治要》，是平安時代中期，十一世紀之時，根據唐代鈔本寫成的手抄本。因傳自九条家，又稱為九条家本。[93]此本保存在東京國立博物館，被審定為日本國寶而加以珍

90　〔日〕細井德民：〈刊《群書治要》考例〉，〔唐〕魏徵等編撰：《群書治要》校訂本，考例，頁1。

91　〔日〕林信敬：〈校正《群書治要》序〉，〔唐〕魏徵等編撰：《群書治要》校訂本，林氏序，頁1。

92　金光一對日本的流傳有深入介紹，詳參氏著《《群書治要》研究》，頁 49-82。島田翰《古文舊書考》中「《群書治要》四十七卷（殘卷子本）」一則亦有中日流傳之說明，及文字內容與卷子形態之描述。見氏著《古文舊書考》，頁157-165。

93　潘銘基稱為九条家本《群書治要》，詳見氏著〈日藏平安時代九条家本《群書治要》研究〉，《中國文化研究所學報》第 67 期，頁 1-40。

藏。

平安本《群書治要》，目前留存有十三卷，卷次為：二十二、二十六、三十一、三十三、三十五、三十六、三十七、四十二、四十三、四十七、四十八與四十九，各卷仍有散佚。各卷以縱 27.1 釐米，長 721.1 釐米至 1472.7 釐米，彩箋墨書的方式呈現。東京國立博物館簡介：

> 全卷以紫、淺藍、茶等深淺不同的各色染色紙，以及一種在紙張剛漉成之際，加入有顏色的纖維以呈現如雲朵般紋樣的花紋紙連接而成，上施以金泥界欄，筆致優雅而端正，為和樣化書風。[94]

如此珍貴的資料，原受到保存條件不善與戰火的影響，損傷嚴重，經過努力的修復，目前已完成了七卷，拜科技之賜，可簡易透過網站親見稀有古本珍藏。

2.金澤文庫本

平安本雖歷史悠久，但缺損嚴重，難以窺見全貌，因此相對完整的金澤文庫本《群書治要》，就顯得非常重要。所謂金澤文庫本，即是收藏於金澤文庫的《群書治要》。金澤文庫是鎌倉時期（1192-1330）由北條實時（1224-1276）所建立的一個私人文庫。根據細井德民於〈刊《群書治要》考例〉中提及的堀正意

---

[94] 東京國立博物館所藏平安本《群書治要》，修復之七卷已放置於網路。網址：http://www.emuseum.jp/detail/100168?word=%E6%B2%BB%E8%A6%81&d_lang=zh&s_lang=zh&class_id=&title=&c_e=&region=&era=&cptype=&owner=&pos=1&num=1&mode=simple，2018 年 10 月 1 日上網讀取。

（1585-1643）書首題詞云：

> 正和年中，北條實時好居書籍，得請諸中秘寫以藏其金澤
> 文庫。[95]

扼要說明了金澤文庫本《群書治要》的關鍵訊息，包括抄寫的時
間是在正和（1312-1317）年中，抄寫的底本是來自於宮廷的藏
書。[96]從宮廷藏書的角度來說，雖然與平安時期相隔有段時間，
但圖書保存當最為完善，文字變異的可能性也相對較小。根據學
者的研究，也認為金澤文庫本與平安本系統接近，關係密切。[97]
因此，在貼近古本的狀態下，金澤文庫本《群書治要》具有重要
地位。此外，之後流傳之元和本與天明本，亦與金澤文庫本關係
緊密。

　　金澤文庫本《群書治要》目前收藏於日本宮內廳書陵部，為
日本僧人手抄本，其中卷四、卷十三、卷二十已缺失，殘存共四
十七卷。宮內省圖書寮於二十世紀以珂羅版卷軸裝的型態加以複
製，使得金澤文庫本《群書治要》得以公開面世，意義重大。

3.元和本

　　所謂元和本《群書治要》，是指德川家康（1543-1616）在
元和二年（1616）正月下令以活字排印的版本。堀正意云：

---

[95]　〔日〕細井德民：〈刊《群書治要》考例〉，〔唐〕魏徵等編撰：《群書治要》校訂本，考例，
　　　頁 1。文中「即」當為「實」，逕改，而正和時北條實時已逝世，時間點有待商榷，但考量校刊
　　　此書乃合眾人之力，作為考例所述內容，當非虛詞，故仍取堀正意之言。

[96]　金光一對於金澤文庫本《群書治要》的產生有不同的看法，詳見氏著《《群書治要》研究》，頁
　　　61-70。

[97]　潘銘基：〈日藏平安時代九条家本《群書治要》研究〉，《中國文化研究所學報》，頁 36。

及神祖統一之日，見之，喜其免於兵燹，乃命範金，至臺
廟獻之皇朝，其餘頒宗戚親臣，是今之銅活字版也。舊目
五十卷，今存四十七卷，其三卷不知亡何時，羅山先生補
其二卷，其一卷不傳，故不取也。[98]

藉此可知，德川家康以銅活字刊印的《群書治要》，乃是根據金
澤文庫本而來的。刊印時，因已缺失三卷，包括卷四、卷十三和
卷二十，所以曾命林羅山進行創補，結果仍是未有採用，因此此
本亦僅有四十七卷。此版由於刊印地在駿府的關係，又被稱為駿
河版。有關刊印的過程，在《本光國師日記》中被詳細的記錄下
來，使今日要掌握當日的刊印情形，有非常大的幫助。大體而
言，整個刊印過程僅僅花費約四個月的時間，最後印成五十一
部，每部四十七冊。或許即是由於刊印時間過於匆促，導致過程
中難免滋生問題，造成閱讀上的困難，後來尾張藩主之所以重新
進行刊校，即是想解決閱讀、理解上的問題。

　　目前元和本《群書治要》，收藏於東京大學東洋文化研究
所，並以「群書治要五十卷元和二年銅活字印本駿河版」發佈於
東京大學東洋文化研究所所藏漢籍善本全文影像資料庫上[99]，提
供研究者簡便接觸的方式。

---

[98]　〔日〕細井德民：〈刊《群書治要》考例〉，〔唐〕魏徵等編撰：《群書治要》校訂本，考例，
　　　頁1。

[99]　東京大學東洋文化研究所所藏漢籍善本全文影像資料庫——《群書治要》，網址：
　　　http://shanben.ioc.u-tokyo.ac.jp/main_p.php?nu=C5884000&order=rn_no&no=00927，於2018年10月
　　　1日上網讀取。

4.天明本

　　所謂天明本《群書治要》，是由尾張德川家經天明元年（1781）到天明七年（1787）校刊整理而印行的，又稱為尾張本。有關刊印始末，可透過細井德民所撰〈刊《群書治要》考例〉得知。其文云：

> 我孝昭二世子好學，及讀此書，有志校刊，幸魏氏所引原書，今存者十七八，乃博募異本于四方，日與侍臣照對是正。業未成，不幸皆早逝。今世子深悼之，請繼其志，勖諸臣相與卒其業。於是我公上自內庫之藏，旁至公卿大夫之家，請以比之，藉以對之，乃命臣人見黍……考異同，定疑似。[100]

　　尾張藩主德川宗睦（1733-1799）所以進行《群書治要》的刊印，主要是由於德川治休與德川治興兩位世子，興起校刊的念頭，結果先後早逝，並未完成，後由成為尾張藩世子的德川治行（1760-1793）繼承了遺志。為使校刊順利完成，德川宗睦積極協助蒐集、尋訪異本，其中包括了金澤文庫本，並使諸位大臣一同協助，終使《群書治要》得以完成精密的校勘工作。

　　天明本《群書治要》是以元和本為底本，所以也欠缺三卷，為四十七卷本。在天明七年刊印後十年，也就是寬政八年（1796）時，德川宗睦得知《群書治要》在中國已經亡佚，即托近藤守重轉送中國。近藤守重將所得五部《群書治要》，一部存

---

[100]　〔日〕細井德民：〈刊《群書治要》考例〉，〔唐〕魏徵等編撰：《群書治要》校訂本，考例，頁1。

於長崎聖堂，一部贈諏訪社，三部贈唐商館。自此，被攜回中土
的天明本《群書治要》，就成為清代以後流傳於世之諸本《群書
治要》的底本。[101]

四、《群書治要》的接受

《群書治要》的價值，雖不全然取決於後人的觀看角度，然
而內在精神卻必須有待後人的挖掘與闡揚，始能持續綻放精彩。
大體而言，《群書治要》脫離貞觀時期的原生土壤，進入了後人
理解與詮釋的視野，約略可析分為以下幾種切入角度：

（一）取鑒可觀事跡

將焦點鎖定於「可觀事跡」，貼近了《群書治要》顯著的鑒
戒型態，屬於順應式的解讀。例如，楊相如言「見忠臣之讜言，
知經國之要會」，李絳講「取鑒於前代，致理於當時」等即是。
順此角度，雖然評價不一，如李絳指「事跡周備」而楊相如言
「簡略不備」，要皆扣緊呈現的內容來談論。不過，看似緊扣敘
述內容的角度，卻僅見零碎的、片面的精彩，並無法充分體見內
在的精神，致使不論備或不備，終在未見《群書治要》的思維特
質與內涵下，與之愈行愈遠。誠如王應麟《玉海》所云：

---

[101] 金光一指在中國流傳的天明本實有二，一是寬政刊本，一是天明初刊本。見氏著《群書治要》
研究》，頁81-82。

《藝文類聚》會粹小說，則失之雜；《群書理要》事止興
衰，則病乎簡；《修文御覽》門目紛錯，又不足觀矣[102]

「事止興衰」一語，顯示出觀看的角度與掌握的深淺。換言之，
當無法看見魏徵等人賦予《群書治要》的特殊意蘊，則選錄之六
十八部經典的價值與意義自然回歸於原著，擁有不完整內容的
《群書治要》，必然失去人們的關注，也唯有走向亡佚一途。因
此，不能單純擷取《群書治要》的部分內容徑直發揮，畢竟各部
分無不是經典之內涵，想要看見《群書治要》的價值與意義，仍
舊需要整體性的把握。

（二）視為帝王之學

有關此點，必須先釐清什麼是帝王之學？若僅視為寫給帝王
觀覽的典籍，或者立足於帝王的思維與行事，以古代文人無不站
在治國、平天下來說，就顯得太過寬泛，理解為培養成為帝王的
學術，當較為適切。據此審視中國在貞觀之後有關《群書治要》
的記載，並未看見有關用於養成太子或諸王的敘述。或謂當太宗
書成時，賜給太子與諸王，玄宗亦分賜太子以下，但對照其餘相
關記載，如魏徵次《禮記》成《類禮》亦有賜予動作[103]，故不
能單憑賜書一環推論、判定為帝王學。[104]

---

[102] 〔宋〕王應麟：《玉海》，頁459。

[103] 《舊唐書》：「徵以戴聖《禮記》編次不倫，遂為《類禮》二十卷，以類相從，削其重復，採先儒訓注，擇善從之，研精覃思，數年而畢。太宗覽而善之，賜物一千段，錄數本以賜太子及諸王，仍藏之秘府。」文見〔後晉〕劉昫等撰：《舊唐書》，頁2559。

[104] 金光一認為：「《群書治要》是僅供最高領導參考的朝廷內部資料，閱讀範圍極為狹窄。我們可以把這種特殊文獻稱為帝王學教材。」文見氏著《《群書治要》研究》，頁12。

不過，在日本，確可在宇多天皇與醍醐天皇間尋得影子。根據宇多天皇留給年僅十三歲的醍醐天皇《寬平御遺誡》，其中即提點必須誦習《群書治要》，而醍醐天皇也在次年昌泰元年（898）進行了《群書治要》的學習。只是在此之後，林信敬在天明本《群書治要》的序文中指出：「則凡君民、臣君者非所可忽也。」[105]展現出為君與為臣的兩面視角。由此而言，《群書治要》所呈現的內涵，實非侷限於帝王的視野。

（三）著眼傳播效益

所謂「傳播效益」，乃著眼於《群書治要》所選錄的典籍內容，認為《群書治要》彙集、保存了經典的精要部分，最鮮明的例子，即是日本仁明天皇讀《群書治要》的例子。《續日本後紀》云：

> 壬子，天皇御清涼殿，令助教正六位上直道宿禰廣公，讀《群書治要》第一卷，有五經文故也。[106]

顯然仁明天皇閱讀《群書治要》，僅因其中存有「五經文」，並非看見魏徵等人編撰的價值。前文所提，唐玄宗從《群書治要》刊出《道德經》，亦當如是。

---

[105] 〔日〕林信敬：〈校正《群書治要》序〉，〔唐〕魏徵等編撰：《群書治要》校訂本，林氏序，頁1。

[106] 〔日〕藤原良房等撰、浦木裕整理：《續日本後紀》卷七。（電子文獻，網址：https://miko.org/~uraki/kuon/furu/text/syokukouki/skk07.htm#skk07_03，2018年10月1日上網讀取。）島田翰亦有引述此段文字，但「有五經文」處缺「五」字。見《古文舊書考》，頁158。

從古代典籍流傳、保存不易，唐時典籍傳播仍以寫本為主而言，《群書治要》確實可能在傳播上佔有優勢，但當印版、刻本逐漸成熟、盛行，《群書治要》正可能因被忽視編纂之「意」而失去了存在的價值。

（四）聚焦文獻價值

能夠看見《群書治要》的文獻價值，與清代特殊的學術取逕是有關聯的。乾嘉學派核心人物阮元云：

> 凡有關乎政術，存乎勸戒者，莫不彙而輯之。即所采各書，并屬初唐善策，與近刊多有不同。如《晉書》二卷，尚為未修《晉書》以前十八家中之舊本。又桓譚《新論》、崔寔《政要論》、仲長統《昌言》、袁準《正書》、蔣濟《萬機論》、桓範《政要論》，近多不傳，亦藉此以存其梗概。洵初唐古籍也。[107]

阮元認為《群書治要》就是將「關乎政術，存乎勸戒」的資料都彙輯起來，從形式樣貌論，似乎如此，但從編撰的角度來看，棄取的標準未免太過寬泛，當無從著手，所以阮氏說法並無法彰顯魏徵等人的用心。至於，對所收典籍的評斷，凸顯了《群書治要》所存在的文獻價值，如已失傳的蔣濟《萬機論》、桓範《政要論》等，將可藉以得其梗概；若《晉書》之類，雖今有存本，然內容有異，可見發展之變化。要言之，即古代典籍常受自然與

---

[107] 〔清〕阮元：《揅經室集》，頁 1216-1217。

人為因素的影響，不得傳續，故當阮元將《群書治要》保存的內容評定為「初唐善策」、「初唐古籍」，其珍貴性可得而知，同時阮元也就帶出了一個看待《群書治要》的重要視角，影響深遠。

由於《群書治要》乃魏徵等人編選、節錄上自五帝、下及晉代的典籍，除備受重視的經典外，經過長時間的洗鍊，許多典籍已不復見其原貌，當《群書治要》有幸因流傳日本而獲得保存，其中彙集的古代典籍，尤其是子部著作，亦順此而得以重見於世，確實令人欣慰。在阮元之後，包括孫星衍、嚴可均[108]、黃奭、俞樾、孫詒讓等，都是以「輯佚」的角度來進行對《群書治要》的掌握與運用。在日本學界，包括尾崎康、石濱純太郎等，亦是從版本、文獻的角度切入。時至今日，掌握《群書治要》的方式，依然是以文獻學為主流，確實豐富了相關領域的研究，卻未走入《群書治要》的世界。

（五）開拓思想內涵

從「思想內涵」的角度來掌握《群書治要》，是目前有待開發的面向[109]，如何突破類書的認知框架，洞悉魏徵等人「以編

---

[108] 張蓓蓓認為嚴可均的輯佚事業乃得力於《群書治要》。詳見氏著〈略論中古子籍的整理——從嚴可均的工作談起〉，頁 39-72。

[109] 目前嘗試關注思想內涵而取得成果，除文中所引林朝成的研究與拙作外，尚有邱詩雯從《群書治要》的取捨，指出《史記》在三方式的處理下已呈現出再造的新貌，詳見氏著〈治要與成一家言：論《群書治要》對《史記》的剪裁與再造〉，《成大中文學報》第 68 期（2020.3），頁 43-72；黃麗頻取《老子》作為分析對象，論證《群書治要》所展現的接受變化。詳見氏著〈論《群書治要》對《老子》的取徑與實踐——以貞觀之治為證〉，《東華漢學》第 31 期（2020.6），頁 1-31；又 2019 年 6 月 3 日至 4 日在國立成功大學中國文學系舉辦第一屆《群書治要》國際研討會，會中有數位學者嘗試由思想切入。大體而言，尚待積極的開拓，以看見《群書治要》的精

代作」之「意」，是詮釋與解讀之關鍵。有關此面向，聞一多「主意」的說法[110]，已初步彰顯《群書治要》特殊的一面外，細井德民在讎校的思考上也顯示了對魏徵等人思想特色的關注。細井德民云：

> 是非不疑者就正之，兩可者共存。又與所引錯綜大異者，疑魏氏所見，其亦有異本歟？又有彼全備而此甚省者，蓋魏氏之志，唯主治要，不事修辭。亦足以觀魏氏經國之器，規模宏大，取捨之意，大非後世諸儒所及也。今逐次補之，則失魏氏之意，故不為也。不得原書者，則敢附臆考，以待後賢。[111]

除了改正十分確定是來自於傳抄所造成的錯誤外，以「共存」、「附臆考」等方式來保留原貌，顯示出細井德民等人在校讎上具有的謹慎態度，令人讚賞。不過，更值得關注的是，細井德民等人透過文字的差異，進一步有意識的覺知其中存有「魏氏之意」，這是非常重要的見解。依據細井德民的看法，《群書治要》之中所蘊含的「魏氏之意」，足以展現非後世諸儒可及的思維與視野。這是一種迥異的視角，以深入穿透而直指編纂者的掌握方式。

彩。

[110] 聞一多：〈類書與詩〉，《聞一多全集·唐詩編上》（武漢：湖北人民出版社，1993 年），頁6。聞一多精到指出：《群書治要》的「主意」質素有別於如《藝文類聚》之類書的「主事」質素。

[111] 〔日〕細井德民：〈刊《群書治要》考例〉，〔唐〕魏徵等編撰：《群書治要》校訂本，考例，頁 1-2。

　　當處於蓄勢待發的初唐之際，魏徵等人以其獨特的思想及眼界，萃取傳統文化資源中的應世價值，將治國理念具現為《群書治要》，則經過了去取的斟酌，保留下來的文字，在匯聚而成的嶄新面貌下，已被賦予新意而展現不同的意蘊。換言之，《群書治要》所節錄的《周易》，已不全然是原本的《周易》，《群書治要》所節錄的《史記》，並不僅僅是司馬遷的《史記》，《群書治要》所節錄的《申子》，意義已非等同於《申子》，尤其當《群書治要》所編選、節錄的諸多內容匯聚在一起時，新的意蘊與脈絡已然成形，共同呈現出初唐時期的思維走向。[112]因此，若要充分展現《群書治要》的特殊性，此面向的關注是不可忽略的。

　　此外，從《群書治要》所展現出魏徵等人轉化傳統而踐行於當下而言，正提供後世在觀看傳統文化時一個銜接古今的借鑑方式，值得深入探究。

五、結論

　　本文透過對《群書治要》之編纂、傳播與接受的梳理，目的在藉由始終、本末之較為完整的關注方式，檢視、省思《群書治要》的解讀，期盼拓展一個契合原作精神的觀看視角。〈群書治要序〉云：

---

[112] 《群書治要》蘊含的主題式焦點議題，在與《貞觀政要》相互參證下得以看見時代的思想特色。詳見林朝成、張瑞麟：《教學研究計畫──以《群書治要》為對象》，頁9-92。至於，深入掌握特色之內涵，《群書治要》與所取經典之比對、分析與詮釋是不可或缺的工夫。

　　總立新名，各全舊體。[113]

　　誠如前文所述，以魏徵為主導的編撰小組，精心完成的《群書治要》，不僅符合唐太宗的期待，並且賦予深廣的思維內涵。這也就是「各全舊體」之重「義」，與「總立新名」之新「意」，兩面相應所展現出的撰述意識。是故，本文以「立名存思」為題，彰顯《群書治要》隱含著思維的脈絡與特色。

　　藉由回到編纂面向的探討，可以明晰《群書治要》確實存在思維的內涵，而掌握《群書治要》在成書之後的流傳與接受狀態，可以掌握歷來儒者如何進行《群書治要》價值與意義的開發。以下扼要說明梳理所得之成果：

　　首先，為了掌握《群書治要》在傳播與接受上所展現的意義，對於原始精神與內涵，也就是《群書治要》本身，就需要有一定的理解。因此，本文首先探究有關《群書治要》的編纂與編纂者。根據研究的成果顯示，魏徵作為編纂的主導者，合虞世南、褚亮、蕭德言之力，進行《群書治要》的編纂，不僅強烈的關注「文義」，並且在易從有用下成為實踐的價值。換言之，由實踐所串起的意義脈絡貫穿在選書、節錄的方式之中，《群書治要》因而具有成體的思維，內容足以側寫出初唐時期的思維取向。據此而言，用百科全書或者是資料彙編的類書角度來掌握《群書治要》，只是善用其附加價值，唯有掌握思想內涵，才能看見魏徵等人賦予此書的精彩意蘊。

　　其次，有關《群書治要》的傳播方面，本文以兩部分來呈

---

[113]　〔唐〕魏徵等撰：〈群書治要序〉，魏徵等編撰：《群書治要》校訂本，魏氏序，頁2。

現，一是中國，一是日本。在中國，從貞觀成書一直延續到了宋代，就消聲匿跡了。直到清代，從日本回傳後，才又開始傳播了起來。值得留意的是，當代校訂本的出現，展現推行的用心。至於日本方面，從陸續公布的資料，包括平安本、金澤文本、元和本，加上原本流傳的天明本，讓《群書治要》的內容得以完整與豐富。

又次，除了從《群書治要》版本的流傳，可以看見各時代、區域的不同接受狀態，更具意義的是探究其觀看的角度。就目前所得資料進行梳理，大體可以析分為五個面向：1.取鑒可觀事跡：這是順應《群書治要》的角度，將關注的焦點放在敘述的內容上，缺乏對《群書治要》特殊性的感知。2.視為帝王之學：意義較為模糊，並且有窄化《群書治要》意蘊的傾向。3.著眼傳播效益：視《群書治要》為典籍傳播的媒介。4.聚焦文獻價值：看見《群書治要》收納已散佚典籍的價值，運用文獻的輯佚與比對方式，產生研究成果，形成新的價值。這是關注《群書治要》的主流方式。5.開拓思想內涵：能看見「魏徵之意」，才能了解《群書治要》具有的時代特色。不僅較為貼近《群書治要》核心價值，更能從中窺見銜接古今的意蘊。

綜上所述，思想性的研究確實是掌握《群書治要》的重要方式，而且藉由《群書治要》與貞觀時期的關聯，更可延伸至唐代學術發展的脈絡裡思考，意義不可謂不大。

第三章 《群書治要》選編《墨子》的意蘊——從初期墨學的解讀談起*

一、前言

　　意義，因詮釋而開展，也因詮釋而限縮。以墨子而言，孟子說：「天下之言，不歸楊，則歸墨。」[1]《韓非子》：「世之顯學，儒、墨也。儒之所至，孔丘也。墨之所至，墨翟也。」[2]顯見，墨子學說曾經大行於世。然而，在漢代之後，孔墨、儒墨並稱的現象或許依舊可見，但是墨子學說的傳承與精神的發揚，卻難覓其蹤。[3]後人對墨學的評價與定位，總是透過批判者的視角，其中孟子的影響尤其巨大，他說：「墨子兼愛，摩頂放踵利天下，為之。」[4]又說：「楊氏為我，是無君也；墨氏兼愛，是無父也。無父無君，是禽獸也。」[5]到了宋代，儒學的思維有了

---

* 本文刊登於《成大中文學報》第六十八期（2020 年 3 月）。

1　〔魏〕何晏等注、〔宋〕邢昺疏：《論語注疏》，收入〔清〕阮元校勘：《十三經注疏》（8）（臺北：藝文印書館，1993 年），頁 117。

2　〔清〕王先慎撰、鍾哲點校：《韓非子集解》（北京：中華書局，2011 年），頁 456。

3　鄭杰文的研究呈現了墨學在各代的發展狀態，見氏著《中國墨學通史》（北京：人民出版社，2006 年）。

4　〔魏〕何晏等注、〔宋〕邢昺疏：《論語注疏》，收入阮元校勘：《十三經注疏》（8），頁 239。

5　〔魏〕何晏等注、〔宋〕邢昺疏：《論語注疏》，收入阮元校勘：《十三經注疏》（8），頁 117。

質的跳躍式開展，卻仍是延續著孟子的視角來評判墨子。這現象是有趣的，因為兩種失衡的學術發展，儒學一方不斷地開展，卻總是批判著原始的墨學，究竟是墨學初起就擁有巨大的吸引力？還是，墨學有著潛在的發展脈絡？

　　韓愈曾經提出一個引起廣泛討論的說法：「孔子必用墨子，墨子必用孔子；不相用，不足為孔墨。」[6]其中令人關心的是：為什麼韓愈會突然提出一個很不一樣的說法？是務去陳言使然嗎？或者是有未被看見的學術發展環節！

　　與《墨子》的境遇近似，魏徵等人所編撰的《群書治要》，在貞觀五年成書之後，即不見廣泛傳播與影響，最終竟消失在中土。是《群書治要》缺乏價值與意義？唐太宗曾評價說：「覽所撰書，博而且要，見所未見，聞所未聞，使朕致治稽古，臨事不惑。其為勞也，不亦大哉！」[7]同時，從流傳至日本並獲得的推崇與重視，可知《群書治要》必有深刻意蘊。[8]其實，在「絕學」現象底下有著錯綜複雜的不確定因素，令人難以捉摸，因此聚焦在作品的內涵，當較具意義。

　　《群書治要》選錄了 68 部著作，其中就包含了《墨子》。[9]從截錄的內容來看，《群書治要》將《墨子》的九個篇章內容，串接成七個篇章，分別是：〈所染〉、〈法儀〉、〈七患〉、

6　〔唐〕韓愈：〈讀墨子〉，見韓愈撰、馬其昶校注：《韓昌黎文集校注》（上海：上海古籍出版社，1998 年），頁 40。

7　〔唐〕劉肅：《大唐新語》（北京：中華書局，1997 年），頁 133。

8　關於《群書治要》在日本的傳播，參閱金光一：《《群書治要》研究》（上海：復旦大學博士論文，2010 年）。

9　關於選錄典籍的數量，各家說法有異，本文取 68 部之說。詳見林朝成、張瑞麟：《教學研究計畫——以《群書治要》為對象》（臺南：成功大學中文系，2018 年），頁 11-13。

〈辭過〉、〈尚賢〉、〈非命〉、〈貴義〉。換言之,《群書治要·墨子》可能在編選的過程中被賦予了新意,提供了解讀當時文化關懷的途徑。因此,本文欲透過《群書治要·墨子》的掌握,處理兩個問題,一個是關於墨學的詮釋,呈現屬於唐代墨子學說的接受狀態,希望跳脫孟子與宋人的理解框架;另一個是關於如何看待《群書治要》的問題,期盼透過選錄《墨子》的解讀,開啟一個由思想掌握《群書治要》的可能。

為了達到研究的目的,本文將採兩部分來處理。首先,為了掌握《墨子》到《群書治要·墨子》的轉變,重新審視並建構理解的脈絡是有必要的,故先呈現《墨子》的思維架構。其次,梳理《群書治要·墨子》,同時為了闡述其中的變化,將藉由《群書治要》的整體架構以及《貞觀政要》所提供的重要文獻,作為解讀的依據。期盼藉由這樣的探究,不僅得以看見墨學隨著時代產生的轉變,並且能夠透過《群書治要》的融攝傳統、開啟新意而得到啟發。

二、初期墨學的解讀[10]

墨子繼孔子而起,雖時代相近而所思不同,然因學術的傳承、學說的撰述、體系的呈現、接受的偏差等問題,致使後人在詮釋解讀上產生分歧。如《淮南子》:「孔墨之弟子,皆以仁義

---

[10] 錢穆提出「初期墨學」,作為指稱墨子時代的學說,並與後來的墨學發展做區隔。本文取用此說。見錢穆:《墨子》,收入《錢賓四先生全集》(6)(臺北:聯經,1998年),頁31。

之術教導於世，然而不免於僞。」[11]《韓非子》：「孔子、墨子俱道堯、舜，而取舍不同，皆自謂真堯、舜；堯、舜不復生，將誰使定儒、墨之誠乎？」[12]孔子與墨子同是推行「仁義」，但取捨不同、想法有別，故有儒墨之分。《韓非子》：「孔、墨之後，儒分為八，墨離為三，取舍相反不同，而皆自謂真孔、墨。」[13]可見不僅存在儒墨難分的問題，更含有學派文化精神的真偽問題。時至宋代，作為學術思維普遍化的科舉考試，其中策問的內容有：

> 孟子拒楊墨，荀子亦非墨子，揚子又曰「楊墨塞路」，以三子之言，墨子果有悖於聖人之道而不可用也。韓退之云：「孔子必用墨子，墨子必用孔子，不相用，不足為孔墨。」觀其說，墨子又若無悖於聖人之道而果可用也。……孔墨同，三子唱言而深拒之，何哉？其道誠異，退之又何取之而不畏後人也？四子者皆聖人之徒，然其所尚之異如是，得無說哉？[14]

儒學到了宋代，有著突破性的發展，自有其相應的關懷與嶄新的詮釋，但此刻蔡襄的提問，正反映出截至當時所形成的理解樣貌。策問中，雖僅扼要的標舉孟子、荀子、揚雄與韓愈取捨的差異，然已顯示兩層含意，一為四人皆是聖人之徒，為何會有不同

---

[11] 何寧：《淮南子集釋》（北京：中華書局，2016年），頁148。

[12] 〔清〕王先慎撰；鍾哲點校：《韓非子集解》，頁457。

[13] 〔清〕王先慎撰；鍾哲點校：《韓非子集解》，頁457。

[14] 〔宋〕蔡襄：〈策問一〉，《蔡忠惠集》卷三十，收入曾棗莊、劉琳主編：《全宋文》（上海：上海辭書出版社，2006年），頁153-154。

的判斷；二為具有真知灼見的孟子、荀子與揚雄，在孔墨並稱之世，深拒墨子，而傳承道統的韓愈，在孔墨異流之際，倡言相用之說，已充分凸顯出歷來孔墨學說的解讀問題。究竟如何把握墨子學說較為適當？本文嘗試建構之。

（一）《墨子》與墨學

自清代乾隆、嘉慶後，85 年間，整理墨學的著作有 15 種之多，構成了戰國以後第一個興盛的局面，道光元年（1821）至宣統三年（1911），91 年間又產生了 37 種著作，是墨學整理的高潮期。奠基於文本的完善，梁啟超《子墨子學說》開啟了全面而系統的墨學義理研究。[15]憑藉著文本與義理的研究成果，使得進入墨子的思想世界，窺探其精神與內涵，已不再艱困。

1.《墨子》的篇章

錢穆〈墨子事蹟年表〉，墨子一生約在周敬王四十一年（479B.C.）至安王二十一年（381B.C.）之間。[16]是接續孔子之後、孟子之前，在戰國時期有著巨大影響力的思想家。欲了解墨子的思想，自然要從他的著作入手，不過今傳《墨子》，不僅不是墨子所寫，並且在流傳中散佚了一些篇章。根據《漢書·藝文志》的記載，當有七十一篇，而《隋書·經籍志》以下，則指為十五卷。[17]今本卷數與《隋書·經籍志》相符，但篇數僅有五十

---

[15] 清代《墨子》的刊刻與整理，以及清代墨學的義理研究，可參鄭杰文：《中國墨學通史》，頁 306-322；329-343。

[16] 錢穆：《墨子》，收入《錢賓四先生全集》（6），頁 12-17。馮友蘭亦覺錢表較貼近事實，詳見氏著《中國哲學史》（北京：中華書局，1961 年），頁 107。

[17] 〔漢〕班固：《漢書》（北京：中華書局，1964 年），頁 1738。〔唐〕魏徵、令狐德棻：《隋

三篇，所差十八篇，其中八篇尚存篇目，餘則連篇目亦闕。[18]

　　由於五十三篇非出自墨子之手，自然需要辨析哪些內容具有論述效力。梁啟超說：「現存五十三篇，胡適把他分為五組，分得甚好。」[19]確實，在胡適的分組歸類下，往後對於《墨子》篇章的討論，大體並未跳脫此架構，如梁啟超、錢穆、方授楚等人即採用，而類似蔡尚思分為六部分，陳問梅分為七組，也只是微有不同。[20]因此，本文的討論亦採用胡適的分組架構。[21]詳細梳理如下：

　　（1）第一組，包含〈親士〉、〈修身〉、〈所染〉、〈法儀〉、〈七患〉、〈辭過〉、〈三辯〉七篇。前三篇，胡適、梁啟超與錢穆，都判定非墨家言，不足為據；後四篇，三人見解互有異同。依據篇章內容與旨意，〈法儀〉確實如梁氏、錢氏辨析，為「墨學概要」，深具重要性，其餘三篇則只是略存墨家之議論而已。[22]

　　（2）第二組，包含〈尚賢〉、〈尚同〉、〈兼愛〉、〈非攻〉、〈節用〉、〈節葬〉、〈天志〉、〈明鬼〉、〈非樂〉、

書》（北京：中華書局，1982 年），頁 1005。〔元〕脫脫：《宋史》（北京：中華書局，1977年），頁 5203。

[18] 本文所用墨子文獻依吳毓江撰、孫啟治點校：《墨子校注》（北京：中華書局，2017 年）。避免註解繁雜，此後引用此書，將逕於文後標註頁數。

[19] 梁啟超：《墨子學案》（上海：商務印書館，1923 年），頁 13。

[20] 諸家說法，詳見陳問梅：《墨學之省察》（臺北：臺灣學生書局，1988 年），頁 26-43。蔡尚思：〈蔡尚思論墨子〉，收入蔡尚思主編：《十家論墨》（上海：上海人民出版社，2004年），頁 310-311。

[21] 胡適：《中國哲學史大綱》（臺北：臺灣商務印書館，2016 年），頁 158-159。

[22] 梁啟超：《墨子學案》，頁 13。錢穆：《墨子》，收入《錢賓四先生全集》（6），頁 20。徐復觀則認為：「由〈親士〉到〈非儒〉，依然可以代表《墨子》的基本思想。」見所著《中國人性論史：先秦篇》（臺北：臺灣商務印書館，2018 年），頁 315。

〈非命〉、〈非儒〉等二十四篇，誠如錢穆所說：「我想這一組的二十四篇文字，都出後人追述，在沒有更可靠的證據以前，我們暫可一例對待，不必提出某幾篇來歧視他們。」[23]從內容存在的緊密連結，這些篇章確實是掌握墨子思想的重要憑藉。

（3）第三組，包含〈經〉上下、〈經說〉上下、〈大取〉、〈小取〉六篇，雖然錢穆提出《墨經》乃專為「兼愛」學說辯護，但精神已異於初期墨家，胡適即將之歸屬於「別墨」。[24]因此，本文暫不討論。

（4）第四組，包含〈耕柱〉、〈貴義〉、〈公孟〉、〈魯問〉、〈公輸〉五篇，諸家說法，大體近似，視如《論語》，乃掌握墨子言行的重要資料。

（5）第五組，自〈備城門〉至〈襍守〉共十一篇，是「專言守禦的兵法」[25]，與文化思想的聯繫較為疏遠，故略而不論。

綜上所述，本文將以第二組與第四組的篇章內容為主要論據，並以第一組的〈法儀〉、〈七患〉、〈辭過〉與〈三辯〉為輔助資料，展開意義的建構與詮釋。

2.墨學的核心觀念與思維系統

雖然渡邊秀方指出墨子的論說具有首尾一貫的論文形式，已

---

[23]　錢穆：《墨子》，收入《錢賓四先生全集》（6），頁 21。

[24]　錢穆：《墨子》，收入《錢賓四先生全集》（6），頁 26。胡適：《中國哲學史大綱》，頁 158-159。關於《墨經》的判定，嚴靈峰（《墨子簡編》（臺北：臺灣商務印書館，1995 年），頁 4-21。）詹劍峰（《墨子及墨家研究》（武漢：華中師範大學出版社，2007 年），頁 226-241）、李漁叔（〈墨經真偽考〉，《墨辯新注》（臺北：臺灣商務印書館，1968 年），頁 1-24。）、王讚源（《墨子》（臺北：東大圖書，1996 年），頁 20-31。）等主張墨翟自著，然仍僅以莊子與魯勝之說為主要憑藉，尚需新證來支撐論點。

[25]　錢穆：《墨子》，收入《錢賓四先生全集》（6），頁 30。

不同於其前之欠缺系統、組織的樣貌，但是對於鮮明地十個觀點的把握，學者依舊意見分歧，各有所得，足知尚有未發之覆。[26] 為便於討論，試舉其要：

（1）梁啟超（1873-1929）認為墨子思想的總根原是「革除舊社會，改造新社會」，所以墨子創教的動機，直可謂因反抗儒教而起。至於，墨學的十條綱領，「其實只從一個根本觀念出來，就是兼愛」。[27]

（2）胡適（1891-1962）認為墨子的根本觀念，在於「人生行為上的應用」，所以在哲學史上的重要性就在於他的「應用主義」，而兼愛、非攻等就是此觀念的應用，甚至可說是「墨教」的「教條」。[28]

（3）渡邊秀方認為墨學有見於周代形式文明的積弊和貴族世襲的政治，以打破形式、打破階級、打破私利私欲為標的，根本於宗教信念的思想，稱天意、天道以樹立學說，而促進社會革命的實現。[29]

（4）馮友蘭（1895-1990）認為墨子的學說是就平民的觀點，反貴族而因及貴族所依的周制，孔子與儒家的各種理論也就在反對之列，而貫穿十項思想形成系統的根本在「功」、「利」，所以是功利主義的哲學。[30]

26　〔日〕渡邊秀方著、劉侃元譯：《中國哲學史概論》（臺北：臺灣商務印書館，1979 年），頁137。蔡尚思羅列了十五種關於墨子中心思想的說法，詳見氏著：〈蔡尚思論墨子〉，收入蔡尚思主編：《十家論墨》，頁 311-316。

27　梁啟超：《墨子學案》，頁 4-10；15-27。

28　胡適：《中國哲學史大綱》，頁 177-186。

29　〔日〕渡邊秀方著、劉侃元譯：《中國哲學史概論》，頁 135-136。

30　馮友蘭先後有三部作品討論墨子，內容略有差異，但基調未變。詳見氏著：《中國哲學史》，頁110；115-136。《中國哲學簡史：插圖珍藏本》（北京：新世界出版社，2004 年），頁 45。

（5）錢穆（1895-1990）認為「兼愛主義」與「尚賢主義」是墨子學說中堅的兩大幹，分別要打倒貴族階級在政治與生活上的特殊地位，所以思想泉源是「反貴族」。後人誤認根本觀念只有「兼愛」，或者是帶有深厚宗教性，皆非見骨之論。[31]

（6）蔡尚思（1905-2008）認為墨子思想體系是以「兼愛」、「非命」為中心，兩者關係密切，一在打破血統觀念，一在打破宿命觀念，呈現出「打破先天決定一切」的思維。[32]

（7）徐復觀（1904-1982）認為墨子的思想是以「兼愛」為中心，然後透過「兼愛」與「非攻」等各觀點的聯繫而具有結構。[33]

（8）張岱年（1909-2004）認為墨子提出的十個主義，合為五聯，共成一個整齊的形式系統，兩個卓異的觀點為全系統的根荄：一，是制度設立應以人民大利為鵠的；二，是道德原則應以全體人民為範圍。[34]

（9）勞思光（1927-2012）認為墨子思想並非基於反貴族，而是以「興天下之利」為中心，此「利」是指社會利益而言，所以基源問題是：「如何改善社會生活？」這是墨子學說的第一主脈──功利主義。第二主脈，是在建立社會秩序上的權威主義。兩條主脈，匯聚於「兼愛」。[35]

《中國哲學史新編》（北京：人民出版社，2001 年），頁 229-233。

[31]　錢穆：《墨子》，收入《錢賓四先生全集》（6），頁 31-36。

[32]　蔡尚思：〈蔡尚思論墨子〉，收入所編：《十家論墨》，頁 316-327。

[33]　徐復觀：《中國人性論史‧先秦篇》，頁 318-319。

[34]　張岱年的兩個根源說，實是發明〈序論〉中的說法：「墨子最重功利，以求國家人民之大利為宗旨。」詳見氏著：《中國哲學大綱》（南京：江蘇教育出版社，2005 年），頁 12、538。

[35]　勞思光：《新編中國哲學史》（一）（臺北：三民書局，1993 年），頁 290-306。

（10）方授楚認為墨子學說的十一目（納入「非儒」），是用以打破當時政治社會的現狀而有所建立，所以可劃分為積極與消極、立與破兩面。至於，以「兼愛」為根本觀念，是依邏輯上的體系，若據事實上的體系，當是「非攻」。不過，在談墨子的根本精神時，則又指「平等」為根本思想或思想特點。[36]

（11）陳問梅認為墨學的十個觀念，都是針對周文罷敝後當時現實的弊病，而「天之意志」是十個觀念之根本觀念，「義」又是天之所以為天的本質與全幅內容，因此「義」就是體，十個觀念就是系。「義」即是「利」，所以實在於「利天下的精神」。[37]

（12）蔡仁厚指出墨學的中心觀念應該是「兼愛」，不過從兼愛乃根據「天之意志」而來，「天志」才是墨學的最高價值規範。因此，墨學的理論構造，當是以「天志」為垂直的縱貫，而「兼愛」為橫面的聯繫。至於，天之意志的內容，根本上就是一個「義」，而義即是公的、他的、客觀的「利」，所以墨子的根本精神是「絕對利他的義道」。[38]

（13）唐君毅（1909-1978）的角度是特別的，他說：

關於墨子之教之核心，畢竟在兼愛或天志？世之治墨學者，多有爭論。人又或以墨子之教之核心在重利。然依吾人上之所言，則墨子之教之核心，在其重理智心。重理智心而知慮依類以行，將人之愛心，一往直推，則必歸於平

[36] 方授楚：《墨學源流》（臺北：臺灣中華書局，1979 年），頁 74-76；107-113。
[37] 陳問梅：《墨學之省察》，頁 X-XI；70-99。
[38] 蔡仁厚：《墨家哲學》（臺北：東大圖書，1983 年），頁 66-73。

等的周愛天下萬世之兼愛之教。[39]

之所以將唐君毅的說法放在最後呈現,主要有兩個原因:其一,是唐君毅明確指出了治墨學者在掌握墨子思想核心時,普遍聚焦的觀點,有總結的效果;其二,是「理智心」的提出,迥異於他人黏著於墨子所提出的觀點,展現更為深遠的識見與把握。

以上費勁的展示各家的說法,除了凸顯把握中心觀點的差異外,意在彰顯彼此解讀的分歧。例如:辨析中心觀念,直接挑取墨子十觀點的就有「兼愛」、「天志」、「非命」、「非攻」、「尚賢」等不同;延伸而加以思索的就有「利」、「打破限制」、「反貴族」、「理智心」等分別。至於,觀點意涵的闡釋,如「利」的解讀,各家精彩盡現,尤其再與其他觀點聯繫,更顯多種面貌。雖然,解讀時必然帶有立場、目的與視角,造成詮釋的侷限,但多元的詮釋與把握,實足以刺激、開發新見,自是學術具有生命、文化得以延展的關鍵。本文嘗試借鑒諸家所得,重新建構一個理解的模式,以期拓展理解墨學的視野。

(二)從賢者展開的思考

當《墨子》的內容,並非墨子所親撰,想藉此還原墨子思想而謂之真墨,必是困難的。本文嘗試以「開發」替代「還原」,透過同情的理解體貼墨子相關的思維,提出從「賢者」出發的詮釋模式,挖掘可貴的內涵。

---

[39] 唐君毅:《中國哲學原論‧導論篇》(臺北:學生書局,1993 年),頁 116-117。

1.核心觀點之關聯

為清楚說明本文所理解與建構下的墨學思想，先將主要觀點及其關聯繪製成下圖：

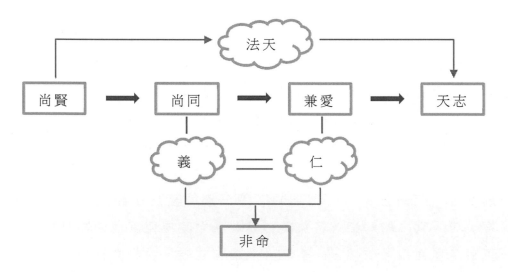

一反天上人下的慣性認知，關係圖改以橫置呈現，主因天雖具崇高地位，但天的視野亦屬人的理想，實質內涵有待於人的填補，故作如是安排。就各個觀點而言，「賢者」是價值實踐的主體，「尚賢」即為論述的基礎，故將之置於意味始點的最左側；「天志」代表最高的理想型態，所以將之置於終端的最右側；「尚同」與「兼愛」，終歸向「天志」，故置於兩者之間。至於，賢者與天之間的關聯，可以用「法天」適切詮釋，故畫線將其標示。此外，「尚同」實為「義」的建構，「兼愛」實即「仁」的闡發，二者又是一體之兩面，同樣展現出反宿命的人文精神，故標示如上。

2.思想內涵與意義

孔子在面對「周文疲弊」時，以仁義重新賦予禮樂價值與意義，關鍵即在於回到「人」的反省與自覺。墨子隨後而來，對於已開啟之人文精神的走向，必然無法漠視。因此，嘗試同樣以「人」的角度來切入，組織墨子所建構的理想人格，應是合理且適切的。[40]

（1）尚賢：從人開始思考

時代環境的問題，必然左右思想的呈現，但是思想的內涵與精神，在多元呈現中可能隱含著內在的發展脈絡。從春秋進入戰國，隨著環境的劇烈變動，舊有的思維已不足以應付新的時代課題。[41]墨子說：

> 古者王公大人為政於國家者，皆欲國家之富，人民之眾，刑政之治。然而不得富而得貧，不得眾而得寡，不得治而得亂，則是本失其所欲，得其所惡，是其故何也？（P.65）

在《論語》中記載著一則孔子回答弟子關於施政先後的問題：

> 子適衛，冉有僕。子曰：「庶矣哉！」冉有曰：「既庶

---

[40] 牟宗三認為諸子所面對的問題，就是針對「周文疲弊」。雖然在肯定儒家時，指出墨子否定周文的態度，並引述唐君毅說法，將其定位為次人文或不及人文。這個觀點或可再斟酌。見氏著：《中國哲學十九講：中國哲學之簡述及其所涵蘊之問題》（臺北：學生書局，1995 年），頁 60-64。

[41] 社會環境的劇烈變化可參見郭沫若：〈古代研究的自我批判〉，《中國古代社會研究（外二種）》（石家莊：河北教育出版社，2001 年），頁 599-666。

矣。又何加焉？」曰：「富之。」曰：「既富矣，又何加
焉？」曰：「教之。」[42]

相對地，孔子另有一段關於著名的貧寡、不安問題的敘述：

> 丘也聞有國有家者，不患寡而患不均，不患貧而患不安。
> 蓋均無貧，和無寡，安無傾。夫如是，故遠人不服，則修
> 文德以來之。既來之，則安之。[43]

孔子所講的「庶」與「寡」，即是墨子提到之人民眾寡的問題；
孔子所講的「富」、「貧」，即是墨子提到之國家貧富的問題；
孔子所講的「教」、「安」，近似墨子提到之刑政治亂的問題。
顯然，孔子對於這些問題的看待是有先後、輕重的差異，並提出
解決的想法。不過，從墨子的表述，結合歷史的記載，可知實際
上時局愈顯混亂，問題更加嚴重。墨子說：

> 是在王公大人為政於國家者，不能以尚賢事能為政也。是
> 故國有賢良之士眾，則國家之治厚；賢良之士寡，則國家
> 之治薄。故大人之務，將在於眾賢而己。（P.65）

治理的問題是複雜的，墨子也曾提出各種應對的方式，但是衡量

42　〔魏〕何晏等注；〔宋〕邢昺疏：《論語注疏》，收入〔清〕阮元校勘：《十三經注疏》
　　（8），頁116。
43　〔魏〕何晏等注、〔宋〕邢昺疏：《論語注疏》，收入〔清〕阮元校勘：《十三經注疏》
　　（8），頁146。

先後、輕重、本末，「尚賢」才是關鍵之所在，當「賢良之士」越多，國家就能夠得到越好的發展。其實，這道理看起來極為平凡，不過深入追究，即知並非如此。

「尚賢」可從兩個面向來說，首先，就用人而言，可以釋為「推崇賢能的人」，旨在覓才。當時用人的條件是「骨肉之親、無故富貴、面目美好者」（P.95），可見墨子的意見是具有鮮明的針對性，也是被解讀為「反貴族」的重要因素。[44]其次，就回歸自我來說，當釋為「追求成為賢者」，是具有學習、養成的要求，這是被多數解讀者所忽略，但卻是非常重要的面向。墨子說：

> 夫明虖天下之所以亂者，生於無政長。是故選天下之賢可者，立以為天子。天子立，以其力為未足，又選擇天下之賢可者，置立之以為三公。……諸侯國君既已立，以其力為未足，又選擇其國之賢可者，置立之以為正長。（P.107）

此處選立天子者誰並未明言，但依據墨子形式上的表述，即是指「天」。當天選立了天子以掌理天下，天子即選立三公以為輔助，並選立諸侯國君以分治，諸侯國君再選立正長以為股肱，這樣就形成了層級分明、秩序井然的治世網路。顯然，不僅是處於低階的正長，必須成賢以待選，身為高階的國君，甚至是天子，也必須努力學習、實踐成為賢能之人。墨子說：

---

44 錢穆：《墨子》，收入《錢賓四先生全集》（6），頁34。

> 然則富貴為賢以得其賞者，誰也？曰：若昔者三代聖王堯
> 舜禹湯文武者是也。（P.77）
> 尚欲祖述堯舜禹湯之道，將不可以不尚賢。夫尚賢者，政
> 之本也。（P.67）

「尚賢」是成就堯舜之道的根本，不僅是需要選用天下賢者，並且自身也需要努力「為賢」。

至於，舉國皆賢，如何區分上下？墨子說：

> 是以民皆勸其賞、畏其罰，相率而為賢。者以賢者眾而不
> 肖者寡，此謂進賢。然後聖人聽其言，迹其行，察其所能
> 而慎予官，此謂事能。故可使治國者，使治國，可使長官
> 者，使長官，可使治邑者，使治邑。凡所使治國家、官
> 府、邑里，此皆國之賢者也。（P.73-74）[45]

「賢」是指有德性，精神價值本不可量計以分高下，所以安置眾賢分別掌理國家、官府、邑里事務，衡量的基準就是處事的能力，也可以說是包含踐行道德所能產生影響的廣度，所謂「聽其言，迹其行」的「事能」即是，是兼具著才與德的兩面性。

綜上所述，根據「尚賢」具有的意涵，以及作為上自天子下至正長的普遍性要求，此觀點足為墨子思想的重心。因此，當可轉換視角，以一個墨家賢者的立場，表述出自我建構起的思想體系與精神價值。

---

[45] 俞樾認為「者」字乃「是」字之誤，屬下讀。見吳毓江：《墨子校注》，頁79。

（2）尚同：上下情義和合

作為墨家賢者，最為關注的焦點，即在於價值的思維，也就是「義」的釐清。以下，用四部分說明。

A. 以義為貴

墨子指出：「萬事莫貴於義。」其論述的理據：「爭一言以相殺，是貴義於其身也。」（P.670）簡單而明白地標示出人與人之間的衝突，主要在價值觀上的爭執。墨子說：

> 古者民始生未有刑政之時，蓋其語，人異義。是以一人則一義，二人則二義，十人則十義。其人茲眾，其所謂義者亦茲眾。是以人是其義，以非人之義，故交相非也。是以內者父子兄弟作怨惡，離散不能相和合。……天下之亂，若禽獸然。（P.107）

在墨子的想法裡，每個人都有「義」，也就是各自擁有自我的見解，處於原始社會的階段，在缺乏溝通、和合下，就會導致像禽獸一樣的相互衝突。因此，墨子認為欲由亂而治，各階層的賢者就要扮演好整合「義」的角色。墨子說：

> 明乎民之無正長以一同天下之義，而天下亂也，是故選擇天下賢良聖知辯慧之人，立以為天子，使從事乎一同天下之義。天子既已立矣，以為唯其耳目之請，不能獨一同天下之義，是故選擇天下贊閱賢良聖知辯慧之人，置以為三公，與從事乎一同天下之義。……國君既已立矣，又以為唯其耳目之請，不能一同其國之義，是故擇其國之賢者，

> 置以為左右將軍大夫，以遠至乎鄉里之長，與從事乎一同
> 其國之義。（P.114-115）[46]

天子、三公、諸侯國君、正長，以及將軍大夫與鄉里之長，無不皆是「賢良聖知辯慧之人」，而諸賢為消弭動亂，所盡心從事的要務，即是整合「義」，故此理政模式又可稱為「義政」，足見「義」乃是為賢之要素。[47]由此而言，墨子意識到理念之為人的核心價值，因而在孔子提出「義」之後深入「義」的甄別。[48]

B. 以行顯義

墨子對義的省思，是立足於深刻的時代觀照。在《墨子》中，「聖王既沒，天下失義。」（P.258、P.260、P.330）的說法，雖僅三見，卻關鍵的指出此刻「失義」的時代困境。所謂「失義」，包括了知與行兩個面向。

首先，以知而言，墨子認為見解的矛盾，顯示世俗已無法明辨義與不義的差異。最顯著的說法，莫如：

> 今小為非，則知而非之。大為非攻國，則不知而非，從而
> 譽之，謂之義。此可謂知義與不義之辯乎？是以知天下之
> 君子也，辯義與不義之亂也。（P.196）

---

[46] 畢沅云：「請」當為「情」，下同。吳毓江：《墨子校注》，頁120。

[47] 墨子又有提出「義政」與「力政」的說法，能從事義政的聖王，從事力政的暴王。詳見〈天志上第二十六〉，吳毓江：《墨子校注》，頁290。

[48] 《論語》中提到孔子曰：「君子義以為質，禮以行之，孫以出之，信以成之。君子哉！」透過「義」來挺立「禮」的價值，墨子再對「義」的省思，可以視為延續性的作為。〔魏〕何晏等注；〔宋〕邢昺疏：《論語注疏》，收入〔清〕阮元校勘：《十三經注疏》（8），頁139。

墨子認為在小事件上大家尚能正確的區分是非善惡，但是當面對
大是大非時，卻失去了原有權衡的基準。因此，批判這種小大之
間態度矛盾、立場不一的人，是不明白「義」與「不義」的分
別。相近的說法，尚可見於「明小物而不明大物」與「知小而不
知大」等表述。諸如此類，亦可說是缺乏對義的透澈認知，自非
可名之為賢。

　　其次，以行而言，墨子批判行不能踐知，顯示出立足於實踐
的鮮明色彩。墨子說：

> 今瞽曰：「鉅者，白也。黔者，黑也。」雖明目者無以易
> 之。兼白黑，使瞽取焉，不能知也。故我曰瞽不知白黑
> 者，非以其名也，以其取也。今天下之君子之名仁也，雖
> 禹湯無以易之。兼仁與不仁，而使天下之君子取焉，不能
> 知也。故我曰天下之君子不知仁者，非以其名也，亦以其
> 取也。（P.672）

這是非常好的譬喻，一針見血的揭示出時移境遷下價值產生混亂
與衝突的原因。墨子以區分黑白為例，對目明的人可謂輕而易
舉，對失明的人則難如登天，但究竟具有意義的「分辨」所指為
何？墨子認為關鍵不在「名」的形式層面，而是在具有成效之
「取」的實踐層面。顯然，墨子突出意義存在的時空元素，透過
人的實踐掌握內在的真實，以避免名義的混淆不清。如此觀點，
又可見於「蕩口」的指責，墨子說：

> 言足以復行者，常之；不足以舉行者，勿常。不足以舉行

　　而常之，是蕩口也。（P.644）

「言」能落實於「行」的才有真實意義，不能付諸實踐，只是空
言妄語。近似說法，亦見於〈貴義〉（P.671）。墨子用「蕩
口」提出嚴厲批判，顯然徒具形式的「名」，非但多餘、無益，
更產生混淆認知、破壞實踐的負面影響。

　　C. 言行以同義

　　賢者的要務乃在整合各自不同的「義」，配合墨子曾經表述
的「今天下莫為義」（P.670），可知墨子所謂的「義」，異於
眾人之「義」。根據「尚同」的觀點，墨子確實想要泯除彼此的
衝突，尋求看法的和同，然「尚同」如何可求？識者或視墨子為
權威主義者，即使提出墨子是以「公義」取代「私義」來迴護，
仍舊無法有效化解質疑。如何化解疑慮？回到墨子本身的論述，
透過再詮釋的方式，當可突破前人有意解讀的侷限。

　　扼要而言，墨子尚同的觀點，即是：「聞善而不善，必以告
天子。天子之所是皆是之，天子之所非皆非之。去若不善言，學
天子之善言；去若不善行，學天子之善行。」（P.670）這是基
於天子為聖賢，立足於善言與善行所呈現的想法，從發展的歷程
而言，已屬結果的階段，所謂淪為權威主義，若關注整合的歷
程，當可化解此質疑。試觀墨子回答「同一天下之義」的做法：

　　　　然胡不賞使家君試用家君發憲布令其家，曰：「若見愛利
　　　　家者必以告，若見惡賊家者亦必以告。若見愛利家以告，
　　　　亦猶愛利家者也，上得且賞之，眾聞則譽之；若見惡賊家
　　　　不以告，亦猶惡賊家者也，上得且罰之，眾聞則非之。」

> 是以徧若家之人，皆欲得其長上之賞譽，辟其毀罰。……
> 善人之賞而暴人之罰，則家必治矣。（P.137）

這是以家族為例，說明如何成善去惡的過程。過程中，雖然採用了賞罰的手段，但是墨子已清楚指出手段的運用，並不能讓惡成為善，因此關鍵還是在於義的內涵。從整個過程中，可以看到發憲布令之「言」，到賞善罰暴之「行」，言行相應以立義，但關鍵乃在義的內涵。墨子說：

> 今王公大人之為刑政，則反此。政以為便嬖宗族、父兄故舊，立以為左右，置以為正長。民知上置正長之非正以治民也，是以皆比周隱匿，而莫肯尚同其上，是故上下不同義。若苟上下不同義，賞譽不足以勸善，而刑罰不足以沮暴。（P.118）

當正長並非立足於善時，上下即成對立的關係，在缺乏認同下賞譽刑罰的手段將失去功效。換言之，單憑上者的想法，想要貫徹到下者，是有困難的。因此，在同義的過程中，有一個非常關鍵的環節，即是上下之情通。墨子說：

> 上之為政得下之情，則是明於民之善非也。若苟明於民之善非也，則得善人而賞之，得暴人而罰之也。善人賞而暴人罰，則國必治。……善人不賞而暴人不罰，為政若此，國眾必亂。（P.135）

此處雖偏向於說明上之賢者在施行賞罰時，必符合善惡之實情，
然而細究所謂善惡，並非僅是實現為上之義，應當同時符合為民
之義。如墨子在論正長時所說：「萬民之所便利，而能彊從事
焉，則萬民之親可得也。」（P.117）又說：

> 故古者聖王唯而以尚同以為正長，是故上下情請為通。上
> 有隱事遺利，下得而利之；下有蓄怨積害，上得而除之。
> （P.118）

賢者透過具體的言行，取得萬民的信賴，上下之間，即在上遺下
得、下害上除中，相互成就。此外，當墨子在談「尚同」的過程
時，首言「家君總其家之義，以尚同於國君」（P.137），次言
「國君選其國之義，以尚同於天子」（P.137），終言「天子又
總天下之義，以尚同於天」（P.138），不僅不是由上而下的貫
徹意志，並且展現出價值觀的溝通與整合。因此，墨子的「尚
同」觀念，若能在強調同一之外，理解「尚」字具有的「追求」
之意而細味其過程，則知這是一個努力「尋求認同」的「諧和之
道」。[49]

D. 三表以立義

透過努力的踐行以尋求認同其義的賢者，如何確立義的內
涵？雖然墨子明確提出了「義自天出」的說法，但在「天」之
外，墨子又表示：「今天下之所同義者，聖王之法也。」
（P.137）順此追索，有所謂「三表」，或謂「三法」，也是作

---

[49] 牟宗三認為層層上同，亦即「層層上下協和之意」，並不函專制極權的意思。見氏著〈墨子與墨
學〉，《鵝湖》5:11（1980.05），頁5。

為確立「義自天出」的依據，是故「三表」應當才是墨子權衡「義」的實質準則。墨子說：

> 凡出言談、由文學之為道也，則不可而不先立義法。……
> 然今天下之情偽，未可得而識也，故使言有三法。
> （P.406）

簡單來說，言行必依據「義」，但如何確定義之「正」與「偽」呢？「三法」就是墨子提出的解決方式。關於「三表」的內容，墨子說：

> 有本之者，有原之者，有用之者。於何本之？上本之於古者聖王之事。於何原之？下原察百姓耳目之實。於何用之？廢以為刑政，觀其中國家百姓人民之利。此所謂言有三表也。（P.394）

所謂「三表」，即是「本之」、「原之」與「用之」。所謂「本之」，就是以古代聖王的言行為依歸，這是墨子承繼文化的一面。值得留意的，是墨子已考量到時空的問題，不能只是單純移植、模仿而期盼獲得相同成果，所以有另外兩個調整的機制。所謂「原之」，就是透過多數人的具體感受，確認其真實性，這是客觀之理性精神的展現。所謂「用之」，就是透過具體的施行成效來做最後的檢證，其中含括了百姓的感受，這也是墨子特別重視的實踐精神，雖然學者因而有所謂「實用主義」、「應用主義」，甚至是「功利主義」的評斷，但若從「三表」的整體性構

思而言，確實為轉化傳統、融古通今的良好做法。

（3）天志：敬以法天

關於墨子對天的定位，在天有意志的述說下，人格神的色彩，讓學者多持負面的解讀，但也有不同的聲音。該怎麼看？[50]〈貴義〉有記載一則事件，足為參考：

> 子墨子北之齊，遇日者。日者曰：「帝以今日殺黑龍於北方，而先生之色黑，不可以北。」子墨子不聽，遂北至淄水，不遂而反焉。日者曰：「我謂先生不可以北。」子墨子曰：「……是圍心而虛天下也，子之言不可用也。」（P.674）

除了將日者與墨子對立呈現外，並透過事件發展的結果，凸顯墨子的思維與立場，這是契合於前文所述的理性精神。順此，墨子藉由「天之意志」所展現的價值，有兩方面。首先，是擷取「敬」的精神。〈魯問〉記墨子以「擇務從事」回答魏越的提問，指出：「國家淫僻無禮，則語之尊天事鬼。」（P.722）換言之，「天志」與「明鬼」的提出，一個核心的用意，就在於解決「無禮」的問題。從墨子的角度來說，所認定的禮，本來就有別於繁飾的禮樂，而是直指本質。綜觀〈天志〉與〈明鬼〉兩篇

---

[50] 關於天的解讀，徐復觀認為：「墨子的天志，實同於周初宗教性的天命。」（徐復觀：《中國人性論史：先秦篇》，頁 313。）梁啟超認為是古代祝史的遺教，是一個人格神的天，有意欲，有感覺，有情操，有行為，不過終是實行兼愛的一種手段罷了。（梁啟超：《墨子學案》，頁 45-48。）此外，亦有不同見解，唐君毅說：「墨子之論儒，雖非儒者之真，然墨子言天志，而關除天之命定之說，則上承詩書所傳之宗教精神。」並提出墨子有分別天人，釐清分位的價值與意義。此說，值得重視。詳見唐君毅：《中國哲學原論‧導論篇》，頁 540-542。

論述,即緊扣著「敬」,如:

> 故昔也三代之聖王堯舜禹湯文武之兼愛天下也,從而利之,移其百姓之意焉,率以敬上帝山川鬼神。天以為從其所愛而愛之,從其所利而利之,於是加其賞焉,使之處上位,立為天子以法也,名之曰聖人。以此知其賞善之證。是故昔也三代之暴王桀紂幽厲之兼惡天下也,從而賊之,移其百姓之意焉,率以詬侮上帝山川鬼神。天以為不從其所愛而惡之,不從其所利而賊之,於是加其罰焉,使之父子離散,國家滅亡……名之曰失王。以此知其罰暴之證。(P.314)

單純抓住賞善罰暴來看,自然充滿著神教的色彩,但是具體審視成就「聖人」與「失王」的關鍵,乃在相應於「敬」、「詬」所關聯的善惡作為。換言之,對上帝山川鬼神能夠表達敬意,即同時能展現兼愛、利人的善行,而對上帝山川鬼神呈現詬侮的不敬態度,則同時呈現賊害他人的惡行,這是間接藉天以開顯人文價值的方式。墨子說:「故交相愛,交相恭,猶若相利也。」(P.723)將恭敬與相愛、相利並提,亦足以顯示墨子的觀點。

其次,是「法天」所顯示的超越視野。由於對「上帝山川鬼神」的敬畏,在崇高的地位下,更設想其價值,墨子說:「鬼神之明智於聖人,猶聰耳明目之與聾瞽也。」(P.641)比聖人展現更高的智慧,所以墨子說:

> 然則奚以為治法而可?故曰:莫若法天。天之行廣而無

私，其施厚而不德，其明久而不衰，故聖王法之。既以天
為法，動作有為必度於天，天之所欲則為之，天所不欲則
止。（P.29）

聖王的成就，亦是來自於法天，故「法天」乃是最根本的作法。
如何「法天」呢？墨子提出「度」的方式，推測、設想天之所欲
與不欲，以作為行事的依歸。此「度」，實涵蓋了自我的體會與
天的視野。換言之，墨子「虛位以待」的天，提供一個超越的視
野，讓人得以提升價值的思維，所謂「兼愛」就是以此視野所展
開的觀點。

（4）兼愛：泯分別心

如同對於「義」的重新定義，關於「仁」，墨子也提出了新
的見解。墨子說：

> 若大國之攻小國也，大家之亂小家也，強之劫弱，眾之暴
> 寡，詐之謀愚，貴之敖賤，此天下之害也。又與為人君者
> 之不惠也，臣者之不忠也，父者之不慈也，子者之不孝
> 也，此又天下之害也。又與今人之賤人，執其兵刃毒藥水
> 火，以交相虧賊，此又天下之害也。（P.172）

有三個危害天下的大問題，包括強劫弱、眾暴寡的藉勢欺人，不
見君惠臣忠、父慈子孝的德行，以及底層民眾的直接惡鬥。墨子
認為之所以產生這些問題的原因，即在於「別」，因為區分了彼
此，且虧人利己。因此，墨子提出了「兼以易別」（P.172）的
方式。墨子說：

視人之國若視其國，視人之家若視其家，視人之身若視其身。是故諸侯相愛，則不野戰；家主相愛，則不相篡；人與人相愛，則不相賊；君臣相愛，則惠忠；父子相愛，則慈孝；兄弟相愛，則和調。……凡天下禍篡怨恨可使毋起者，以相愛生也，是以仁者譽之。（P.156）

要言之，就是視人如己，在一體的關係下，就沒有彼此侵害的問題存在。至於，這種相愛的觀點是如何形成的呢？墨子說：

今天下無大小國，皆天之邑也；人無幼長貴賤，皆天之臣也。此以莫不犓牛羊、豢犬豬，絜為酒醴粢盛，以敬事天，此不為兼而有之，兼而食之邪？天苟兼而有食之，夫奚說以不欲人之相愛相利也。（P.29-30）

顯然，相愛相利的觀點，就是立足於「天」的視野，設想所有的國家都是天之邑，所有的人民都是天之臣，則自然不允許彼此產生侵害。順此而言，當墨子說：「仁人之事者，必務求興天下之利，除天下之害。」（P.172）以天的視野，不僅由「天下」之大的整體思維來定義「仁」，並且個體在此刻也同時獲得平等的看待。

（5）非命：肯定人文價值

「非命」的觀點正與「天志」意在「法天」的理性思維兩相呼應，展現出由天而人的奮鬥精神。墨子的時代，盛行「有命」的觀點，是作為解釋一些不可解的問題，如云：

> 有強執有命以說議曰：「壽夭貧富，安危治亂，固有天命，不可損益。窮達賞罰，幸否有極，人之知力，不能為焉。」（P.429）

其實僅僅擷取壽夭、貧富、安危、治亂等單一面向，給予正負評價，並嘗試在自以為是的德命關聯中找尋解釋，本就是不相應、不可解。當再衍生出命定的限制義，用來壓迫人存有的價值，墨子是非常反對的。墨子說：

> 昔桀之所亂，湯治之；紂之所亂，武王治之。當此之時，世不渝而民不易，上變政而民改俗。……若以此觀之，夫安危治亂存乎上之為政也，則夫豈可謂有命哉！……夫豈可以為命哉？故以為其力也。（P.416）

這是針對「安危治亂」具有命定說法的反駁。墨子透過聖王與暴王的對比，指出聖王在「世不渝而民不易」的狀態下，憑藉變政改俗的努力作為，終於成就被稱頌不已的治世。顯然，墨子突出地想肯定人為的價值，反對「被決定」的思維模式。〈公孟〉記述：

> 公孟子曰：「貧富壽夭，齰然在天，不可損益。」又曰：「君子必學。」子墨子曰：「教人學而執有命，是猶命人葆而去亓冠也。」（P.689）

墨子認為一方面強調君子應該學習，就是為了展現自我的價值，

而另一方面如果又主張存在命定的限制，有如叫人包裹頭髮是為了戴帽子卻將帽子拿走一樣，是不合理而可笑的。一則眾所熟知的例子，〈公孟〉紀述：

> 子墨子有疾，跌鼻進而問曰：「……今先生聖人也，何故有疾？意者，先生之言有不善乎？鬼神不明知乎？」子墨子曰：「雖使我有病，何遽不明？人之所得於病者多方，有得之寒暑，有得之勞苦，百門而閉一門焉，則盜何遽無從入哉。」（P.692-693）

聖人而有疾，雖然看起來是針對墨子尊天事鬼主張的質疑，不過同時也意味著貧富壽夭不與德性關聯的命定觀點。面對如此窘境，墨子展現出同「法天」的理智思維，所謂「百門一閉」即是轉換成「天」的視角，試結合另一則記載，會有更清楚的認識，〈魯問〉記述：

> 子墨子出曹公子而於宋，三年而反，睹子墨子曰：「……今而以夫子之故，家厚於始也，有家厚謹祭祀鬼神。然而人徒多死，六畜不蕃，身湛於病，吾未知夫子之道之可用也。」子墨子曰：「不然，夫鬼神之所欲於人者多，欲人之處高爵祿則以讓賢也，多財則以分貧也，夫鬼神豈唯擢季拑肺之為欲哉？今子處高爵祿而不以讓賢，一不祥也；多財而不以分貧，二不祥也。今子事鬼神，唯祭而已矣，而曰：『病何自至哉？』是猶百門而閉一門焉，曰：『盜何從入？』若是而求福，於有？怪之鬼，豈可哉？」（P.722）

雖然曹公子提出不同的問題，但也是只因一個自以為是的矛盾，產生對於鬼神的質疑。反觀墨子的思維精神，不僅保持對神鬼的敬意，並且透過「法天」的視野，設想「人」該有諸多積極的作為，包括讓賢、分貧等，以防盜做比喻，就是需要「百門」的多方面付出方足以達到防止盜賊闖入的效果。兩相對比，亦正顯示出多數理解墨子尊天事鬼的觀點時，容易落入狹隘的原始宗教的格局，而忽略了墨子藉天以啟發人的積極面向。因此，當墨子言：「命者，暴王所作，窮人所術，非仁者之言也。今之為仁義者，將不可不察而強非者，此也。」（P.418-419）必須深入體貼墨家賢者在行仁為義下所具有的人文精神。

三、《群書治要》選編《墨子》的意蘊

墨子思想的內涵與精神，到了魏徵等人選編而成的《群書治要》中，是否產生了變化？蘊含什麼意義？藉此探究或可折射出唐代墨子學的面貌，以下分成四部分，依序說明。

（一）《群書治要》的編撰與特色

關於《群書治要》的重要訊息，大體上能夠藉由《唐會要》的記載獲得掌握，《唐會要》云：

貞觀五年九月二十七日，秘書監魏徵撰《群書政要》，上

之。[51]

清楚記錄下成書的時間和主要的撰寫人。其下有雙行注，文曰：

> 太宗欲覽前王得失。爰自六經，訖于諸子，上始五帝，下
> 盡晉年。徵與虞世南、褚亮、蕭德言等始成凡五十卷。上
> 之。諸王各賜一本。[52]

雖然只有簡短的數語，但已扼要的說明了撰寫原因、取材範圍、
參與人員、卷帙數量與傳播狀態等方面，足以讓人藉此深入探
究。

五十卷的《群書治要》，包含了 12 本經部著作，8 本史部著
作，48 本子部著作，合計有 68 本經典。要將這 68 本經典內容置
入《群書治要》，必然需要經過刪減，所以《群書治要》所收錄
的內容是經過編撰者的一番剪裁、取捨。除了篇章字句的處理之
外，《群書治要》的內容尚且存在夾注的形式。夾注的內容，同
樣取自古籍，亦經取捨、剪裁，並非新創。至於，夾注的呈現，
不僅發揮解釋與補充本文的作用，甚至與本文有成為一體的現
象，顯著的例子如《晉書‧陸機傳》，本文僅截錄：「陸機字士
衡，吳郡人也。為著作郎。」注文則大篇幅選錄陸機〈五等

---

[51] 〔宋〕王溥：《唐會要》（京都：株式會社中文出版社，1978 年），頁 651。島田翰注解「政
要」云：「唐避高宗諱，治改理，又改政，故《玉海》依舊本作理要，且云實錄作政要。」足以
說明書名不同的原因。詳見〔日〕島田翰：《古文舊書考》（臺北：廣文書局，1967 年），頁
157。

[52] 〔宋〕王溥：《唐會要》，頁 651。

論〉，顯然達到豐富內容的效益。[53]

　　具有如此豐富內容的《群書治要》，是在因應唐太宗治國的需求下由魏徵主導撰寫完成的。透過〈群書治要序〉的梳理，有三個面向值得特別關注。[54]首先，編纂目的在於呈現治國理政的要點，所謂「本求治要，故以治要為名。」即是。不過，古代政治思想與學術文化之間，緊密相扣，難以切割，實不宜單純侷限於為政上理解。其次，講求踐行的價值。所謂「勞而少功」、「博而寡要」，就是在面對龐大的傳統文化資源時產生無所適從的窘境，因此期盼能建構一個「簡而易從」的實踐依據。又次，重視思維的內涵。在編纂的時候，魏徵等人已意識當避免產生好奇務博、文義斷絕的缺失，想展現出不同於《皇覽》、《遍略》的價值，因此採用「總立新名，各全舊體」的方式，讓完整的意義保存其中。順此趨向，審視《群書治要》的整體呈現，實可見在既已提及的「為君難」與「為臣不易」議題之外，尚有聚焦在五大議題的情形，並且議題與議題之間存有著緊密的關聯性。由此而言，魏徵在主導《群書治要》的編撰時，經過典籍的取捨，篇章的剪裁，如同賦詩言志一般，實已賦予了新「意」。換言之，《群書治要》乃是一部「以編代作」的作品，若僅視為類書，而忽略其中存在的意蘊，將錯失其精彩內涵。[55]

　　《群書治要》成書之後，卻與雕版印刷逐漸發展並推動了典

---

[53]　〔唐〕魏徵等編撰、《群書治要》校訂本編輯委員會校訂：《群書治要》校訂本（北京：中國書店，2014 年），頁 719-720。

[54]　〔唐〕魏徵等撰：〈群書治要序〉，見〔唐〕魏徵等編撰：《群書治要》校訂本，頁 1-2。

[55]　林朝成、張瑞麟：《教學研究計畫——以《群書治要》為對象》，頁 9-48。林朝成已嘗試與《貞觀政要》聯繫來闡釋《群書治要》的思想內涵，詳見氏著〈《群書治要》與貞觀之治——從君臣互動談起〉，《成大中文學報》第 67 期（2019.12.）。

籍傳播的趨勢背道而馳，南宋孝宗乾道七年（1171）時，秘閣所
藏僅有第十一至二十卷的內容，元代之後，除《宋史》沿用記
載，並未見相關討論，當已不傳。如今所見《群書治要》，有賴
流傳至日本而受到推崇與維護，如細井德民說：「謹考國史，承
和、貞觀之際，經筵屢講此書。」[56]林信敬也提到：「我朝承
和、貞觀之間，致重雍襲熙之盛者，未必不因講究此書之力。」
[57]約當唐文宗開成年間（836-840）已開始可以看到關注《群書
治要》的情形。經過了九百多年之後，林信敬認為《群書治要》
的編撰，是要展現聖賢治平之道的綱領，以應「因物立則，視宜
創制」之所需，所以「先明道之所以立，而後知政之所行；先尋
教之所以設，而後得學之所歸。」明確地揭示出《群書治要》蘊
含的獨特精彩。[58]與此觀點相互呼應，細井德民說：「臣等議
曰：是非不疑者就正之，兩可者共存。……又有彼全備而此甚省
者，蓋魏氏之志，唯主治要，不事修辭。亦足以觀魏氏經國之
器，規模宏大，取捨之意，大非後世諸儒所及也。今逐次補之，
則失魏氏之意，故不為也。」[59]深恐因讎校的不慎，造成不能復
見「魏氏之意」的遺憾。因此，欲見精彩，有必要走入《群書治
要》，闡發其內在的思維與精神。

---

[56] 〔日〕細井德民：〈刊《群書治要》考例〉，見〔唐〕魏徵等編撰：《群書治要》校訂本，頁
1。

[57] 〔日〕林信敬：〈校正《群書治要》序〉，見〔唐〕魏徵等編撰：《群書治要》校訂本，頁1。

[58] 〔日〕林信敬：〈校正《群書治要》序〉，見〔唐〕魏徵等編撰：《群書治要》校訂本，頁1。

[59] 〔日〕細井德民：〈刊《群書治要》考例〉，見〔唐〕魏徵等編撰：《群書治要》校訂本，頁1-
2。

（二）《群書治要》選編《墨子》的樣貌

與《群書治要》的內在思維與精神緊密相關的面向，是構成《群書治要》的諸多經典，究竟有哪些部分為魏徵等人編輯所取之「意」呢？因此，為了能夠在深入闡釋時有所依據，以下先呈現《群書治要》選編《墨子》的樣貌。

將《群書治要・墨子》的篇章內容與今本《墨子》核對，可得許多重要訊息，詳如下表：

《群書治要・墨子》篇章	《墨子》篇章	《群書治要・墨子》主題	《墨子》主題	備註
所染	所染第三	擇賢、染當	擇賢、染當	無「士染」
法儀	法儀第四	法度、法天、兼愛	法度、法天、兼愛	
七患	七患第五	七患	七患、國備	無「國備」
辭過	辭過第六	儉節：宮室、衣服、飲食、舟車	儉節：宮室、衣服、飲食、舟車、蓄私	無「蓄私」
尚賢	尚賢上第八	尚賢事能	尚賢事能	講眾賢之術
	尚賢下第十	尚賢事能	尚賢事能	莫知而行
非命	非命中第三十六	聖王有作暴王無作	三法以立義、本之	三法
	非命下第三十七	有力無命（勤政）	三法以立儀、有力無命	三法
貴義	貴義第四十七	悖義	貴義、為義、義無貴賤、利天利	共同：悖義（尚賢、納

《群書治要・墨子》篇章	《墨子》篇章	《群書治要・墨子》主題	《墨子》主題	備註
			人、言行相應、悖義、行、慎行（自愛）、學義、知義、不貴義、不為義、非命、自信（理性論辯）	諫）

本表以五個欄位呈現：第一欄，呈現《群書治要・墨子》的篇章，並作為右欄填寫依據；第二欄，核對今本《墨子》後呈現原屬之篇章；第三欄，呈現《群書治要・墨子》的內容焦點；第四欄，呈現今本《墨子》的內容焦點；第五欄，註記第三欄與第四欄比對後呈現的重要訊息。

上表所呈現的訊息，詳細說明如下：

首先，就篇章來說。《群書治要・墨子》的篇章，應以主題為劃分依據，所以當計為七個篇章。至於，核對今本《墨子》，可見〈尚賢〉截錄了〈尚賢上第八〉與〈尚賢下第十〉兩篇的部分內容，〈非命〉截錄〈非命中第三十六〉與〈非命下第三十七〉兩篇的部分內容。換言之，《群書治要・墨子》所呈現的七個篇章，實際上涉及了《墨子》九個篇章的內容。

其次，關於內容的比對，可見各個篇章的取捨有很大的不同，分別說明如下：

1.以〈所染〉而言，〈所染第三〉內容包括了染絲、國染與士染三個部分，用以談擇賢、染當的觀點，雖然〈所染〉截錄的內容大體上含括了染絲與國染，並且完整保留了擇賢、染當的觀

點，但剔除了士染部分。

2.以〈法儀〉而言，截錄內容幾乎涵括了〈法儀第四〉的觀點，僅詳略之別而已。

3.以〈七患〉而言，〈七患第五〉內容除首段講七患外，其餘大量文字在明國備的重要性，雖然〈七患〉幾乎截錄了首段的內容，但將大篇幅的國備論述剔除了。

4.以〈辭過〉而言，〈辭過第六〉講究聖人之儉節有五，而〈辭過〉截錄四個內容，包括宮室、衣服、飲食與舟車，未取「蓄私」部分的論述。

5.以〈尚賢〉而言，「尚賢」的觀點是墨子學說的核心焦點之一，在《墨子》中有三篇文字不同、詳略有別的記述，〈尚賢〉串接其中兩篇的內容成為一完整論述。即先截錄〈尚賢上第八〉，除說明「尚賢事能」的重要，主要聚焦在如何能夠「尚賢事能」的解說上，也就是「眾賢之術」，然後銜接〈尚賢下第十〉，續言為何不能「尚賢事能」的原因。

6.以〈非命〉而言，「非命」的觀點亦是墨子學說的核心焦點之一，在《墨子》中有三篇文字不同、詳略有別的記述，〈非命〉截錄〈非命中第三十六〉、〈非命下第三十七〉而串接成文。換言之，合去取而言，〈非命〉著重於聖王與暴王的對比，而凸顯力行勤政的一面，略去了《墨子》此篇之中心——「義法」——的論述。

7.以〈貴義〉而言，〈貴義第四十七〉圍繞著「義」呈現出有相當豐富的內容，從義的重要性到知行各方面皆有觸及，但〈貴義〉僅截錄了兩則有關悖義的說法。

以上透過《群書治要・墨子》與今本《墨子》的比對，可見

經過去取的斟酌，最終呈現的樣貌，已有很大的不同。整體而言，以全本七十一篇《墨子》計算，截錄自九篇的內容，占比約12.7%，並不算高。再由內容來看，不僅截錄的篇章，沒有涵蓋墨子重要的十個觀點，而且在單篇內容的取捨上，雖有完整涵括的部分，亦有顯見遺漏墨子核心論述的一面，這應該是魏徵等人有意的擇取，足以透露出《群書治要‧墨子》已被賦予了應用的詮釋。

（三）《群書治要‧墨子》的關注焦點

不難理解，不同的作者，在各自的關懷下，將呈現各具特色的樣貌。魏徵等人雖述而不作，但隨著關懷的轉變，在擷取與隱去之間，《群書治要‧墨子》已產生了變化。以下，先說明《群書治要‧墨子》所凸顯的面向。

1.尚賢而事能

「尚賢」的觀點原本就是墨子思想的核心之一，持續的關注，正可展現精神的延展。關於此觀點的呈現，除了〈尚賢〉之外，相應的論述，尚有〈所染〉、〈七患〉與〈貴義〉。

以〈尚賢〉而言，雖然未取用〈尚賢中第九〉，但若仔細審視內容，將會發現截錄〈尚賢上第八〉與〈尚賢下第十〉所串接而成的內容，正完整展現墨子「尚賢」的思維。

以〈所染〉而言，觀點在強調人與人相處之際，在無形中會產生相互的影響，因此必須慎選相友、共事的人。從選用的例子，也可同樣看見強調「尚賢」觀點的想法。

以〈七患〉而言，內容所涉多端，但如「君自以為聖智而不

問事，自以為安強而無守備，五患也。」的獨智自賢，「所信者
不忠，所忠者不信，六患也。」的識人不明，「蓄種菽粟不足以
食之，大臣不足以事之，賞賜不能喜，誅罰不能威，七患也。」
的處置失當，其實都與「尚賢事能」的觀點相關聯。[60]

　　至於〈貴義〉的內容，在諸多論述與事例中，魏徵等人僅取
兩則。其一為：「世之君子，使之一犬一彘之宰，不能，則辭
之；使為一國之相，不能，而為之。豈不悖哉？」雖然是藉相近
的事態，彰顯「義」的問題，所以才放在此篇目之下，但一事可
有多義，且內容與〈尚賢〉近似，意在彰顯「尚賢事能」的觀
點，並無問題。其二為：「世之君子，欲其義之成，而助之修其
身則慍，是猶欲其墻之成，而人助之築則慍也。豈不悖哉？」與
〈七患〉之五患近似，因不尚賢、不事能，也就更無法讓賢，或
知賢之賢於己者，所以也與「尚賢事能」的觀點緊密相關。[61]

2.非命而有為

　　「非命」的觀點是墨子學說的核心思想之一，也是《群書治
要‧墨子》在〈尚賢〉之外，形式上直接承續十論觀點的僅有篇
章。與〈尚賢〉篇章略有差異，〈非命〉截錄了〈非命中第三十
六〉與〈非命下第三十七〉，大體上概括了墨子〈非命〉三篇的
內容，但是刪除立論的基礎——三法，即使〈法儀〉或可稍加彌
補其意，仍然改變了對於墨子學說的掌握。不過，刪除了三法，
讓非命而勤政有為的旨意獲得聚焦與凸顯，也就呈現出《群書治
要》有「意」截錄《墨子》所產生的調整。

---

[60]　〔唐〕魏徵等編撰：《群書治要》校訂本，頁 825。

[61]　〔唐〕魏徵等編撰：《群書治要》校訂本，頁 832。

3.法天而愛人

　　尊天、事鬼、兼愛是墨子思想中備受關注的一面，主要的內涵見於〈天志〉、〈明鬼〉與〈兼愛〉之中，但是《群書治要・墨子》則採用〈法儀〉的論述以涵蓋之。雖是如此，審視魏徵等人截錄〈法儀〉的內容，除了可見幾乎涵蓋了原本述說的旨意之外，更重要的是「法天」思維的凸顯。墨子說：

> 天下從事者，不可以無法儀；無法儀而其事能成者無有也。……然則奚以為治法而可？莫若法天。天之行廣而無私，其施厚而不息，其明久而不衰，故聖王法之。[62]

　　雖然墨子「天志」的觀點，如前所述，含有更深廣的意蘊，但容易被解讀為具有人格神的色彩，意味思維退回到染有迷信的傳統宗教信仰階段，魏徵等人截錄〈法儀〉，重心鎖定在行事欲有所成必有規矩的「法儀」，加上彰顯「天」之行廣而無私、施厚而不息、明久而不衰的特質，並揭示聖王亦以為法，無形中已傳達出「天」具有崇高而客觀的價值與地位。然後，再藉由天的視野，轉向於人的關注，從而強調愛民利人的重要。

4.儉節而利人

　　墨子學說中，由儉節而延伸開的論述有多個篇章，如核心篇章的〈節用〉、〈節葬〉、〈非樂〉，但《群書治要・墨子》主要截錄〈辭過〉與〈七患〉兩篇，尤其大量取用〈辭過〉的文字。若篇幅代表著言說的重要性，儉節的美德，就被放大了，成

---

[62]　〔唐〕魏徵等編撰：《群書治要》校訂本，頁824。

為鮮明的實踐作為，這與貞觀君臣以隋為鑑強調儉約富民的想法是有緊密的關聯。

綜上所述，《群書治要‧墨子》的賢者形象，在七篇有意的截錄文字中，保留了墨子學說中賢者的部分特點，而隱去的部分，正待《群書治要》的思想來填補，以完整其意義。此外，《群書治要‧墨子》採用的篇章，除了〈尚賢〉與〈非命〉屬於核心觀點的專論外，〈貴義〉或有參考價值，但大量截錄具有爭議性的〈所染〉、〈法儀〉、〈七患〉、〈辭過〉等內容，重組而成的墨子學說，已是一新的樣貌。

（四）從《墨子》到《群書治要‧墨子》的轉變

相同的文字放在不同的脈絡，會產生新的詮釋與效應。要解讀《墨子》到《群書治要‧墨子》的轉變，有兩個視角是重要的，一是以《群書治要》的整體架構作為理解的視野，也就是在部分與全體的相互參照中，掌握思維的趨向；二是相應著時代而產生的變化，即藉記述君臣言行事蹟的《貞觀政要》來掌握言外之意。以下分三點說明。

1.君明臣良

將魏徵等人選錄《墨子》的內容加以歸類，〈尚賢〉、〈所染〉、〈貴義〉與〈七患〉的部分內容可以視為一組，皆屬「尚賢」觀點及其擴散之議題的論述。從《群書治要》的角度來看，關懷的層面涉及到「為君難」、「為臣不易」、「君臣共生」與「直言受諫」四個主題式焦點議題，契合整體呈現的趨向。

結合《貞觀政要》作關聯性的理解，截錄各篇的涵義，可詮

釋與解讀如下：

就〈尚賢〉而言，《貞觀政要》有一則論述，涉及多端，當可作為討論的基礎，內容是：

> 貞觀十三年，太宗謂侍臣曰：「朕聞太平後必有大亂，大亂後必有太平。大亂之後，即是太平之運也。能安天下者，惟在用得賢才。……今欲令人自舉，於事何如？」[63]

在唐太宗的觀念裡，有一個清楚的認知，就是安天下的關鍵在於賢才的獲得，所以在《貞觀政要》裡不乏「任賢」的相關論述。如此的重視，與墨子的觀點，相互契合。然而，在墨子的學說裡「尚賢」與「尚同」是一組極為緊密的觀點，其中蘊含著「義」的批判與反思，但是《群書治要》只留下了「尚賢」的觀點，而略去了「尚同」的追求，此間即蘊含了兩個變化。首先，是「尚賢」轉為「任賢」。在墨子的學說中，「尚賢」具有崇賢正身與任賢揚善的兩種意義，但是在略去「尚同」之後，單獨呈現的「尚賢」，失去了正身為賢與和同上下之意，變成偏取拔擢賢才的一面而已。其次，是轉向「異義」，重視「諫諍」。在墨子的學說中，認為天下之所以亂，是因各是其義而非人之義，所以尋求「一同其義」。但是，到了唐太宗之時，則深深意識到個體視野的侷限，因此積極尋求不同的見解以彌補自我的不足。唐太宗說：

---

63 〔唐〕吳兢撰、謝保成集校：《貞觀政要集校》（北京：中華書局，2012 年），頁 165。

人欲自照，必須明鏡；主欲知過，必藉忠臣。主若自賢，
臣不匡正，欲不危敗，豈可得乎？……前事不遠，公等每
看事有不利於人，必須極言規諫。[64]

隋代滅亡的借鑑，雖是一個重要的因素，但是看見什麼問題並採
取新的作為，就展現出唐太宗與魏徵等人的思維特質。太宗強烈
的意識到「自賢」造成的偏頗，而彌補個體視野侷限的缺陷，就
是希望藉由「諫諍」的方式，讓事務得以完善。唐太宗說：

公等食人之祿，須憂人之憂，事無巨細，咸當留意。今不
問則不言，見事都不諫諍，何所輔弼？[65]

這是唐太宗處事有悔後對群臣的告誡，顯見「任賢」到了此時此
刻，成為了尋求不同見解的重要用心，與墨子的想法有了極大的
差異。不過，仔細分辨，〈尚同〉：「上有過則規諫之，下有善
則傍薦之。」（P.108）墨子當也留意到在意見整合過程中不同
見解的可貴，只是唐太宗等人放大了對諫諍的關注。

就〈所染〉而言，《呂氏春秋》有〈當染〉[66]，內容兩相近
似，容易造成疑慮，而《群書治要》於《呂氏春秋》不收〈當
染〉，而於《墨子》截錄〈所染〉，或以為學說內容，當歸墨子
也未可知。不過，從內容來說，除了所言當「善為君者，勞於論

---

[64] 〔唐〕吳兢撰、謝保成集校：《貞觀政要集校》，頁83。

[65] 〔唐〕吳兢撰、謝保成集校：《貞觀政要集校》，頁431。

[66] 〈當染〉篇內容，見許維遹：《呂氏春秋集釋》（北京：中華書局，2010年），頁47-53。

人而逸於治官」的「任賢」思維，[67]深得貞觀君臣的印可外，墨子雖然未有人性論，但是從強調學與行而言，可間接推知當貼近中性的說法，加上〈尚賢〉與〈尚同〉之意，關注於周遭相友善的人，思維取向應是一致。關於此思維內涵，魏徵提到：

> 中人可與為善，可與為惡，然上智之人自無所染。陛下受命自天，平定寇亂，救萬民之命，理致升平，豈紹、誕之徒能累聖德？但經云：「放鄭聲，遠佞人。」近習之間，尤宜深慎。[68]

這是回應唐太宗關於是否存有陶染的問題，雖然魏徵言語委婉，仍可知肯定人與人之間存在互動的影響性。魏徵說：「陛下貞觀之初，砥礪名節，不私於物，惟善是與，親愛君子，疏斥小人。」[69]不僅見諸實際作為，在言談中也展現相應思維。唐太宗說：

> 夫人久相與處，自然染習。自朕御天下，虛心正直，即有魏徵朝夕進諫。自徵云亡，劉洎、岑文本、馬周、褚遂良等繼之。皇太子幼在朕膝前，每見朕心悅諫者，因染以成性，故有今日之諫。[70]

---

[67] 〔唐〕魏徵等編撰：《群書治要》校訂本，頁 823-824。

[68] 〔唐〕吳兢撰、謝保成集校：《貞觀政要集校》，頁 138。

[69] 〔唐〕吳兢撰、謝保成集校：《貞觀政要集校》，頁 538。

[70] 〔唐〕吳兢撰、謝保成集校：《貞觀政要集校》，頁 111。

這是指唐高宗為皇太子時（643-649）犯顏進諫一事。當此之時，已是貞觀後期，可見唐太宗接受染習的觀點，並藉「因染成性」解釋太子的作為。此外，張玄素也說：「漸染既久，必移情性。」[71] 想法相近。由此可知，《群書治要》所以截錄〈所染〉，乃因其中內涵與當時的主流思想兩相契合。

再次，就〈貴義〉而言，於《墨子》當是圍繞著「義」作多方面的論述，但被截錄入《群書治要》之後，兩則論述的重心，當與〈尚賢〉以及貞觀思潮並列以觀，就分別導向了「任賢」與「納諫」的觀點了。

最後，就〈七患〉而言，截錄的一部分內容為：

> 君自以為聖智而不問事，自以為安強而無守備，五患也；所信者不忠，所忠者不信，六患也；蓄種菽粟不足以食之，大臣不足以事之，賞賜不能喜，誅罰不能威，七患也。[72]

五患所言，即是與前文提及的「自賢」相關，會被選錄，不難理解。至於六患的部分，除了與任賢而講求論人相關外，當由「君臣共生」的角度理解，在此議題下君臣間強調敬、信的建構。關於第七患方面，原來在墨子學說中，當屬尚賢與尚同的範疇，指所立正長非正，將導致諸多不足、不能的後果，而移置至唐代，除了任賢使能的觀點外，由賞罰帶入了「信」的觀點，這與走向實踐的思維相關。

71　〔唐〕吳兢撰、謝保成集校：《貞觀政要集校》，頁238。
72　〔唐〕魏徵等編撰：《群書治要》校訂本，頁825。

2.稱天心合民意

至於第二組內容，包含〈法儀〉、〈七患〉、〈辭過〉三篇，由於皆指向百姓的關注，故可視為一類。

根據〈法儀〉中提出的「法天」觀點，可知墨子的尊天事鬼並非僅是求福避禍的領受式迷信思想，而是藉由轉換至一個敬畏對象的視野，設想應當展現的理想作為，這是創發式的理性思想，所謂「義自天出」即是。然而，出於天之「義」，終究憑藉「三法」才得以確立。至於，「三法」的核心，即落實於百姓的關注上。由此而言，兼愛百姓，乃是透過天的視野，平等兼顧所有人的權益。

時至唐代，當是一方面與墨子思想相互契合，一方面有鑒於隋代的滅亡，所以在特別強調於「牧民之道」下，大量截錄〈辭過〉的內容。[73]唐太宗說：

> 朕每閒居靜坐，則自內省。恆恐上不稱天心，下為百姓所怨。[74]
>
> 朕每思出一言，行一事，必上畏皇天，下懼群臣。天高聽卑，何得不畏？群公卿士，皆見瞻仰，何得不懼？以此思之，但知常謙常懼，猶恐不稱天心及百姓意也。[75]

促使內自的省思，乃在於「天心」與「民意」，常保謙、懼的態

---

[73] 林朝成：〈《群書治要》與貞觀之治——以「牧民之道」為例〉，第七屆臺大成大東華三校論壇學術研討會會議論文（2019 年 5 月 24 日）。

[74] 〔唐〕吳兢撰、謝保成集校：《貞觀政要集校》，頁 87。

[75] 〔唐〕吳兢撰、謝保成集校：《貞觀政要集校》，頁 323。

度，說明了對兩者的關注程度。然而，對於天的認識，不論災祥，轉為戒懼自省的理性反思。有關於此《貞觀政要・災祥》所記甚多，舉如祥瑞、災異等，並不往不可知的神秘力量思索，而是轉向「修德銷變」、「變災為祥」的理性應對。至於，如是理性的應對，實質上也是轉向於百姓的關注上。[76]唐太宗說：

> 為君之道，必須先存百姓。若損百姓以奉其身，猶割脛以啖腹，腹飽而身斃。……若耽嗜滋味，玩悅聲色，所欲既多，所損亦大，既妨政事，又擾生民。且復出一非理之言，萬姓為之解體，怨讟既作，離叛亦興。朕每思此，不敢縱逸。[77]

百姓與君主成為一體的連動關係，若君上能節制治身，則下民能富足安樂，若君王縱逸無度，則百姓禍患無窮。因此，在「先存百姓」的想法下強調儉節利民的〈七患〉、〈辭過〉，就成為關注的篇章。當然，觀點的形成必然有原因，魏徵說：

> 昔在有隋，統一寰宇，甲兵彊盛，三十餘年，風行萬里，威動殊俗，一旦舉而棄之，盡為他人之有。彼煬帝……恃其富強，不虞後患。驅天下以從欲，罄萬物而自奉，採域中之子女，求遠方之奇異。……上下相蒙，君臣道隔，民不堪命，率土分崩。[78]

---

[76] 〔唐〕吳兢撰、謝保成集校：《貞觀政要集校》，頁 520-527。

[77] 〔唐〕吳兢撰、謝保成集校：《貞觀政要集校》，頁 11。

[78] 〔唐〕吳兢撰、謝保成集校：《貞觀政要集校》，頁 16。

強盛的隋代，卻僅有三十幾年的國祚，詳加追究，必然多有失當，但在魏徵看來君主的縱逸是走向滅亡的根本原因。所謂「驅天下以從欲，罄萬物而自奉」，並非只是失德的問題，而是造成了「民不堪命」的影響。即是在這樣的角度下，與〈辭過〉的儉節觀點產生了連結。值得一提的是，〈辭過〉原有「蓄私」的論述，著重在人口問題的關注，屬於墨子的時代課題，所以《群書治要》就略而不取；〈七患〉原有大量「國備」的論述，依理本當可取，但有意與隋區別，故棄而不錄。貞觀二年時，唐太宗對王珪說：

> 隋開皇十四年大旱，人多饑乏。是時倉庫盈溢，竟不許賑給，乃令百姓逐糧。隋文不憐百姓而惜倉庫……煬帝失國，亦此之由。凡理國者，務積於人，不在盈其倉庫。古人云：「百姓不足，君孰與足？」但使倉庫可備凶年，此外何煩儲蓄！[79]

從談論的內容可以看到唐太宗定位國家與百姓的角度，是與隋朝有很大的不同。在唐太宗的觀念裡，百姓是構成國家的重要元素，並非不相關，可任其饑乏逐糧而不顧，所以主張「務積於人」。換言之，在隋代，倉庫為君主之私庫，與百姓不相干；在唐代，倉庫為國庫，是用以供給凶年時天下人之所需。因此，「何煩儲蓄」一語，正說明了與「國備」有著不同的關注點。

---

[79] 〔唐〕吳兢撰、謝保成集校：《貞觀政要集校》，頁 466。

3.實踐導向

　　墨子的〈非命〉，是強烈地針對當時立命的觀點提出批判，同時展現人具有掌握生命情態的能力，是反宿命的觀點。至於貞觀君臣，當時不存在立命的思潮，故轉向人為的修德以應對不可知的災變，更彰顯出人文的價值與精神。

　　在貞觀時期，有三個待解的重要課題：其一，是任法御人或是仁義為治；其二，是專權獨任或是分權委任；其三，是耀兵振武或是戢兵興文。[80]三者當中，爭議最大，影響最巨，就屬「任法御人」與「仁義為治」的爭執。爭執的結果，魏徵的主張獲得了唐太宗的信任與支持，最終也收到了良好的成效，成就了世人所推崇的「貞觀之治」。試觀魏徵所說：

　　　五帝、三王，不易人而理。行帝道則帝，行王道則王，在於當時所理，化之而已。考之載籍，可得而知。昔黃帝與蚩尤七十餘戰，其亂甚矣，既勝之後，便致太平。……紂為無道，武王伐之，成王之代，亦致太平。若言人漸澆訛，不返純樸，至今應悉為鬼魅，寧可復得而教化耶？[81]

論述重點在於「不易人而理」，強調人性純樸，端看如何為政。如此說法，聯繫〈非命〉來看：

　　　昔者，桀之所亂，湯治之；紂之所亂，武王治之。此世不渝而民不改，上變正而民易教。其在湯、武則治，其在

---

[80]　〔唐〕吳兢撰、謝保成集校：《貞觀政要集校》，頁290。
[81]　〔唐〕吳兢撰、謝保成集校：《貞觀政要集校》，頁36。

桀、紂則亂。安危治亂，在上之發政也。則豈可謂有命哉？[82]

在否定有命外，不僅強調治亂在人與魏徵說法趨向一致，並且其中一個重要的論述環節──「世不渝而民不改」，與魏徵說法極為近似，足見墨子思想所產生的影響。

　　此外，對於墨子為義的實踐精神，貞觀時期是有進一步思索與拓展。試觀一則君臣之間的對話：

二年六月，謂侍臣曰：「朕觀隋煬帝文集，博而有才，亦悅堯、舜而惡桀、紂，何言行之相反也？」杜如晦對曰：「能言之者，未必能行。」魏徵又對曰：「為人君者，智者為其謀，勇者為其戰，雖聖哲猶垂旒黈纊以杜聰明。煬帝雖有俊才，而無人君之量，所謂非知之難，行之實難；雖解口談堯、舜，而躬行桀、紂，此其所以亡也。」[83]

「解口談堯、舜，而躬行桀、紂」一語，清楚地揭示出君臣關注的焦點──知行的問題。雖然此時注意到個體視野的侷限，期盼透過互動、對話彌補缺陷，但是最終如同墨子依舊歸向於具體的實踐關懷。此處所言「非知之難，行之實難」，重提《尚書》：「非知之艱，行之惟艱。」[84]的說法，取之為證，亦是心有印

---

[82]　〔唐〕魏徵等編撰：《群書治要》校訂本，頁831。

[83]　〔宋〕王欽若等編纂、周勛初等校訂：《冊府元龜》（校訂本）（南京：鳳凰出版社，2006年），頁1750。

[84]　〔漢〕孔安國傳、〔唐〕孔穎達等正義：《尚書正義》，收入〔清〕阮元校勘：《十三經注疏》（1），頁141。

可。對於實踐的困境，貞觀君臣是有多方的關注，如同《群書治要》的編撰，即是要克服「勞而少功」、「博而寡要」的問題，〈群書治要序〉云：

> 用之當今，足以鑒覽前古；傳之來葉，可以貽厥孫謀。引而申之，觸類而長，蓋亦言之者無罪，聞之者足以自戒，庶弘茲九德，簡而易從。[85]

不論是「用之當今」，或者是「簡而易從」，都是期望能夠具體落實於踐行之上。更有甚者，不斷出現於君臣對話中的是強調踐行的持續性，最著名的即是魏徵十漸不克終的疏文，王珪亦云：「然在初則易，終之實難。伏願慎終如始，方盡其美。」[86]即使唐太宗亦希望臣下能「善始克終」，[87]足見導向實踐的鮮明特色。

四、結論

由於《群書治要》的呈現型態，容易被界定為類書而忽略了其他解讀的可能性。為了拓展《群書治要》的探討視野，本文嘗試藉由所選《墨子》為分析對象，審視是否存在編撰後的意義轉化？

---

85 〔唐〕魏徵等撰：〈群書治要序〉，見〔唐〕魏徵等編撰：《群書治要》校訂本，頁2。
86 〔唐〕吳兢撰、謝保成集校：《貞觀政要集校》，頁424。
87 〔唐〕吳兢撰、謝保成集校：《貞觀政要集校》，頁148。

　　本文探究分為兩大部分：第一部分，先呈現墨子思想體系的詮釋與理解；第二部分，再展示《群書治要・墨子》的特色。

　　為了觀察是否存在變化，就需要有一個衡量的基礎，先秦墨家學說的內涵就是一個立足點。然而，學者對於《墨子》的解讀，卻呈現出多元而不同的面貌。因此，為了確立比較的基礎，同時尋找一個適當的理解墨子學說的方式，本文採取從「尚賢」的觀點切入，也就是回到人文理想的建構，以一位賢者的角度來思考。經過了角度的調整，可見墨子思想的內涵能有不同的理解與詮釋，包含「尚同」、「天志」與「非命」等，從而串連、建構起一個完體的思維體系，並彰顯強烈的實踐精神。

　　有了比對的基礎，就進一步梳理《群書治要》選錄《墨子》的內容。這部分，分四個小部分來呈現，以「《群書治要》的編撰與特色」扼要說明魏徵等人的編撰目的與手法，顯示其中蘊含了思想的色彩；以「《群書治要》選編《墨子》的樣貌」呈現《群書治要・墨子》與《墨子》的形式差異；在「《群書治要・墨子》的關注焦點」中，呈現選錄內容的四個關注焦點，包括：「尚賢而事能」、「非命而有為」、「法天而愛人」與「儉節而利人」；最後，在「從《墨子》到《群書治要・墨子》的轉變」中，以「君明臣良」、「稱天心合民意」與「實踐導向」三點闡釋《群書治要・墨子》的思想變化。

　　綜合以上所述，《群書治要・墨子》不僅展現出相應時代的思想特色，足以說明唐代對於墨子學術的接受視野，並且與《群書治要》有著共同的關懷面向，彰顯出《群書治要》存在著獨特的思想內涵，是一部「以編代作」的作品，值得深入開拓，以見貞觀時期轉舊為新的精彩變化。

第四章 《左傳》接受與貞觀視角 ──以《群書治要》截錄「華元食士」為例*

一、前言

　　學術研究想要突破，通常需要新材料、新方法或新視角的支持。以流傳的狀態而言，貞觀五年九月二十七日魏徵等人編撰《群書治要》[1]成書，深得唐太宗的讚賞，在唐皇宮與王府流傳，成為君臣共議的治國思想寶典。直至宋代王應麟《玉海》始見散佚不全的說法[2]，根據金光一的推測，元初時《群書治要》可能已經徹底在中土消失了[3]，必須等到清嘉慶時才從日本回傳，所以從該書的重要性和研究的深廣度尚待拓展來說，仍可稱得上是研究的新材料。

---

* 本文與林朝成教授聯名發表，為「科技部」專題研究計畫「《群書治要》視野下的儒道思想：以《貞觀政要》為基底的應用詮釋」（MOST109-2410-H-006-111)之部分研究成果。文章刊登於《人文中國學報》第三十四期（2022 年 7 月）。

1 《群書治要》的書名略有不同，有名「政要」、「理要」，據魏徵等人所撰序文，當以「治要」為是。島田翰以為避高宗諱改治為理，又改為政。見氏著《古文舊書考》（臺北：廣文書局，1967 年），頁 157。成書時間見王溥：《唐會要》（京都：株式會社中文出版社，1978 年），頁 651。

2 王應麟《玉海》云：「《中興書目》：十卷，秘閣所錄唐人墨蹟，乾道七年寫副本藏之，起第十一止二十卷，餘不存。」見氏著《玉海》（上海：上海古籍出版社，1992 年），頁 994-450。

3 金光一：《《群書治要》研究》（上海：復旦大學博士論文，2010 年），頁 46。

　　魏徵等人在〈群書治要序〉裡提到:「今之所撰,異乎先作,總立新名,各全舊體,欲令見本知末,原始要終,并弃彼春華,采茲秋實。」很清楚的表達了編撰的意圖有三:一是,不同於《皇覽》、《遍略》的類書型態;二是,文義講求完整,要能見本知末;三是,不要繁文虛飾,要能合時有用。[4]不過,如《舊唐書》、《新唐書》將之置於子部的雜家類,《宋史》將之劃入子部類事類,顯見該書的定位隨時而變。學界多以類書視之,研究方式採文獻學的角度切入,目前已有豐富的研究成果,舉如嚴靈峯〈定州竹簡《文子》殘本試探〉[5]、吳金華〈略談日本古寫本《群書治要》的文獻學價值〉[6]、金光一《《群書治要》研究》[7]、林溢欣先後用於分析《孫子》、《三國志》、《吳越春秋》等三典籍的文獻研究[8]、張蓓蓓〈略論中古子籍的整理——從嚴可均的工作談起〉[9]、潘銘基〈日藏平安時代九条

4　魏徵等撰:〈群書治要序〉,魏徵等編撰;《群書治要》校訂本編輯委員會校訂:《群書治要》校訂本(北京:中國書店,2014 年),頁 2。

5　嚴靈峯將《群書治要》作為探討定州竹簡《文子》的文獻資料。見〈定州竹簡《文子》殘本試探〉,《哲學與文化》24 卷第 2 期(1997 年 2 月),頁 98-106。

6　吳金華從古籍的目錄、版本、輯佚、校勘等方面,說明日本鐮倉時代古寫本《群書治要》的文獻價值,其中有關目錄學的角度與誤文的見解值得注意。見〈略談日本古寫本《群書治要》的文獻學價值〉,《文獻季刊》第 3 期(2003 年 7 月),頁 118-127。

7　金光一的研究,在凸顯《群書治要》的文獻價值,考述所存佚書外,也探討《群書治要》的編輯、體例與流傳,甚至觸及《群書治要》在日本文化史上的地位,如同所言「研究是重新得出《群書治要》校勘整理本的基礎工作」,是文獻學角度下重要的研究成果。見氏著《《群書治要》研究》。

8　林溢欣:〈從《群書治要》看唐初《孫子》版本系統——兼論《孫子》流傳、篇目次序等問題〉,《古籍整理研究季刊》第 3 期(2011 年 5 月),頁 62-68。〈從日本藏卷子本《群書治要》看《三國志》校勘及其版本問題〉,《中國文化研究所學報》第 53 期(2011 年 7 月),頁 193-216。〈《群書治要》引《吳越春秋》探微——兼論今傳《吳越春秋》為皇甫遵本〉,《古籍整理研究學刊》第 1 期(2019 年 1 月),頁 19-23。

9　張蓓蓓重視《群書治要》在中古子籍整理中的重要性。見〈略論中古子籍的整理——從嚴可均的工作談起〉,《漢學研究》第 32 卷第 1 期(2014 年 3 月),頁 39-72。

家本《群書治要》研究〉[10]、〈《群書治要》所載《孟子》研究〉[11]和〈《群書治要》所錄《漢書》及其注解研究——兼論其所據《漢書》注本〉[12]等，皆是文獻學論著的成績。然而，魏徵等人的編撰旨意，唐太宗閱覽後的宣示，皆指向群書的治要效用。太宗云：「覽所撰書，博而且要，見所未見，聞所未聞，使朕致治稽古，臨事不惑。其為勞也，不亦大哉！」[13]面向經典的致用意圖，「不惑」的實踐，自然串起一貫的思想。誠如林信敬在講「此書之作」時所說：「先明道之所以立，而後知政之所行；先尋教之所以設，而後得學之所歸。」[14]細井德民也提到：「亦足以觀魏氏經國之器，規模宏大，取捨之意，大非後世諸儒所及也。今逐次補之，則失魏氏之意，故不為也。」[15]立道設教與魏氏之意的相映，說明日本漢學家已明確意識到存在於《群書治要》之中的精彩思想。聞一多以「主意」的《群書治要》與「主事」的類書作區分，鮮明的標示出兩者的差異，就是十分精到的分判。[16]目前學界在這方面的研究陸續有些可觀的成果，舉

---

[10] 潘銘基考察目前所存最早的九条家本《群書治要》，並以所載《後漢書》、《孟子》與《慎子》為例說明在校勘典籍上的重要性，是釐清《群書治要》存世版本的重要研究。見〈日藏平安時代九条家本《群書治要》研究〉，《中國文化研究所學報》第 67 期（2018 年 7 月），頁 1-40。

[11] 潘銘基聚焦在「《群書治要》所載《孟子》及其校勘《孟子》用例」研究。見〈《群書治要》所載《孟子》研究〉，《域外漢籍研究集刊》第 16 輯（2018 年 8 月），頁 293-317。

[12] 潘銘基：〈《群書治要》所錄《漢書》及其注解研究——兼論其所據《漢書》注本〉，《成大中文學報》第 68 期（2020 年 3 月），頁 73-114。

[13] 劉肅：《大唐新語》（北京：中華書局，1997 年），頁 133。

[14] 林信敬：〈校正《群書治要》序〉，魏徵等編撰：《群書治要》校訂本，頁 1。

[15] 細井德民：〈刊《群書治要》考例〉，魏徵等編撰：《群書治要》校訂本，頁 1-2。

[16] 聞一多：〈類書與詩〉，《聞一多全集·唐詩編上》（武漢：湖北人民出版社，1993 年），頁 6。匿名審查委員認為，章學誠《文史通義·答客問上》云：「《春秋》之義，昭乎筆削。」文獻之或筆或削，或取或捨，其中自有旨義可言，「以編代作」學理依據或在於此。此說可採，以補充本文所用方法之理據。又，匿名審查委員認為可與「選本」研究的方向作結合，將能獲得更

如林朝成〈《群書治要》與貞觀之治——從君臣互動談起〉[17]與〈《群書治要》與貞觀之治——以「牧民之道」為例〉[18]、張瑞麟〈《群書治要》選編〈墨子〉的意蘊：從初期墨學的解讀談起〉[19]與〈轉舊為新：《群書治要》的編纂與意義〉[20]、邱詩雯〈治要與成一家言：論《群書治要》對《史記》的剪裁與再造〉[21]、黃麗頻〈論《群書治要》對《老子》的取徑與實踐——以貞觀之治為證〉[22]等，雖為數尚寡，已足見可拓展的空間與意義。本文即以這種回歸魏徵等人編撰思想的新視角，重新解讀所截選文獻的意蘊。

為了深入展示魏徵等人編撰內容已存在時代的思想色彩，本文鎖定《群書治要》取自《左傳》的一則史事——「華元食士」——作為分析的對象，以「文脈的分析」與「語境的掌握」作為釐清的方式。所謂文脈的分析，是透過經典文獻的還原，以及

為豐富的成果，確實如此，然而本文著重在確立《群書治要》富含貞觀思想內涵的論述，故將另文再行深入論述。

[17] 林朝成針對《群書治要》七大焦點議題之「為君難」、「為臣不易」、「君臣共生」與「直言受諫」，透過與《貞觀政要》關聯，作貞觀思想內涵的分析。見〈《群書治要》與貞觀之治——從君臣互動談起〉，《成大中文學報》第 67 期（2019 年 12 月），頁 101-142。

[18] 林朝成針對《群書治要》七大焦點議題之「牧民」、「法制」與「戰兵」，透過與《貞觀政要》關聯，作貞觀思想內涵的分析。見〈《群書治要》與貞觀之治——以「牧民之道」為例〉，《成大中文學報》第 68 期（2020 年 3 月），頁 115-154。

[19] 張瑞麟取《墨子》為例，分析《群書治要》的取捨與觀點的變化。見〈《群書治要》選編《墨子》的意蘊：從初期墨學的解讀談起〉，《成大中文學報》第 68 期（2020 年 3 月），頁 1-42。

[20] 張瑞麟透過整體的歸納與分析，認為《群書治要》存在七大焦點議題。見〈轉舊為新：《群書治要》的編纂與意義〉，《文與哲》第 36 期（2020 年 3 月），頁 1-54。

[21] 邱詩雯從《群書治要》的取捨，認為《史記》在三方式的處理下已呈現出再造的新貌。見〈治要與成一家言：論《群書治要》對《史記》的剪裁與再造〉，《成大中文學報》第 68 期（2020 年 3 月），頁 43-72。

[22] 黃麗頻取《老子》作為分析對象，論證《群書治要》所展現的接受變化。見〈論《群書治要》對《老子》的取徑與實踐——以貞觀之治為證〉，《東華漢學》第 31 期（2020 年 6 月），頁 1-31。

《群書治要》的整體構成，各依呈現的脈絡，釐清觀點的內涵。所謂語境的掌握，在扣緊時代意義，透過歷史詮釋的變化與貞觀時期指涉的關懷議題，明晰《群書治要》在截錄經典時的敘事和義理。在這兩方面的關注中，呈現「華元食士」在歷史的詮釋效應及《群書治要》截錄「華元食士」的意涵。

《群書治要》有多個焦點議題[23]，「華元食士」僅是記載鄭宋戰事的一則文本，涉及面向必然有所侷限，但做為一個事件，微觀分析，釐清此則記載的剪裁手法，以及呈現出的時代觀點，則足以顯示出《群書治要》「以編代作」的編纂者詮釋性之一端。因此，本文期望藉此議題的探析，達到豐富化《群書治要》在思想層面上的研究。

二、「華元食士」的經傳原貌

《群書治要》原有五十卷，今存四十七卷，卷四至卷六截錄《春秋左氏傳》，卷四現闕，已佚失。依據留存的內容推論，卷四是截錄魯隱公到魯文公之間的文獻，所以卷五就從魯宣公元年（606B.C）開始接續著編選。

本文討論的焦點，正是位於卷五第一則有關「華元食士」的內容，全文是：

---

[23] 歸納、分析《群書治要》的內容，可見有七大焦點議題，包括「為君難」、「為臣不易」、「君臣共生」、「直言受諫」、「牧民」、「戰兵」與「法制」。見《轉舊為新：《群書治要》的編纂與意義》，頁 1-54。

二年，鄭公子歸生伐宋，宋華元禦之。將戰，華元殺羊食
士，其御羊斟不與。及戰，曰：「疇昔之羊，子為政；今
日之事，我為政。」與入鄭師，故敗。[24]

呈現在《群書治要》裡的這段簡要文字，敘述完整，行文流暢，
語意清晰，若不知魏徵等人對截錄的資料皆有精心的處理，很難
自覺地去探查它原始的面貌，自然也就無從發現兩文本之間的差
異，更遑論探析其間意蘊的變化。

回到《左傳》，還原《群書治要‧左傳》有關「華元食士」
在未刪削前的面貌。華元、歸生帥師相戰，《春秋》經文云：

二年春王二月壬子，宋華元帥師及鄭公子歸生帥師，戰于
大棘。宋師敗績，獲宋華元。[25]

《左傳》解經則使用五大段落、三大層面的書寫，大幅地豐富了
《春秋》的內容。

其一，補述經文的事件。第一段的內容，可謂直接與經文相
映，乃在《春秋》的框架下補充說明，使敘述的內容更加詳盡。
《左傳》記載：

二年春，鄭公子歸生受命于楚伐宋，宋華元、樂呂御之。

---

[24]　魏徵等編撰；《群書治要》校訂本編輯委員會校訂：《群書治要》校訂本，頁 85。本文討論資
　　　料引自《群書治要》者，為避免繁複，以下將不再使用註腳而直接於文後標註頁數。

[25]　杜預注；孔穎達等正義：《春秋左傳正義》，阮元校勘：《十三經注疏》（臺北：藝文印書館，
　　　2001 年），頁 362。

> 二月壬子，戰于大棘。宋師敗績，囚華元，獲樂呂，及甲
> 車四百六十乘，俘二百五十人，馘百人。[26]

透過《春秋》與《左傳》的比對，可見《左傳》不僅呈現攻守之
勢使敘述變得生動，並且詳明戰事之起因與結局，敘明歷史的戰
役，確實發揮了解經的效用。[27]

其二，詳明敗績的成因。第二段「狂狡失禮」與第三段「羊
斟敗國」，可視為《左傳》針對《春秋》所謂「敗績」的敘事因
果說明。關於第二段「狂狡失禮」的內容，《左傳》全文是：

> 狂狡輅鄭人，鄭人入于井，倒戟而出之，獲狂狡。君子
> 曰：「失禮違命，宜其為禽也。戎，昭果毅以聽之之謂
> 禮，殺敵為果，致果為毅。易之，戮也。」[28]

整段內容是以狂狡為主的書寫，採先描述後論述，理事相應的模
式，呈現不見於《春秋》的《左傳》視角。在事蹟描述上，《左
傳》特寫狂狡在迎戰鄭國時，對落井的鄭人伸出援手，卻反被擒
獲。針對此事，《左傳》以「君子曰」點出狂狡的關鍵問題在於
「失禮」，不知兵戎之事展現「果毅精神」方為合禮。[29]從內容

---

[26] 杜預注；孔穎達等正義：《春秋左傳正義》，阮元校勘：《十三經注疏》，頁362。

[27] 孟子曰：「王者之跡熄而《詩》亡，《詩》亡然後《春秋》作。晉之《乘》、楚之《檮杌》、魯
之《春秋》，一也。其事則齊桓、晉文，其文則史。孔子曰：『其義則丘竊取之矣。』」文、事
與義三方面，即是解讀《春秋》必須關注的面向，其中義的掌握是《公羊傳》與《穀梁傳》著重
處，也是大分歧處。見趙岐注；孫奭疏：《孟子注疏》，阮元校勘：《十三經注疏》（臺北：藝
文印書館，2001年），頁146。

[28] 杜預注；孔穎達等正義：《春秋左傳正義》，頁362。

[29] 楊伯峻指出「戎，昭果毅以聽之之謂禮」一句乃古語，意味「兵戎之事在于表明果毅精神，唯發

來看，此段事蹟與觀點呈現完整，然而若考量第一段所言，領兵抵禦鄭國的是華元與樂呂，接續的人物敘述，理當以兩人為主，但此段一反常態，轉而旁涉「狂狡」的書寫。為何如此？從狂狡「倒戟」救「鄭人」，不能致力於殺敵，一方面藉以凸顯宋國方面「戎」不得「昭」，果毅精神的失落；另一方面藉由「失禮違命」的觀點，彰明身為「大夫」[30]的狂狡，竟不知「甲冑之戎」之為「禮」。要言之，《左傳》明晰此事，意在顯示：宋師對敵若此，何能不敗？

　　關於第三段的「羊斟敗國」的內容，《左傳》全文是：

> 將戰，華元殺羊食士，其御羊斟不與。及戰，曰：「疇昔之羊，子為政；今日之事，我為政。」與入鄭師，故敗。君子謂：「羊斟非人也，以其私憾，敗國殄民，於是刑孰大焉？《詩》所謂『人之無良』者，其羊斟之謂乎！殘民以逞。」[31]

此段內容雖及華元，但主角應屬羊斟。與第二段的書寫模式相同，先敘述後論述，以理事相映的方式，呈現出不見於《春秋》的《左傳》視角。在事蹟描述上，《左傳》特寫羊斟懷恨華元殺羊不與，於宋鄭兩軍交戰之時，駕將領馬車直驅敵營而敗。針對此事，《左傳》特別以「君子謂」撻伐羊斟逞私敗國的大非。由

揚果毅存念于心，行動于外，斯乃謂之禮。」見氏編著《春秋左傳注》（北京：中華書局，2000年），頁651-652。

30　狂狡的身份，見於杜預的注解。杜預注；孔穎達等正義：《春秋左傳正義》，頁362。

31　杜預注；孔穎達等正義：《春秋左傳正義》，頁363。

此而言，《左傳》實是直接載明了宋師取敗的關鍵。然而，真實情境中的因果、成敗是複雜、多元的，單一現象的背後必有複數因素關聯著，也就是說羊斟現象並非是獨立的，《左傳》特別挑取居上的狂狡來與居下的羊斟相映比對，正可較為貼切而完整的揭示「宋師敗績」所存在的問題。

其三，華元形象的塑造。從閱讀接受的角度看《春秋》的這段記載，顯然華元及宋國是敘述的核心，也確實讓人留下深刻印象。然而，不同於《春秋》扁平式地彰著事件的主角，《左傳》利用挑選兩事件的特寫，立體的打造出華元的良好形象。

第一件事是有關華元由鄭歸宋後與羊斟的互動，《左傳》記載：

> 宋人以兵車百乘、文馬百駟以贖華元于鄭。半入，華元逃歸。立于門外，告而入。見叔牂，曰：「子之馬然也？」對曰：「非馬也，其人也。」既合而來奔。[32]

針對此事，《春秋》僅僅記載到主帥華元被擒為止，並未交代後續的發展，《左傳》補述這段空白，讓事件得以更完整的被了解。不過，在宋付贖金而華元逃歸的補述性說明之後，《左傳》顯然想運用與羊斟的對話，勾勒華元的形象。一般來說，敗戰被俘，何等恥辱？害群之馬，如何輕放？不過，此刻華元卻在見羊斟時先聲言「子之馬然也？」，寬厚之語道盡了華元的品格，也展現了《左傳》的用心。[33]

---

[32] 杜預注；孔穎達等正義：《春秋左傳正義》，頁363。叔牂，杜注：「叔牂，羊斟也。」
[33] 竹添光鴻認為：「享小士而親近之御士不與，自是元失，歸而慰之，元亦自悔矣。」又說：「狂

　　第二件事是有關華元巡功卻遇城者嘲誚的應對，《左傳》記載：

> 宋城，華元為植，巡功。城者謳曰：「睅其目，皤其腹，棄甲而復。于思于思，棄甲復來。」使其驂乘謂之曰：「牛則有皮，犀兕尚多，棄甲則那？」役人曰：「從其有皮，丹漆若何？」華元曰：「去之！夫其口眾我寡。」[34]

此段從華元逃歸的群眾評價和群眾對話展開序幕，正可見《左傳》欲藉前後兩事之相映，讓華元的處境和氣度，成為可被理解的對象。大體而言，此處書寫可從兩方面來看：其一，何以處下的城者竟敢當面譏諷身為大夫、居於上位的華元？言外之意，正透露出華元親民得眾，不以威勢凌人的一面；其二，關於德性的展現，若說前段敘述關注與羊斟的互動，顯示華元的無「怨」；此處華元為築城之主持者，巡行檢查工作，遭受築城者的諷刺與譴責，其間的對話，可視為呈現華元的不「怒」。由此可知，經過《左傳》的視角所書寫的華元，戰敗主帥的罪責被淡化了，一個未見於《春秋》的立體形象被形塑起來了。

　　經由以上的梳理，可以清楚看到《春秋》與《左傳》之間，既有密切相印的部分，亦有各自不同的呈現。不過，《左傳》內容的豐富化與義蘊的明確化，確實讓此事件的可讀性大為增加。

狂倒戟而獲，羊斟與入而敗，一則失禮違命，一則敗國殄民，兩兩關映，皆為華元陪襯，所以輕其戰敗之罪也。」作為解讀《左傳》敘述上的安排，此說極具參考價值。見氏著：《左傳會箋》（臺北：天工書局，1993年），頁687-688。

[34]　杜預注；孔穎達等正義：《春秋左傳正義》，頁363-364。

魏徵等人應是基於此點，著手於《左傳》內容的截錄。只是，為什麼《群書治要‧左傳》此處呈現的是如此的樣貌呢？有沒有特殊的意義呢？如今有了原始的樣貌，兩相比對，其差異性自然透露了令人不可忽視的訊息。

將《群書治要‧左傳》與《左傳》加以比對，可以發現魏徵等人截錄此處文獻，手法很是平凡，並不奇特。原因是《群書治要‧左傳》內容的組成，簡潔地裁切自《左傳》的兩個部分，一是第一段「補述經文」的前半部文字，二是第三段「羊斟敗國」之敘事性文字。雖然前者略有刪文，將「春」、「受命于楚」與「樂呂」去除，後者則是做了完整的抄錄。

不過，在看似平凡中，卻透露出不平凡的氣息。有二點值得深入探討：其一，通順的行文。將兩段文字拼湊起來，展現的樣貌就像是原本如此，這不僅僅考量形式上字句的刪削取捨，更重要的是內容上語意脈絡的掌控。魏徵等人以第一段文字跳接第三段文字，了無痕跡，顯示出在意義的建構上非常精確。其二，材料的取捨。如上所述，《左傳》乃是以五段落、三層面來訴說此事件，原有《左傳》的書寫脈絡與呈現旨意，然而《群書治要‧左傳》的選材，卻打破了這樣的架構。換言之，《群書治要‧左傳》的內容，並不是《左傳》敘述文意的重現。第一段與第三段內容的挑選，顯然是有意地放大「華元食士」事件的意義。順此，再次檢視截錄的內容，前後段的性質顯有不同。前段屬戰事的記述，若立基於此，為了達到完整的呈現，理當以第四段「宋贖華元」來銜接。由此可知，《群書治要‧左傳》的核心事件當在後段，前段轉成為背景鋪陳的作用。至於成為焦點的後段，為何取材自第三段呢？以關聯性來說，第二段同樣涉及戰事及其成

敗，第四段有著共同描寫的人物，第五段同樣描寫華元的形象，並且兼具故事性與生動性。因此，魏徵等人截選第三段的內容，應有其特殊的關懷與用心。以下，由兩方面的梳理，嘗試說明之。

三、《左傳》的接受：「大棘之戰」的詮釋變化

在解析《群書治要・左傳》此則內容的意蘊前，先行掌握它被解讀與接受的狀態，將有利於清楚描述其中的變化與意義。如上所述，回溯至《春秋》，《群書治要・左傳》此則敘述實是關聯《左傳》五段內容，歷來儒者有諸多層面的關注，為了扣緊《群書治要》的關懷，無關宏旨的字詞訓釋暫不細究，將討論的焦點放在人物品評的考察上。以下，依序呈現羊斟、華元與狂狡的相關評價論斷。

（一）羊斟

在《春秋》裡，宋鄭大棘之戰的書寫，只提及華元與歸生兩主帥，因而解讀「宋師敗績」的空間並不大，指向華元承擔敗責是自然的想法。然而，有了《左傳》的敘述，究責對象變多了，「宋師敗績」一語就從單純走向了複雜，可詮釋的空間也就變大了。

透過《左傳》的敘述，讓人清楚了解到造成「宋師敗績」的關鍵，就在羊斟駕車入鄭。《左傳》也用「君子謂」的形式，以

「非人」、「敗國殄民」、「殘民以逞」等語嚴厲地批判羊斟的惡行。在事與理的相映下,《左傳》的說法似乎成了正解,但事實上經過歷代儒者的接受,解讀詮解產生了些許的調整與變化。[35]整體而言,可劃分為三種解讀取向:1.據德知義:無良敗國;2.見情察微:不知與有怨;3.依理推論:存疑不取。

1.據德知義:無良敗國

分析《左傳》的判斷,顯然有兩個既定的價值判斷,一是來自於個人所產生的情緒,是屬「私」的領域,不該外現,也沒有被端上檯面討論的價值;二是在國之「公」的架構下,個體之「私」本不足逞怨洩慾,更不該以私害公。由此,在漠視個體的問題下,羊斟成了箭靶,華元就從主帥扛責的顯性角色,轉變為受牽連的隱性角色。秉持這種看法的,如杜預(元凱,222-284)注「《詩》所謂『人之無良』者」云:

> 《詩・小雅》義取不良之人,相怨以亡。[36]

考究《詩經》,當是指〈角弓〉:「民之無良,相怨一方。受爵不讓,至于已斯亡。」[37]嚴格來說,明晰了「怨」以呼應羊斟「私憾」的「恨」,似乎只是單純的解經,但是若加上注「對曰:『非馬也,其人也。』」云:

---

35 三《傳》解《經》,自是以見於《經》的華元為主軸,三《傳》間亦互有影響交涉。而狂狡與羊斟雖獨見於《左傳》,但受華元的解讀變化,亦將隨之而變。

36 杜預注;孔穎達等正義:《春秋左傳正義》,頁 363。

37 毛公傳;鄭玄箋;孔穎達等正義:《毛詩正義》,阮元校勘:《十三經注疏》(臺北:藝文印書館,2001 年),頁 503。

　　叔牂知前言已顯，故不敢讓罪。[38]

顯然杜預是贊同《左傳》是非判斷的視角，因此在體貼其情境下，形成羊斟「不敢讓罪」的解讀。也就是說，在「私」─「怨」─「罪」的關聯下，羊斟理當受到嚴厲的譴責。有關於此，縱使鄭眾（仲師，?-83）、賈逵（景伯，30-101）與服虔（子慎，?-192?）等在華元和羊斟話語歸屬的判讀上存在分歧，但不見立論角度的轉變，最終孔穎達（仲達，574-648）在疏解時也是順從杜預的說法，再現此羊斟認罪的情境。[39]宋人魏了翁（華父，1178-1237）也批判羊斟：

　　　　戎士尚節義，故訓之使知義。如羊斟之徒，是不知義也。[40]

「義」的「知」與「不知」，顯示了宋儒在節義價值原則判斷的論點和政治倫理理分的關懷。同時也展現出對羊斟由外在行為深入到內在道德的批判變化。

　　《左傳》這種根據道德價值作判斷的角度，也影響到經典之外的解讀，《說苑》是記載此事且被引述的典籍，其言：

　　　　鄭伐宋。宋人將與戰，華元殺羊食士，其御羊斟不與焉。及戰，曰：「疇昔之羊羹，子為政；今日之事，我為

---

[38]　杜預注；孔穎達等正義：《春秋左傳正義》，頁363。

[39]　杜預注；孔穎達等正義：《春秋左傳正義》，頁363。

[40]　魏了翁：《春秋左傳要義》，見永瑢、紀昀等纂修：《景印文淵閣四庫全書》（臺北：臺灣商務印書館，1986年），冊153，頁518。

政。」與華元馳入鄭師，宋人敗績。[41]

與《左傳》記載近似，甚至與《群書治要》裁去「君子謂」的手法相同，不過劉向（子政，77B.C-6B.C）將它置入〈貴德〉之中，足見仍是《左傳》據德批判的觀看角度。

2.見情察微：不知與有怨

以《左傳》視角為主的解讀裡，呂祖謙（伯恭，1137-1181）雖然也說：「大棘之敗，羊斟之罪也。」[42]罪歸羊斟，看法上似無差異，但從整體的論述來看，就呈現出情理兼顧、複合視角的獨特觀點，他說：

> 華元殺羊食士而其御羊斟不與，人皆以為待羊斟之薄，吾獨以為待羊斟之厚焉。元之意豈不以斟為吾御幾年矣？……今日饗士，吾肘腋同體之人，豈計一杯羹以為輕重？姑及疏者、遠者可也。羊雖不及，然親厚之意，固已踰百牢而豐五鼎矣。斟不知享其意，而徒欲享其食，忿戾勃興，驅車趨敵，投華元於死地，覆喪師徒而不顧。元待之以君子之心，斟報之以小人之行，非特負元，乃負國也。[43]

呂祖謙掌握的立論根據，就是「人情」，如同他所說：「天下之

---

[41] 劉向撰；向宗魯校證：《說苑校證》（北京：中華書局，2019 年），頁 107-108。祝穆輯入《古今事文類聚》續集卷十六的《飲食部》，見祝穆輯，富大用輯：《新編古今事文類聚》（北京：書目文獻出版社，1991 年），頁 1294。

[42] 呂祖謙：《左氏傳續說》，見永瑢、紀昀等纂修：《景印文淵閣四庫全書》，冊 152，頁 213。

[43] 呂祖謙：《東萊先生左氏博議》（北京：中華書局，1985 年），頁 244。

情，固有厚之而薄，薄之而厚者，不可不察也。」人情相與之
際，有超越形骸之外的精神價值和同體之情。[44]由此重新解讀華
元與羊斟互動，在兼顧人與事、情與理的多元思慮下，使得觀點
呈現了深刻性與合理性。以羊斟來說，呂祖謙認為他之所以有負
元與負國的「小人之行」，根本原因即在於「不知」，因「不
知」的狹隘格局，致使無法納受他人之真「意」，只能計較於現
實利害的「食」，可謂善體小人之心思。至於，華元方面，除了
明晰人與人之間在長年互動下應有的情感外，並且揭示在「不
與」中寓含「同體」的「親厚」之意，可謂善解華元的「君子之
心」。如此的解讀，從結論來說，依舊是《左傳》回護華元批判
羊斟的走向，但以「對待」視角，依情理扭轉了「不與」的理
解，則展現更加圓融的思慮。也就是說，在呂祖謙的解讀裡，正
面處理了「人皆以為待羊斟之薄」的議題。

其實，「人皆以為待羊斟之薄」是一個關鍵問題，也透露了
關鍵訊息。再看下一段論述，呂祖謙說：

> 議者或謂元御下寡恩，以起羊斟之怒。吾觀元之為人，樂
> 易慈祥之氣，溫然可挹，其免於囚虜而歸，再與斟遇，猶
> 慰解勉勞，若恐傷其意者；下至隸役之嘲譙，亦逡巡退避
> 而不校，則元豈寡恩者哉？元尚能恕斟於既為變之後，乃
> 不能撫斟於未交兵之前，無是理也。此吾所以論元之待
> 斟，蓋厚而非薄也。[45]

---

44 呂祖謙：《東萊先生左氏博議》，頁243-244。
45 呂祖謙：《東萊先生左氏博議》，頁244。

整段論述的目的，無非是回擊華元「御下寡恩」的說法，呂祖謙的觀點，持之有故，言之成理，足以轉「薄」為「厚」。不過，根據呂祖謙的闡釋，正好可以掌握到兩個重要的訊息：其一，在譴責羊斟之外，已關注到「羊斟之怒」，因而審視華元的言行；其二，華元寡恩與待薄的認定，成為了一種普遍被接受或討論的說法，也是呂祖謙不得不回應的原因，這顯示出此觀點的存在與發展已有一段不短的時間。由此而言，呂祖謙的觀點應是整合前人的關注，以獨到的識見，提出綜合性的解讀。

據此，由呂祖謙往前追索，確實可見一些詮釋變化的跡象。如《呂氏春秋‧先識覽‧察微》所言：

> 鄭公子歸生率師伐宋……華元殺羊饗士，羊斟不與焉。明日戰……遂驅入於鄭師。宋師敗績，華元虜。夫弩機差以米則不發。戰，大機也。饗士而忘其御也，將以此敗而為虜，豈不宜哉！故凡戰必悉熟偏備，知彼知已，然後可也。[46]

《呂氏春秋》是以處事的角度來切入，所以基於主事者必須「悉熟偏備」、「知彼知已」，認定華元在有疏失的情況下被虜是不可避免的結果。《淮南子‧繆稱訓》則將「羊羹不斟而宋國危」與「魯酒薄而邯鄲圍」排比並列，意在彰顯聖人具有見微知著、防患未然的識見。[47]相近的說法，也見於北齊的《劉子》，劉晝說：

---

[46]　許維遹：《呂氏春秋集釋》（北京：中華書局，2009 年），頁 420-421。

[47]　何寧：《淮南子集釋》（北京：中華書局，1998 年），頁 742-743。

　　　　智者，識輕小之為害，故慎微細之危患，每畏輕微，懍懍
　　　　焉若朽索之馭六馬也。……魯酒薄而邯鄲圍，羊羹偏而宋
　　　　師敗，邱孫以鬥雞亡身，齊侯以笑嬪破國。皆以輕蔑細
　　　　怨，忘樹禍端，以酒食戲笑之故，敗國滅身，為天下笑，
　　　　不慎故也。[48]

不僅魯酒與羊羹相連為喻的形式和《淮南鴻烈解》相同，並且置
於〈慎隟第三十三〉之中，用以闡明「謹小慎微」的觀點，旨意
亦是相近。至於宋人潘自牧在編纂《記纂淵海》時，就直接將這
些資料放進《論議部》「因小失大」中，可謂保存了這種解讀的
樣貌。[49]不過，雖然「謹小慎微」觀的提出，讓解讀產生了些微
的變化，但求善之意終未改變立足華元的觀看角度，羊斟發洩之
「怨」與「怒」仍被忽視。試觀柳宗元〈嶺南節度使饗軍堂記〉：

　　　　華元，名大夫也，殺羊而御者不及；霍去病，良將軍也，
　　　　餘肉而士有飢色。猶克能稱，以垂到今。矧茲具美，其道
　　　　不廢，願訪于金石，以永示後祀。[50]

此文的主題為「饗軍」，擷取華元的「御者不及」與霍去病的
「士有飢色」，自是為了映照出主人翁善待下屬的一面。杜佑
《通典》則用「賞宴不均致敗」為目來安置此段故事。[51]李延壽

[48]　劉畫著；傅亞庶校釋：《劉子校釋》（北京：中華書局，1998 年），頁 336-337。
[49]　潘自牧編纂：《記纂淵海》（北京：中華書局，1988 年），頁 322。
[50]　柳宗元：〈嶺南節度使饗軍堂記〉，《柳河東集》（上海：上海古籍出版社，2017 年），頁
　　　444。
[51]　杜佑：《通典》（北京：中華書局，1992 年），頁 3884。

《南史》也提到說：

> 古人云：「利令智昏」，甚矣！利害之相傾也。……昔華
> 元敗則以羊羹而取禍，觀夫庾悅亦鵝炙以速尤。乾餱以
> 愆，斯相類矣。[52]

將「利」帶入解讀華元與羊斟、庾悅與劉毅的衝突，亦是一番別
解。不過，最值得令人關注的是，這些唐人的解讀皆具有一種走
入「互動情境」的特點，正與呂祖謙「對待」的視角相契合。換
言之，唐人採用了「互動情境」來解讀文本的脈絡，讓文本的敘
述產生了新意。

3.依理推論：存疑不取

宋代大行的疑經改經風氣起於唐代異儒啖助（叔佐，724-
770）、趙匡（伯循，唐大曆時），兩人正是針對《春秋》提出
不信三傳的突破性說法，韓愈（退之，768-824）〈寄盧仝〉有
云：「《春秋》三《傳》束高閣，獨抱遺經究終始。」[53]正可移
作寫照。師友啖助、趙匡的陸質（伯沖，?-806）纂述了兩人對
於此段解經的看法[54]，其意為：

---

[52] 李延壽：《南史》（北京：中華書局，1975 年），頁 925-926。

[53] 韓愈：〈寄盧仝〉，見錢仲聯：《韓昌黎詩繫年集釋》（臺北：學海出版社，1985 年），頁
782。

[54] 陸質本名陸淳，因避憲宗諱而改。與啖助、趙匡的關係，說法不一，今從柳宗元師友說。根據陸
質〈春秋集傳辯疑凡例〉所示《春秋集傳辯疑》乃「纂啖、趙之說」，可知觀點乃分別歸屬兩
人。陸淳：〈春秋集傳辯疑凡例〉，陸淳編纂：《春秋集傳辯疑》（北京：中華書局，1985
年），頁 1。

《左氏》說：「宋敗之由，華元殺羊食士其御羊斟不與。」啖子曰：「且軍士猶饗之，況其御乎！御既寡且親近，必無不與，故不可從也。」又言：「以贖華元于鄭，半入，華元逃歸于鄭。」「既受贖，許歸華元，何用逃乎！」又言：「華元巡城，城者謳，華元之御答以『犀兕尚多，棄甲則那』。」「棄甲者，譏其喪師徒也，豈專惜甲冑乎！華元賢臣，豈肯以多犀兕文其過，輕答城者乎！皆近誣也，故不取，又非解經之義也。」

《穀梁》曰：「盡其眾以殺其將，以三軍敵華元，華元雖獲，不病矣。」趙子曰：「按軍敗身獲而云不病，此說非也。但緣師先敗績，身乃見獲，依次第書之，有何褒貶乎！若欲褒貶之，乃足見其不身先士卒爾，何得云善也！晉侯夷吾之見獲，為馬陷濘中，師實不敗，各依事實而言，無煩曲說。」[55]

兩段內容，分別是啖助辨析《左氏傳》解經三疑慮，與趙匡辨析《穀梁傳》「雖獲不病」說的言論。從啖助提出的三看法，包括：羊斟的身份有「既寡且親」的屬性，不可能產生「不與」的狀況；宋鄭兩國既然達成贖人協議，華元沒有必要逃歸；身為賢臣的華元，不可能有文過輕答的行為。由此，可知都是依據事理應當發展的邏輯作推論，具有很強的理性色彩。至於趙匡方面，認為《春秋》的書寫只是依「事實」、「次第」的客觀呈現，若定要追尋其中不可知的「褒貶」，華元「不身先士卒」才是評價

---

[55] 陸淳編纂：《春秋集傳辯疑》，頁86。

的關鍵，同樣是依事理來推論，提出與《穀梁傳》不同的見解。啖、趙二人實事求是的依理解讀，雖然容易因為未顧及時空變異的問題而流於表面化的詮解，但確實能打破框架卸除一些穿鑿附會的說法，尤其如「寡且親」之類，以讀者之情理介入文本的解讀方式，確實能賦予古典以新意，由呂祖謙的近似觀點即可見得。

（二）華元

與羊斟的解讀相應，關於華元的評價，雖然《左傳》在厚葬宋文公一事上以「君子謂」直白提出批判說：「華元、樂舉於是乎不臣。臣，治煩去惑者也，是以伏死而爭。今二子者，君生則縱其惑，死又益其侈，是弃君於惡也，何臣之為？」[56]但更多相關事蹟的書寫，如夜入楚師、蕩澤之亂、弭兵之盟等，則立下了賢者華元的解讀方向。因此，杜預在注解此段敘事時，即緊扣此意以發明之，如注「立于門外，告而入。」句，即曰：「告宋城門而後入，言不苟。」以示華元有禮；注解對羊斟語，即曰：「華元見而慰之。」以顯華元寬厚；注解城者謳一事，即曰：「華元不吝其咎，寬而容眾。」此直接彰著華元的胸襟。[57]

與《左傳》重要性相當的《穀梁傳》，也是傾向從正面來看待華元。《穀梁傳》云：

> 獲者，不與之辭也。言盡其眾，以救其將也。以三軍敵華

---

[56]　杜預注；孔穎達等正義：《春秋左傳正義》，頁 427。

[57]　杜預注；孔穎達等正義：《春秋左傳正義》，頁 363-364。

元，華元雖獲，不病矣。[58]

從「獲」字衍生為大議論，正體現《春秋》一字褒貶的特點。根據《穀梁傳》延展開的闡釋，「不與」與「不病」判斷，已充分顯示出敗戰無罪的迴護之意。為之注解的范寧（武子，約 339-401），也順意闡釋說：「華元得眾甚賢，故不與鄭獲之。」又說：「先言敗績而後言獲，知華元得眾心，軍敗而後見獲。」[59]已直接揭示出推崇華元的觀點。然而，如此解讀模式，填補訊息太廣，發揮空間太寬，歧見難免存在，如何休（邵公，129-182）就提出質疑說：「書『獲』，皆生獲也。如欲不病華元，當有變文。」只是范寧引用了鄭玄（康成，127-200）的說法來化解，鄭玄說：

> 將帥見獲，師敗可知，不當復書「師敗績」，此兩書之者，明宋師懼華元見獲，皆竭力以救之，無奈不勝敵耳。華元有賢行，得眾如是，雖師敗身獲，適明其美，不傷賢行。今兩書「敗績」，非變文如何？[60]

鄭玄是集兩漢經學大成的重要儒者，其見解自是今人重視。透過引文，不僅可見鄭玄正面回應何休「變文」的問題，並且由「適明其美」一語更是直接翻轉「師敗身獲」的貶義，讓華元擁有

---

[58] 范寧注；楊士勛疏：《春秋穀梁傳注疏》，阮元校勘：《十三經注疏》（臺北：藝文印書館，2001 年），頁 116。

[59] 范寧注；楊士勛疏：《春秋穀梁傳注疏》，阮元校勘：《十三經注疏》，頁 116。

[60] 范寧注；楊士勛疏：《春秋穀梁傳注疏》，阮元校勘：《十三經注疏》，頁 116。

「賢行」之說確立不移。

　　《公羊傳》對宋鄭大棘之戰並沒有提出看法，但何休卻有作注：

　　　　復出宋者非獨惡華元，明恥辱及宋國。[61]

結合上文提到的質疑，可知身為公羊學的重要學者，何休對於華元在此事件的看法是負面的。但是，就如同劉敞（原父，1019-1068）對於何休注解宣公二年與成公十五年所提出的質疑：「此一華元之身，或冒宋以惡賤之，或冒宋以美大之，是何淆亂哉。」[62]又云：「若實賤恥乎，若實美大乎，何二三也？」[63]矛盾的現象，其實也正說明了何休隨事抑揚、有褒有貶、美惡並陳的解讀方式。換言之，即使何休讀出了一部分惡賤華元的味道，但「賢大夫」的形象，還是經傳解讀華元的基底。

　　三《傳》之後，宋代學者對華元的解讀呈現出巨大的分歧，如葉夢得（少蘊，1077-1148）說：

　　　　華元獲再見宋，華元盡力於戰，不以獲恥華元，善之也。[64]

見解與何休異，認為《春秋》之意不在以「敗」貶斥華元，而是肯定華元能「盡力於戰」。黃震（東發，1213-1280）不僅取用

---

[61] 何休注；徐彥疏：《春秋公羊傳注疏》，阮元校勘：《十三經注疏》（臺北：藝文印書館，2001年），頁189。

[62] 劉敞：《春秋權衡》，見永瑢、紀昀等纂修：《景印文淵閣四庫全書》，冊147，頁301。

[63] 劉敞：《春秋權衡》，見永瑢、紀昀等纂修：《景印文淵閣四庫全書》，冊147，頁305。

[64] 葉夢得：《葉氏春秋傳》，見永瑢、紀昀等纂修：《景印文淵閣四庫全書》，冊149，頁146。

葉氏的說法，也引述了趙鵬飛的解讀：

> 歸生雖勝，卒為弒逆之階。華元雖敗，不失為賢大夫。信
> 乎！聖門不道戰功也。[65]

趙氏解讀時帶入孟子不道戰功，不道齊桓霸道之微旨，在孫復
（明復，992-1057）《春秋尊王發微》中已能看到，只是孫氏重
在明晰「惡鄭公子歸生」而未及於華元[66]，趙氏則直言「聖門不
道戰功」，華元雖敗並無損於「賢大夫」的形象。與此判然有
別，如李石（知幾，1108-1181）認為：

> 嗚呼！百乘之車、百駟之馬與一食之羊孰多？有以見宋華
> 元無統眾之才，杜預釋之，以華元寬而容眾，非也。[67]

直接反駁杜預指華元「寬而容眾」的說法，取而代之的是缺乏
「統眾之才」的質疑與批評。葉適（正則，1150-1223）也說：

> 華元敗師見獲，逃歸，其材與節皆喪矣。雖役人歌之，而
> 君子無貶辭，將以所長蓋其所短耶？然則人材之所至，要
> 亦未易論也。[68]

---

[65] 黃震：《黃氏日抄》（京都：株式會社中文出版社，1979 年），頁 120。

[66] 孫復：《春秋尊王發微》，見永瑢、紀昀等纂修：《景印文淵閣四庫全書》，冊 147，頁 70-71。

[67] 李石：《方舟集》，見永瑢、紀昀等纂修：《景印文淵閣四庫全書》，冊 1149，頁 793。

[68] 葉適：《習學記言》，收入上海師範大學古籍整理研究所編：《全宋筆記》（第 9 編）（鄭州：

雖然葉適最後保留斟酌空間，但是就整件事情來說，葉適已認定華元是「材與節皆喪」，明顯展現出轉褒為貶的批判觀點。李明復（伯勇，1174-1234）在《春秋集義》中也引述了程氏學認為罪在見獲者的看法，以及謝湜（持正，元豐進士）的觀點[69]，謝湜說：

> 然則大棘之戰，由宋華元好戰致之也，故以華元主戰而罪之，師曲在宋，可知也。華元逞一朝之怨，進不由義，出不量敵，乃至師眾大敗而身獲于人。書「獲宋華元」著，大夫好戰之禍也。[70]

使用「好戰」、「逞一朝之怨」、「進不由義」、「出不量敵」之語指責華元，可謂已是毫不保留的批判。由「大夫好戰」一語的針對性，除寓含春秋時代禮壞樂崩之意外，更是直接將「禍」指向無可卸責的華元，《左傳》「羊斟敗國」成了無關緊要的小事。此外，孫覺（復明，1028-1090）也反駁《穀梁傳》不病華元的說法，認為華元在宋主政，當使寇讎不來，卻淪落至師敗見獲，《春秋》所以書寫，即是要表達「罪之」之意。[71]以上諸

大象出版社，2018 年），冊 9，頁 127。

[69] 劉德明指出程頤學脈的理學視角是從天理的盡善盡美來責備賢者，這與《公羊傳》、《穀梁傳》「為賢者諱」的態度，有非常大的不同。此間即點出觀看角度所產生的詮釋變化。見〈程頤學脈對齊桓公的評價——以程頤、謝湜與胡安國為核心〉，《成大中文學報》第 56 期（2017 年 3 月），頁 1-36。

[70] 李明復：《春秋集義》，見永瑢、紀昀等纂修：《景印文淵閣四庫全書》，冊 155，頁 559。主戰之說，亦見於劉敞：《劉氏春秋傳》，收錄於永瑢、紀昀等纂修：《景印文淵閣四庫全書》，冊 147，頁 427；胡安國：《胡氏春秋傳》，見永瑢、紀昀等纂修：《景印文淵閣四庫全書》，冊 151，頁 137。

[71] 孫覺：《春秋經解》（北京：中華書局，1985 年），頁 284。

說，足見批判華元力道之強。

在褒貶不一、見解分歧的宋代，呂祖謙看待華元的觀點最為重要，值得深入討論。呂祖謙說：

> 宋鄭大棘之戰，華元師敗身囚，其辱國亦甚矣，終不失為春秋名臣者，蓋元之為人雖有寬縱處，亦有含洪之度。觀羊斟與入鄭師而敗……元乃曰：「子之馬然也。」又如，城者之所嘲誚……全不與之校，聞其言即去之。此二事，足見元之度量，深得為上之體。大抵為上有包含容納之度，雖有小疵亦蓋覆得過，古人居上克寬之道，元雖未盡如古人之寬，亦足以得其髣髴，所以能維持宋國也。[72]

「辱國亦甚」一語，說明了呂祖謙也不反對華元敗戰所造成的傷害，但「不失為春秋名臣」的說法，則顯示了呂祖謙承接了正面評述華元的觀點。如何調解之間的衝突？要言之，即關注內在的核心精神。呂祖謙認為華元之所以為名臣，從不殺羊斟與不計較城者嘲誚兩事，足以顯示出華元具有「含洪之度」，而寬宏的度量正契合於古人居上的「克寬之道」，這也是華元得以「維持宋國」的關鍵原因。換言之，呂祖謙直接將敗戰的「小疵」擱置，透過人情互動的角度，重新解讀兩事件，以內在價值的體貼與揭示，讓華元的賢良形象再次挺立。當然，過份的掩過、溢美，終不如真實以對來的有效，呂祖謙當深知此道，故云：

---

[72] 呂祖謙：《左氏傳說》（北京：中華書局，1985 年），頁 49。

然元亦不能無罪焉。日與斟周旋，不知其肺腑，猶以君子待之，一罪也；簞食豆羹，見於色之人，乃與共載，託於死生，二罪也；情意未孚，而遽忘彼我，以示無閒，三罪也。明不足以燭姦，誠不足以動物，何適而不逢禍哉？惜乎！華元有君子之資而未嘗學也。[73]

仍是依人際互動的情理來思考，認為華元有識人不明、妄託生死與交淺言深三罪，不過仔細斟酌所謂待之以君子、共死生、忘彼我的說法，反而凸顯出華元樸實真誠的美質，此刻罪已非罪，正如所謂「有君子之資而未嘗學」，是喻褒於貶的手法。日本漢學家竹添光鴻（漸卿，1842-1917）在《左傳會箋》中提到：

華元逃歸不怨叔牂，巡功不怒城者，一則寬釋在前，一則含容在後，兩兩關映，皆為華元寫照，所以著其賢也。[74]

以文章結構為切入角度，認為兩事書寫的用意，即在「不怨」與「不怒」中照見華元「寬釋」與「含容」的品格，並在兩相對映下彰著華元賢良的形象。見解與呂祖謙近似，可知此解讀方式趨於圓融較易為人所接受。

與羊斟的解讀相應，華元在宋代呈現出的看法分歧亦可往前追溯。除了前文所述，以對待關係、互動情境聚焦關注華元與羊斟外，與詩文寫作相關且具有廣泛流通和影響性的類書編纂，如虞世南《北堂書鈔》、歐陽詢《藝文類聚》、徐堅《初學記》

---

[73] 呂祖謙：《東萊先生左氏博議》，頁244。
[74] 竹添光鴻：《左傳會箋》，頁689。

等，將此事蹟重新分部與歸類，作法顯然亦延續至宋、明類書，如《太平御覽》、《古今事文類聚》、《山堂肆考》等，對於擺脫《左傳》的解讀框架，應亦產生一些效應。如周曇〈華元〉：「未知軍法忌偏頗，徒解于思腹漫皤。昔日羊斟曾不預，今朝為政事如何。」[75]質疑華元偏頗的聲音，甚至為政的能力，放在「為賢者諱」的詮釋脈絡裡，顯然是非常特出的。

（三）狂狡

觀察「華元食士」事件中提及的狂狡，可以看到入唐後詮釋的變化。以孔穎達的說法為例，他說：

> 軍法以殺敵為上，將軍臨戰，必三令五申之。狂狡失即戎之禮，違元帥之命，曲法以拯鄭人，宜其為禽也。……人言在軍對敵必須殺也……是軍法務在多殺，殺敵乃為禮也。《公羊》善宋襄公「不鼓不成列」，以為「文王之戰亦不過此」。武王之戰既知不然，文王之戰豈當若是？審如《公羊》之言，文王未曉戰法，其不能身定天下，豈為此乎！[76]

此間透露三訊息：其一，是孔穎達與《左傳》一致對狂狡持批判的立場；其二，是孔穎達與《左傳》的觀點有別；其三，是《公羊傳》與《左傳》的看法相左。先就批判狂狡來說，《左傳》以

75　彭定求等編：《全唐詩》（北京：中華書局，1992 年），頁 8342。

76　杜預注；孔穎達正義：《春秋左傳正義》，頁 362-363。

「君子曰」提出批判的觀點，孔穎達同樣認為狂狡「宜其為禽」，立場一致。然而，考究其想法，兩者觀點卻存有差異。就《左傳》來說，關注的焦點顯然在「禮」，認為狂狡非無禮，而是不知「甲冑之戒」的禮，以非禮為禮，所以在「失禮違命」的批判下闡明禮的內容。至於，孔穎達的說法，顯然體現了與春秋時期對法的不同態度與認知，雖亦提及「禮」，但「法」才是論斷核心，所以務在闡明「軍法」。兩相比較，顯然「禮」的認知有所不同，在孔穎達的觀點中，所謂「軍法務在多殺，殺敵乃為禮」，此「禮」當即為「理」，指合理合宜的行為，所以有明顯的理性精神和軍法的連結。換言之，到了孔穎達時，透過重新的體貼，觀點已有了變化。順此以觀《通典》，杜佑將之解讀為「輕易致敗」[77]，雖未能善體狂狡之心境，卻也呈現出此刻開放性詮釋的趨勢。

　　至於《公羊傳》與《左傳》看法相左方面。孔穎達結合宋襄公泓水之戰來討論，關聯似嫌疏遠，但就此議題而言實具承先啟後的作用。何休指出：

　　　　狂狡近於古道。[78]

「近於古道」一語正揭示出狂狡所以有如此行徑的內在精神，也是與宋襄公連繫的關鍵。換言之，即使看法相左，但是關注的層面卻相近。以鄭玄的見解為例，鄭氏指出：

---

[77]　杜佑：《通典》，頁4057。

[78]　鄭玄：《箴膏肓》，見永瑢、紀昀等纂修：《景印文淵閣四庫全書》，冊145，頁868。

狂狡臨敵拘於小仁，忘在軍之禮，譏之，義合於識。[79]

「近於古道」與「居於小仁」的對立，分歧點正是價值精神上理解「禮」所形成的差異。此後，呂祖謙即延續此議題再立新說，呂氏指出：

> 宋襄公持「不重傷、不擒二毛」之說，以敗於泓，舉國皆咎之，其說不足以移人可知矣。裹糧坐甲，固敵是求，非我殺彼，則彼殺我，當是之時，反欲縱敵以為仁，其迂暗至此，尚足與之辨乎？……三四世之後，乃有狂狡者生長於宋，聞襄公之風而悅之。……是知邪說不足以惑當時者，未必不能惑後世。……異端邪說之在天下，固有鄙陋乖誤不足以欺愚眩眾者，然安知世無偏好獨嚮若狂狡之於宋襄乎？吾是以益知異端邪說果不可存於世也。[80]

不同於對華元的體貼與價值重構，呂祖謙對宋襄公與狂狡展現了嚴厲的批判。顯然，「縱敵以為仁」置於殺伐征戰中，呂祖謙認為是違理乖誤的，所以不僅指稱宋襄公「迂暗」，並且視之為「異端邪說」。由狂狡也展現了「縱敵以為仁」的行徑，正坐實了「異端邪說」之惑與害。對於宋儒來說，在佛教影響與儒學重「知」的因素下，「異端邪說」成為特殊的議題與克服的問題。[81] 換言之，「異端邪說」的指控，具有強烈的時代色彩。因此，

---

[79] 鄭玄：《箴膏肓》，見永瑢、紀昀等纂修：《景印文淵閣四庫全書》，冊 145，頁 868。

[80] 呂祖謙：《東萊先生左氏博議》，頁 242-243。

[81] 二程說：「今異教之害，道家之說則更沒可闢，唯釋氏之說衍蔓迷溺至深。」面對異端的刺激與

就不難理解呂祖謙欲藉以彰明「異端邪說果不可存於世」的理念。

四、貞觀視角：《群書治要・左傳》的應用詮釋

有了詮釋史和接受史的掌握，就能描繪特定階段文本詮釋的變化。為了具體呈現魏徵等人截錄《群書治要・左傳》所蘊含的義理和觀念，分兩點說明其意蘊及當謂之意：一者，解析魏徵等人在「華元食士」所截錄經傳文本的去取原則；二者，藉《群書治要》選錄文本的內證與《貞觀政要》所見語境脈絡的外證，在內外相映下明晰此截錄文本的應用詮釋。

（一）定焦「華元食士」

怎麼解釋從《左傳》到《群書治要・左傳》的變化？最顯著的差異有三：

首先，夷夏觀。在《左傳》裡，原有「受命于楚」四字，杜預注說：「受楚命也。」[82]用以說明鄭國發兵攻打宋國，主要原因來自於楚國的命令。楚國，在春秋時期是被視為夷狄，如《公羊傳》：「孰執之？楚子執之。曷為不言楚子執之？不與夷狄之

挑戰，程頤說：「君子以識為本，行次之。今有人焉，力能行之，而識不足以知之，則有異端者出，彼將流宕而不知反。」宋儒著力於「知」處作儒釋之辨。見程顥、程頤：《二程集》（北京：中華書局，2004 年），頁 38、320。

[82] 杜預注；孔穎達正義：《春秋左傳正義》，頁 362。

執中國也。」[83]已含明顯的夷夏之別的意識型態，這個觀點在孫復「尊王攘夷」觀下被著意發揮，所謂「戎艾中國」即是[84]，黃震也說：「附夷狄而戎中國」族群分判極為嚴明。[85]然而，在貞觀時期，縱使初期尚有對外方針上「耀兵振武」或「偃革興文」的路線爭辯[86]，但以貞觀四年四夷君長上唐太宗「天可汗」尊號[87]，以及貞觀二十一年時太宗自述能成就過人功業的五大原則之一：「自古皆貴中華，賤夷、狄，朕獨愛之如一，故其種落皆依朕如父母。」[88]由此可見，帶有區別夷夏的觀點，在貞觀時期並不具太大意義，因此「受命于楚」四字被刪去而不見於《群書治要・左傳》，是可以理解的。

其次，刪去狂狡。如前所述，在初期經傳的視閾裡，契合禮壞樂崩的時代課題，「禮」是關注的焦點，但是到了唐代，透過孔穎達反諷《公羊傳》推崇宋襄公泓水之戰的說法，顯然已跳脫鄭玄「小仁」與何休「古道」的爭辯，講究的是征伐取勝的合理作為。狂狡行徑明顯有違軍法，並無資鑑作用，捨去不取，當屬合理。

三者，焦點轉移。所謂焦點的轉移，乃指由《左傳》「羊斟敗國」的歷史敘述焦點轉移至「華元食士」的情境脈絡上。由於受到華元賢大夫形象的影響，各家在詮解敗戰時，除何休有異議外，對華元多有回護，《左傳》更明載事蹟，直接用「無良」批

83　何休注；徐彥疏：《春秋公羊傳注疏》，頁143。

84　孫復：《春秋尊王發微》，見永瑢、紀昀等纂修：《景印文淵閣四庫全書》，冊147，頁71。

85　黃震：《黃氏日抄》，頁120。

86　吳兢撰；謝保成集校：《貞觀政要集校》（北京：中華書局，2012年），頁290。

87　司馬光：《資治通鑑》（北京：中華書局，1976年），頁6073。

88　司馬光：《資治通鑑》，頁6247。

判羊斟。因此，以私憾殄民、敗國殘民為意的「羊斟敗國」，就成為最矚目的詮釋框架。然而，隨著詮釋框架的鬆動，不再執持單一的角度來看待此事，開始重新思考「羊斟之怒」，引發怒氣的華元就進入了被檢視的視閾，呂祖謙的解讀可謂是精彩的展現。這種擺脫賢者華元的既定束縛，聚焦華元與羊斟的思考，如前所述，在唐代可見到一些可貴的觀點，詮釋視角已轉移而定焦在「華元食士」上。以《群書治要・左傳》而言，刪去「君子謂」一段，羊斟不再是整篇論述的焦點，並且可以弱化對羊斟行徑的批判，達到重新思考華元與羊斟互動的作用。

（二）人際經營：「惠下廣施」與「屈己得人」

透過以上的分析，雖然可以看見詮釋的變化，但究竟《群書治要・左傳》隱含的思想為何？從「華元食士」的採擷，呈現關注情感、重視互動的人際經營取向。當貞觀思想展現有意識的貶低自我，轉向看見他者的價值存在，強調彼此的互動情境下，造成羊斟生怨的華元，就是一個不得人心、有缺失的領導者。[89]因此，將截錄後的「華元食士」，置於貞觀思想之中，新的解讀與關注就浮現了出來。以下即從內外兩面說明之。

1.外證：《貞觀政要》的「惠下廣施」觀

太宗初登大位時，治國方針並未確立，魏徵「仁義為治」與封德彝「任法御人」的爭辯[90]，就是個關鍵性的事件。魏徵主

---

[89]　林朝成：〈《群書治要》與貞觀之治——從君臣互動談起〉，頁101-142。

[90]　此處用語取用唐太宗說法：「朕看古來帝王，以仁義為治者，國祚延長，任法御人者，雖救弊一時，敗亡亦促。既見前王成事，足是元龜，今欲專以仁義、誠信為治，望革近代之澆薄也。」時

張：

> 五帝、三王，不易人而理。行帝道則帝，行王道則王，在
> 於當時所理，化之而已。考之載籍，可得而知。[91]

依魏徵的角度而言，人民是一張白紙，會有如何的展現，端看執
政者的作為，所以古代的理想政治——「王道」、「帝道」，是
可再現的。封德彝則反駁說：

> 三代以後，人漸澆訛，故秦任法律，漢雜霸道，皆欲理而
> 不能，豈能理而不欲？若信魏徵所說，恐敗亂國家。[92]

封德彝並非否定魏徵提出的政治理想，而是針對實踐層面提出質
疑，認為秦任法、漢用霸，就是因為人民已非三代的古樸，在日
趨澆訛下，只能改變治理方式，若還是堅持行使王道，將使國家
敗亂。如同宋人樓鑰（大防，1137-1213）所說：「唐太宗求治
之初，魏徵仁義之說，自今觀之，是為空言；封德彝法律之說，
自今觀之，是為實用。然太宗斷然行魏徵之言，而成貞觀之
治。」[93]在現實情境中，封德彝不為無理，魏徵不必為是，終因

間雖記載於貞觀元年，但從論述內容可知是接納魏徵的建言，貞觀二年的說法可資為證，太宗
說：「朕謂亂離之後，風俗難移。比觀百姓漸知廉恥，官人奉法，盜賊日稀，故知人無常俗，但
政有治亂耳。是以為國之道，必須撫之以仁義，示之以威信。因人之心，去其苛刻，不作異端，
自然安靜。」從「風俗難移」到「人無常俗」，足見觀點的變化。見吳兢撰；謝保成集校：《貞
觀政要集校》，頁249、251。

[91] 吳兢撰；謝保成集校：《貞觀政要集校》，頁36。

[92] 吳兢撰；謝保成集校：《貞觀政要集校》，頁36。

[93] 樓鑰：〈論實用空言〉，《攻媿集》（北京：中華書局，1985年），頁301。

唐太宗的踐行，造就了世人傳唱的「貞觀之治」。

「仁義為治」作為治國理政的方針，其內涵必然涉及多元面向，其中有個重要的面向與本文的議題相關。試觀貞觀十一年時魏徵提出的說法：

> 聖哲君臨，移風易俗，不資嚴刑峻法，在仁義而已。故非仁無以廣施，非義無以正身。惠下以仁，正身以義，則其政不嚴而理，其教不肅而成矣。[94]

文字論述緊扣著道德仁義，不僅具體圖繪最終理想，並且申明實踐的方式。此間特別值得關注的是，魏徵對「仁」所提出的界定——「非仁無以廣施」與「惠下以仁」。以「惠下廣施」作為「仁」的解釋，很清楚的就是著重於與他者的關係，相對於「仁義內在」，乃傾向實踐層面的思考。如是觀點，在著名的《諫太宗十思疏》也可見到，魏徵說：

> 智者盡其謀，勇者竭其力，仁者播其惠，信者效其忠。文武爭馳，在君無事，可以盡豫遊之樂，可以養松、喬之壽，鳴琴垂拱，不言而化。[95]

相對於智者長於謀、勇者大於力、信者盡於忠的展現，「仁」者主要即在於能施惠他人。然而，仁者的「播惠」，並非僅指單純的物質上利益的給予，得以與他者建構起情感的共感相通，才是

---

[94] 吳兢撰；謝保成集校：《貞觀政要集校》，頁293。

[95] 吳兢撰；謝保成集校：《貞觀政要集校》，頁18。

關鍵所在。試觀一則太宗與魏徵的對話，《貞觀政要》記載：

> 貞觀十五年，太宗問特進魏徵曰：「朕克己為政，仰止前
> 烈。至於積德、累仁、豐功、厚利，四者常以為稱首，朕
> 皆庶幾自勉。人苦不能自見，不知朕之所行，何等優
> 劣？」徵對曰：「德、仁、功、利，陛下兼而行之。然則
> 內平禍亂，外除戎狄，是陛下之功。安諸黎元，各有生
> 業，是陛下之利。由此言之，功利居多，惟德與仁，願陛
> 下自彊不息，必可致也。」[96]

太宗明顯地從施政層面來思考問題，關懷的就是實踐的成效，德
之所以稱「積」，仁之所以稱「累」，功之所以稱「豐」，利之
所以稱「厚」，就是量化的具體檢視。然而，魏徵究竟非膚淺之
輩，不會簡單的將價值的精神直接物化，所以當可量化的
「功」，用「內平禍亂，外除戎狄」來衡定之後，接續分析
「利」時，所謂「安諸黎元，各有生業」，為何不屬「德」又不
屬「仁」？魏徵雖未有說解，但不取物質層面的給予與獲益為仁
之施、德之行，應是可以理解的。由此而言，如何才能是「德」
與「仁」？貞觀十一年時馬周（賓王，601-648）上疏中提到：

> 自夏、殷、周及漢氏之有天下，傳祚相繼，多者八百餘
> 年，少者猶四五百年，皆為積德累業，恩結於人心。……
> 自魏、晉已還，降及周、隋，多者不過五六十年，少者纔

---

96 吳兢撰；謝保成集校：《貞觀政要集校》，頁153。

二三十年而亡。良由創業之君不務廣恩化，當時僅能自
守，後無遺德可思，故傳嗣之主政教少衰，一夫大呼而天
下土崩矣。今陛下雖以大功定天下，而積德日淺，固當思
崇禹、湯、文、武之道，廣施德化，使恩有餘地，為子孫
立萬代之基。
……且自古明王聖主，雖因人設教，寬猛隨時，而大要以
節儉於身、恩加於人二者是務。故其下愛之如父母，仰之
如日月，敬之如神明，畏之如雷霆，此其所以卜祚遐長而
禍亂不作也。[97]

「積德」的說法與前文相映，所以藉此當可掌握何謂仁德之積累
的問題。全文論述的重心，在於揭示「積德累業，恩結於人心」
是三代與漢朝為何能夠傳祚相繼而魏晉以來享國短促的關鍵。仔
細分析「積德累業，恩結於人心」一語，可以發現字眼當在
「結」字，指「恩」能進入人的生命，使受恩的他者存有感念，
就是所謂的「可思」。因此，馬周反覆強調「務廣恩化」、「恩
有餘地」、「恩加於人」等說法，讓積德日「深」、恩「結」人
心，產生愛如父母、仰如日月、敬如神明的情感連結。如此看
法，也見於魏徵的言說。如貞觀十一年時因狎近閹宦妄奏，魏徵
即上疏說：「以之為朋黨，則謂事無可信；以之為誠直，則謂言
皆可取。此君恩所以不結於下，臣忠所以不達於上。」[98]同樣以
「結」揭示情感兩方的連繫。

　　之所以有如此的關懷，如同魏徵所說：

---

[97]　吳兢撰；謝保成集校：《貞觀政要集校》，頁357-358。
[98]　吳兢撰；謝保成集校：《貞觀政要集校》，頁292。

> 夫君臣相遇，自古為難。……孟子曰：「君視臣如手足，
> 臣視君如腹心；君視臣如犬馬，臣視君如國人；君視臣如
> 土芥，臣視君如寇讎。」雖臣之事君無有二志，至於去就
> 之節，當緣恩之薄厚，然則為人上者，安可以無禮於下哉？[99]

「君臣共生」是《群書治要》主要關切議題，著重的是君與臣兩者的對待關係，擴大來說，乃思考與他者互動的問題。透過魏徵的表述，可知君臣雖有尊卑、上下必然的秩序關係，但是客觀規範僅有消極防過作用，想要尋求積極體現「去就之節」的人文價值，就必須踐行「禮」，以合宜的對待方式，在「恩結人心」後，才可能達成。由於太宗對魏徵的信從，力行仁義的結果，如《貞觀政要》所載：

> 太宗自即位之始，霜旱為災，米穀踴貴，突厥侵擾，州縣
> 騷然。帝志在憂人，銳精為政，崇尚節儉，大布恩德。是
> 時，自京師及河東、河南、隴右，饑饉尤甚，一匹絹纔得
> 一斗米，百姓雖東西逐食，未嘗嗟怨，莫不自安。至貞觀
> 三年，關中豐熟，咸自歸鄉，竟無一人逃散，其得人心如
> 此。[100]

在「霜旱」、「饑饉」的天災，突厥侵擾的外患下，唐初時局動盪不安，百姓若怨聲載道，當為常情。但此刻百姓雖東西逐食，卻能自安而無怨怒，「竟無一人逃散」此當有可說的感人緣由。

---

[99] 吳兢撰；謝保成集校：《貞觀政要集校》，頁 403-404。

[100] 吳兢撰；謝保成集校：《貞觀政要集校》，頁 51。

文中以「得人心」，作為推崇太宗的用語，但也正指出了銳精為政時，遵行「仁義為治」，收取「恩結人心」的成果。

2.內證：《群書治要》的「屈己得人」觀

分析「華元食士」的敘述，最直接的反映是征戰情境中主從的問題。順此以觀《群書治要》，得見諸多相近的敘事。舉個同樣是截錄《左傳》的故事，以明其意：

> 楚子伐蕭。申公巫臣曰：「師人多寒。」王巡三軍，拊而勉之，三軍之士，皆如挾纊。（頁90）

此則收錄的內容，與「華元食士」呈現的樣貌正好成對比。因為天寒地凍，士氣必然低落，楚王順巫臣的提醒，能以具體「拊而勉之」的作為，與軍士交心，故能達到受人慰勉而感到溫暖「挾纊」的效果，取得戰爭的勝利。《群書治要》選錄之黃石公《三略》亦有言：

> 夫將帥者，必與士卒同滋味而共安危，敵乃可加。昔者良將之用兵也，人有饋一簞醪者，使投諸河，與士卒同流而飲之。夫一簞之醪，不能味一河之水，而三軍之士，思為致死者，以滋味之及己也。（頁980）

同樣是將領與士卒的互動情境，指出一位能夠讓士兵赴湯蹈火、克敵制勝的良將，必然是能夠與士卒「同滋味而共安危」，而存在此種感受乃來自於「及己」的具體舉措。《群書治要‧六韜》

更明白解析此間將士情感結交的情形，《龍韜》說：

> 武王問太公曰：「吾欲令三軍之眾，親其將如父母，攻城
> 爭先登，野戰爭先赴，聞金聲而怒，聞鼓音而喜，為之奈
> 何？」太公曰：「將有三禮。冬日不服裘，夏日不操扇，
> 天雨不張蓋幕，名曰三禮也。將身不服禮，無以知士卒之
> 寒暑。出隘塞，犯泥塗，將必下步，名曰力將。將身不服
> 力，無以知士卒之勞苦。……故上將與士卒共寒暑，共飢
> 飽、勤苦。故三軍之眾，聞鼓音而喜，聞金聲而怒矣。高
> 城深池，矢石繁下，士爭先登，白刃始合，士爭先赴，非
> 好死而樂傷，為其將念其寒苦之極，知其飢飽之審，而見
> 其勞苦之明也。」（頁 739-740）

樂生惡死，乃人之常情，如何能讓人無視死傷？武王所言親如父
母，足為關鍵。然而，如何達成？太公認為將領能踐行「三
禮」，就能夠與士卒締結深刻的情感，讓士卒爭先克敵。何謂
「三禮」？文中言「三禮」為：「冬日不服裘，夏日不操扇，天
雨不張蓋幕。」以文意言，身為將領而能得士卒之心，必須是在
「寒暑」、「飢飽」與「勤苦」三種切身之事上，傳達將領有
「念」、「知」、「見」的共同體會。隨後《犬韜》又再載錄
「士未坐勿坐，士未食勿食，寒暑必同，敵可勝也。」（頁
744）總之，此處亦是著重在「得人心」面向。

　　《群書治要‧史記》記載吳起帶兵的方法，有這麼一段敘
述：

> 吳起者，衛人也。魏文侯以為將，與士卒最下者同衣食。
> 臥不設席，行不騎乘，親裹糧與士卒分勞。卒有病疽者，
> 吳起為吮之，卒母哭之。人曰：「子卒也，而將軍自吮其
> 疽，何哭為？」母曰：「不然也。往年吳公吮其父，其父
> 戰不旋踵而遂死於敵。今又吮此子，妾不知其死處矣，是
> 以哭之。」（頁 265-266）

吳起是戰國著名將領，藉此敘述當可理解克敵制勝之關鍵。敘述
中書寫吳起在魏國帶兵打仗時將士互動的情形，從同食、分勞、
不設席、不騎乘，已足以顯示吳起與士卒間的緊密關係，最後藉
由對話形式，畫龍點睛的展現士卒的情感回饋。雖然，尚未知最
後此卒的生死情形，但可預期的是在吳起體貼的舉措下，已收得
人心，最終士卒亦將爭先殺敵以為回報。

武經《三略》也說：

> 夫主將之法，務在於攬英雄之心，賞祿有功，通志於眾。
> 故與眾同好，靡不成；與眾同惡，靡不傾。治國安家，得
> 人者也；亡國破家，失人者也。是以明君賢臣，屈己而申
> 人。（頁 979）

文脈以「主將之法」起，以「明君賢臣」終，足見兩者有相通的
道理。為將在攬英雄之心，為君為臣，也需要透過「屈己」的方
式，在「得人心」下，國得以治，家得以安。《群書治要》又截
錄荀悅《申鑑》的兩則言論，其一明「順」之道：

> 治世之臣，所貴乎順者三：一曰心順，二曰職順，三曰道
> 順。衰世之臣所貴乎順者三：一曰體順，二曰辭順，三曰
> 事順。治世之順，真順也。衰世之順，則生逆也。體苟順
> 則逆節，辭苟順則逆忠，事苟順則逆道。下有憂民，則上
> 不盡樂；下有飢民，則上不備膳；下有寒民，則上不具
> 服。故足寒傷心，民憂傷國。[101]（頁 1136）

此則論述，先言臣，後言民，故實包含君、臣、民三者的關係。
在君臣關係上，從君主的立場，無不希望臣子能事事順從，但人
與人之間的互動，究竟如何才是真的融洽呢？此處，荀悅提出
「治世之順」與「衰世之順」的區別，認為治世的「心順」、
「職順」與「道順」等三順，才是「真順」，而衰世的「體
順」、「辭順」與「事順」等三順，是「生逆」，適得其反的假
順。從逆節、逆忠與逆道，可知此類假順，是形順而神逆。反
之，可以推知所謂真順是內在價值的契合。由此可見，君臣互動
關係上講求兩方內在的真實連繫。至於，上下之別，可以理解為
居上的君臣與居下之民，在「足寒傷心，民憂傷國」的觀點下，
上下為一體的關係。不過，雖是一體的連動關係，但在轉向對待
關係思考後，為「得人心」，人際關係的經營，就成為一個重要
的新課題。

　　《申鑑》另一則明天下之樂的意義：

　　　　或曰：「聖王以天下為樂乎？」曰：「否。聖王以天下為

---

[101] 本則論述《群書治要》校訂本視為一則，天明本亦歸為一則，但今本《申鑑》則分屬兩則，是有
意合併，或是魏徵等人所據版本與今本異？有待新資料的佐證。

憂，天下以聖王為樂。凡主以天下為樂，天下以凡主為
憂。聖王屈己以申天下之樂，凡主申己以屈天下之憂。申
天下之樂，故樂亦報之；屈天下之憂，故憂亦及之，天之
道也。」（頁 1135）

此處君王與天下可以視為互動之兩方，當「屈己」以成就天下人
之樂，此刻得天下人之心，天下人將視其為聖主而回報之；反
之，若「申己」以使天下人生憂，則天下人亦將視其為凡主而憂
亦返回報應到主之身。由此可見，從互動關係帶出的人際經營，
成為唐代治國理政中矚目的焦點。

五、結語

　　孔子說：「我欲載之空言，不如見之於行事之深切著明
也。」司馬遷也說：「《春秋》辯是非，故長於治人。」又說：
「《春秋》以道義。」[102]所以《左傳》敘事，在人事之中，也
相映展現了價值的內涵。《群書治要》為求治國理政，講究簡易
可行的道理，這種因事求理，在理與事的關聯上與《春秋》、
《左傳》相仿。只是，《群書治要》面對著初唐正發生的課題，
「稽古」中實有「振今」的現實意義。為了在多數學者竭力挖掘
《群書治要》的文獻學價值之外，彰顯其內在蘊含的時代觀點，

---

[102] 司馬遷：〈太史公自序〉，見瀧川龜太郎：《史記會注考證》（臺北：宏業書局，1990 年），
頁 1337。

本文嘗試選取其中一則截錄自《左傳》的「華元食士」故事為探究對象，透過經典敘述的還原與歷史解讀的掌握，定位唐代觀看的視角，再據《貞觀政要》為主所顯示的語境訊息，以及《群書治要》展現的相映觀點，明晰「華元食士」置於《群書治要》中所顯示的貞觀思想。

透過《春秋》與《左傳》的回歸，明晰了置入《群書治要‧左傳》中「華元食士」敘述的原貌。依《春秋》所劃定的範圍，《群書治要》的《左傳》原始素材是以五大段落、三大層面來呈現，包含「補述經文」層面的第一段、「詳明敗績」層面的第二段與第三段、「打造華元」層面的第四段與第五段。五段皆具意義，並構成一完整的敘述。然而，《群書治要》偏取第一段與第三段文字作刪削，顯示其敘述中欲彰顯的事理與評價。

為了掌握《群書治要》所關注的治要義理，本文藉由觀察「華元食士」的歷史解讀，明晰此變化的樣貌。從羊斟的解讀來說，可分為「據德知義：無良敗國」、「見情察微：不知與有怨」與「依理推論：存疑不取」等三面向，其中藉由呂祖謙的解讀新意，溯源至唐代走入互動情境的觀看特點。由華元的解讀而言，與羊斟相應，從回護、肯定其賢者形象轉向審視、批判其不足，唐代以對待關係、互動情境展現新的見解。就狂狡的解讀來說，孔穎達承先啟後的作用，映照出唐代重視行為合理合宜的詮釋判準。

掌握了唐代視角的不同，為了明晰《群書治要‧左傳》之意已不同《左傳》，本文首先以定焦「華元食士」，說明《群書治要‧左傳》的取捨，尤其透過「焦點轉移」，解讀自《左傳》「羊斟敗國」說轉變為「華元食士」的意義；其次，以《貞觀政

要》之「惠下廣施」觀的語境外證，結合《群書治要》之「屈己得人」觀的編纂內證，闡明《群書治要》截錄《左傳》文本的貞觀視角與應用詮釋觀。

　　綜上所述，可知《群書治要・左傳》中「華元食士」的敘述文句雖與《左傳》無異，但刪削取捨後置入《群書治要》，其意蘊已在新的組合中隱含新視角而有新意。以小見大，推而論之，《群書治要》並非只是六十八部文獻內容的移植，更不是經典文義的濃縮，而是魏徵等人扣緊於初唐時期展現觀點的一部「以編代作」的作品。

第五章　貞觀裁思——《群書治要‧管子》焦點議題的探究

一、前言

　　成書於貞觀五年（631）的《群書治要》，是魏徵、虞世南、褚亮與蕭德言等人應唐太宗治國理政需求而編撰的。[1]自編成後，除了受到太宗的讚揚，也藉由遣唐使傳播至日本，產生深遠影響。[2]然而，在中土，從元代開始，《群書治要》似乎就失去了身影，直至清嘉慶年間才又從日本回傳。有藉於乾嘉學風，不僅讓《群書治要》重新受到矚目，並且展示了存有的珍貴價值。[3]自此，《群書治要》在典籍考訂、輯佚上不斷累積豐富成

---

[1]　《唐會要》記載：「貞觀五年九月二十七日，秘書監魏徵撰《群書政要》上之。」雙行小注有：「太宗欲覽前王得失。爰自六經，訖於諸子，上始五帝，下盡晉年。徵與虞世南、褚亮、蕭德言等始成凡五十卷。」藉此得以掌握《群書治要》的關鍵訊息。見〔宋〕王溥：《唐會要》（京都：株式會社中文出版社，1978年），頁651。至於，《群書治要》有名為「政要」、「理要」，依魏徵等人所撰序文，當以「治要」為是。島田翰以為乃避唐高宗諱改治為理，又改為政。見〔日〕島田翰：《古文舊書考》（臺北：廣文書局，1967年），頁157。

[2]　《大唐新語》記載太宗在閱覽《群書治要》後說：「覽所撰書，博而且要，見所未見，聞所未聞，使朕致治稽古，臨事不惑。其為勞也，不亦大哉！」展現了讚許之意。見〔唐〕劉肅：《大唐新語》（北京：中華書局，1997年），頁133。至於，《群書治要》藉遣唐使傳播至日本的情形，可參見金光一：《《群書治要》研究》（上海：復旦大學博士論文，2010年），頁45-82。

[3]　金光一判斷元初時《群書治要》很可能已經徹底散失，而在嘉慶六年時由日本回傳至中國，並在學者間引起一番真偽論爭後，逐漸受到關注。見金光一：《《群書治要》研究》，頁46、79-82。顧永新的研究也指出：「幾十年後，由於《群書治要》的真實性和價值逐漸為清朝學界所認同，相應地對岡田輯本的認識也有所變化。」這是從討論《孝經鄭注》而關聯至《群書治要》認識狀況。詳見氏著〈《孝經鄭注》回傳中國考〉，《文獻季刊》第3期（2004.7），頁217-228。

果，同時也影響著研究的角度，如嚴靈峯〈定州竹簡《文子》殘本試探〉[4]、吳金華〈略談日本古寫本《群書治要》的文獻學價值〉[5]、金光一《《群書治要》研究》[6]、林溢欣先後用於分析《孫子》等三典籍的文獻研究[7]、張蓓蓓〈略論中古子籍的整理──從嚴可均的工作談起〉[8]、李小龍〈中尾松泉堂本店──《群書治要》佚存錄〉[9]、潘銘基〈日藏平安時代九条家本《群書治要》研究〉[10]與〈《群書治要》所載《孟子》研究〉[11]和〈《群書治要》所錄《漢書》及其注解研究──兼論其所據《漢書》注本〉[12]等。只是，專注於文獻學角度的開發，似乎擱置了

[4]　嚴靈峯將《群書治要》作為探討定州竹簡《文子》的文獻資料。詳見氏著〈定州竹簡《文子》殘本試探〉，《哲學與文化》24 卷第 2 期（1997.2），頁 98-106。

[5]　吳金華從古籍的目錄、版本、輯佚、校勘等方面，說明日本鎌倉時代古寫本《群書治要》的文獻價值，其中有關目錄學的角度與誤文的見解值得注意。詳見氏著〈略談日本古寫本《群書治要》的文獻學價值〉，《文獻季刊》第 3 期（2003.7），頁 118-127。

[6]　金光一的研究，在凸顯《群書治要》的文獻價值，考述所存佚書外，也探討《群書治要》的編輯、體例與流傳，甚至觸及《群書治要》在日本文化史上的地位，如同所言「研究是重新得出《群書治要》校勘整理本的基礎工作」，是文獻學角度下重要的研究成果。見氏著《《群書治要》研究》。

[7]　林溢欣：〈從《群書治要》看唐初《孫子》版本系統──兼論《孫子》流傳、篇目次序等問題〉，《古籍整理研究季刊》第 3 期（2011.5），頁 62-68。又，氏著〈從日本藏卷子本《群書治要》看《三國志》校勘及其版本問題〉，《中國文化研究所學報》第 53 期（2011.7），頁 193-216。又，氏著〈《群書治要》引《吳越春秋》探微──兼論今傳《吳越春秋》為皇甫遵本〉，《古籍整理研究學刊》第 1 期（2019.1），頁 19-23。

[8]　張蓓蓓：〈略論中古子籍的整理──從嚴可均的工作談起〉，《漢學研究》第 32 卷第 1 期（2014.3），頁 39-72。

[9]　李小龍針對《群書治要》的版本與流傳有詳細的說明，可與金光一研究相互補充。詳見氏著〈中尾松泉堂本店──《群書治要》佚存錄〉，《文史知識》（2014.10），頁 122-127。

[10]　潘銘基考察目前所存最早的九条家本《群書治要》，並以所載《後漢書》、《孟子》與《慎子》為例說明在校勘典籍上的重要性，是釐清《群書治要》存世版本的重要研究。詳見氏著〈日藏平安時代九条家本《群書治要》研究〉，《中國文化研究所學報》第 67 期（2018.7），頁 1-40。

[11]　潘銘基聚焦在「《群書治要》所載《孟子》及其校勘《孟子》用例」研究，詳見氏著〈《群書治要》所載《孟子》研究〉，《域外漢籍研究集刊》第 16 輯（2018.8），頁 293-317。

[12]　潘銘基：〈《群書治要》所錄《漢書》及其注解研究──兼論其所據《漢書》注本〉，《成大中

《群書治要》具有應世的特點，讓時代性意蘊始終未能呈顯。

　　透過〈群書治要序〉，可以得知五十卷《群書治要》共收羅了 12「經」、8「史」、48「子」，合計有 68 部著作。[13]除了這些著作是經過了一番精心的挑選，內容上也作了大幅度的剪裁，少數行文更有改寫的狀況，緊扣「政術」、「治體」的多方論述，充分將「治要」的核心關懷深廣披露。[14]不過，有趣的是根據《隋書‧經籍志》的劃分[15]，《群書治要》收羅的子部作品，儒家有 17 部，道家有 6 部，墨家有 1 部，法家有 8 部，名家有 1 部，雜家有 9 部，兵家有 6 部，多元而豐富的思想內容，讓人難以掌握《群書治要》的思想內涵及其脈絡體系。如何進入《群書治要》的思想世界？基於《貞觀政要》裡所記載的君臣對話，傳統學思的引述高度見於《群書治要》，因此透過《貞觀政要》與《群書治要》的關聯，當可明晰《群書治要》的選材意識與具時代性的思想特色。[16]

　　本文站在既有以思想切入《群書治要》研究的基礎上，挑選《管子》作為分析的對象，企盼藉由部分的具體掌握，深化《群書治要》的整體認識。鎖定《管子》的理由有三：其一，載選份

文學報》第 68 期（2020.3），頁 73-114。

[13] 〔唐〕魏徵等撰：〈《群書治要》序〉，〔唐〕魏徵等編撰；蕭祥劍點校：《群書治要》校訂本（北京：團結出版社，2016 年），頁 6-11。

[14] 〔唐〕魏徵等撰：〈群書治要序〉，〔唐〕魏徵等編撰；蕭祥劍點校：《群書治要》校訂本，頁 6-7。

[15] 〔唐〕魏徵、令狐德棻：《隋書》（北京：中華書局，1982 年），頁 903-1104。

[16] 將《群書治要》與《貞觀政要》連結起來，解析其中具有的貞觀思想色彩，可參見林朝成：〈《群書治要》與貞觀之治——從君臣互動談起〉，《成大中文學報》第 67 期（2019.12），頁 101-142；〈《群書治要》與貞觀之治——以「牧民之道」為例〉，《成大中文學報》第 68 期（2020.3），頁 115-154。

量可觀。以編選著作而言，份量通常意味著重要性。在《群書治要》子部二十卷的內容裡，有六本著作各自獨佔一卷，《管子》是其中之一。其二，思想取向受到矚目。法家著作在《群書治要》中佔有 8 部，數量雖不及儒家，但卻超越了道家。尤其，在《貞觀政要》裡，法制議題不僅成為君臣對話的焦點，並且直接引述《管子》的作法，透露出關注與重視之意。其三，與貞觀時期治國方針的歧異。封德彝與魏徵的著名爭辯，其實就是文化精神當依儒或循法的問題，最終太宗信用魏徵的理念，明白地指出：「朕今所好者，惟在堯、舜之道，周、孔之教，以為如鳥有翼，如魚依水，失之必死，不可暫無耳。」[17]據此而言，截錄入《群書治要》中的《管子》，是否仍保有著本來面目？還是產生了變化？值得深入探討。[18]

　　將《群書治要・管子》與現存七十六篇的《管子》作比對，可見魏徵等人截錄內容出自其中的二十個篇章，分別是：「經言」的〈牧民〉、〈形勢〉、〈權脩〉、〈立政〉與〈七法〉；「外言」的〈五輔〉與〈法法〉；「內言」的〈中匡〉、〈小匡〉、〈霸形〉、〈霸言〉與〈戒〉；「短語」的〈君臣下〉與〈小稱〉；「區言」的〈治國〉；「雜篇」的〈桓公問〉；「管子解」的〈形勢解〉、〈版法解〉與〈明法解〉；「輕重」的〈輕重乙〉，取捨多寡雖以「經言」、「內言」為重，但大體上

17　〔唐〕吳兢撰；謝保成集校：《貞觀政要集校》（北京：中華書局，2012 年），頁 331。本文所引《貞觀政要》內容皆據此本，避免繁複，以下當有引述時將直接於文後標註簡稱《政要》及頁數。

18　耿振東注意到《群書治要》對《管子》的選錄，也知道魏徵是有意的擷取，不過僅注意到偏重治道而略軍事與經濟的現象，並認為是受魏徵思想的制約與侷限的結果。詳見氏著《〈管子〉學史》（北京：商務印書館，2018 年），頁 199-209。

皆有涉及。進一步將截錄內容還原到本來的行文脈絡，除了如
〈牧民〉、〈治國〉等概略保留原貌外，多是偏重於部分的擷
取，比較特別的是將《管子‧七法》：「若是安治矣，未也。」
[19]改寫為「若是，治安矣。」[20]文意顯有差異，展現出鮮明的編
撰意識。換言之，縱使《管子》兼具法、道、儒等色彩，致使學
者解讀產生分歧，然而以取用的角度而言，對象存在的多元質
素，在應用詮釋下將整合為一，成為體系性的思想。[21]因此，本
文嘗試將此二十篇內容視為一整體來進行分析。

　　依據目前研究的成果顯示，《群書治要》具有顯著的議題焦
點，且議題與議題之間呈現緊密的關聯性，[22]循此架構嘗試梳理
《群書治要‧管子》，可見四大焦點議題呈現其中，包括「為君
難」、「君臣共生」、「法制」與「牧民」。因此，本文依序透
過三方面的分析與解讀，包括《群書治要‧管子》呈現的樣貌、
截錄內容回置《管子》脈絡後所見的本來面目、截錄內容處於貞
觀語境下隱含的意蘊，一方面明晰《管子》到《群書治要‧管

---

[19]　黎翔鳳：《管子校注》（北京：中華書局，2017 年），頁 105。本文所引《管子》內容皆據此
本，避免繁複，以下當有引述時將直接於文後標註簡稱《管注》及頁數。

[20]　〔唐〕魏徵等編撰；蕭祥劍點校：《群書治要》校訂本，頁 755。本文所引《群書治要》內容皆據
此本，避免繁複，以下當有引述時將直接於文後標註簡稱《治要》及頁數。

[21]　對於《管子》不成於一時一人的情形，黎翔鳳認為：「全書體系嚴密，一家之學，脈絡相承，言
論不離其宗，非隨意綴輯也。」（《管注》，頁 15-21）胡家聰則主張當視為管子學派，是以
法、道、儒融合為特色，具有綜合性的思想體系。詳見氏著《管子新探》（北京：中國社會科學
出版社，1995 年 5 月），頁 9-45。相反地，徐復觀則認為是「叢書的性質」，除了有與韓非子
相同的部分，全書所言法與禮為近，且基型原無道家思想，至於〈內業〉、〈心術〉等篇則是
儒道互相影響下的思想展現。詳見氏著《中國人性論史（先秦篇）》（臺北：臺灣商務印書館，
2018 年），頁 444-452。

[22]　張瑞麟透過詳細梳理《群書治要》的內容後，提出內容具有議題焦點化現象，較顯著者有七大焦
點議題。詳見氏著：〈轉舊為新：《群書治要》的編纂與意義〉，《文與哲》第 36 期
（2020.06），頁 115-127。

子》的變化，另一方面彰顯《群書治要》具有的時代性思想色彩。

二、「為君難」的關注變化

　　根據魏徵等人所撰序言，在緊扣政術、治體的關懷重心下，「為君難」成為截錄文獻的首個焦點化議題。〈群書治要序〉云：

> 若乃欽明之後，屈己以救時，無道之君，樂身以亡國，或臨難而知懼，在危而獲安，或得志而驕居，業成以致敗者，莫不備其得失，以著為君之難。（《治要》，魏徵序，頁1）

清晰的表明「君」在治國體系中是一個有必要盡力去扮演的角色，所以講「為」有所「難」。如同序言也表明的，為了要改正「勞而少功」、「博而寡要」的歷代編纂缺失，達到「簡而易從」的實質效益，可以想見呈現的內容必然切合於時代。時值貞觀初年，國家統一，卻天災不斷，可謂安而不安、危而未危，成敗將取決此時的作為。相應此刻問題，魏徵等人藉「欽明之後」與「無道之君」的強烈對比，明白揭示當以「樂身」、「驕居」為忌，時刻以「屈己」、「知懼」為踐行之準則。換言之，魏徵等人藉《群書治要》的截錄內容，指出身為君王在治國理政中該

展現的積極作為。以下由三部分來說明其中變化。

（一）君明國安：《群書治要‧管子》的理念

展現在《群書治要‧管子》中的「為君難」，是何種面貌呢？簡言之，旨在凸顯「君明國安」的想法。詳細的內容有三大面向：（1）患無君（2）心志修養的法道合度（3）明審善察的識見作為。以下依序分別說明。

1.患無君

強調君主角色重要性的文字，從帝王制度的角度來看似乎是多此一舉，不過若放到魏晉南北朝延續下來士族政治的脈絡中，凸顯「君」的核心地位，就非無的放矢了。舉如〈牧民〉說：

> 天下不患無臣，患無君以使之；天下不患無財，患無人以分之。故知時者可立以為長，無私者可置以為政，審於時而察於用而能備官者，可奉以為君也。（《治要》，頁751）

〈形勢解〉也提到：

> 明主，救天下之禍、安天下之危者也。（《治要》，頁767）

在天下的治理中君、臣必然都扮著重要的角色，所謂「不患無臣」與「患無君」，不只是有無、取捨的問題而已，更深入尋思

角色具有的作用。也就是說，「可奉」為「君」是有條件的，諸如具備審時、察用、備官等能力，並非是擁有權力、地位即可，這也是《管子》中盛言「明主」之意。相近意涵，也可見於〈權修〉：

> 萬乘之國，兵不可以無主；土地博大，野不可以無吏；百姓殷眾，官不可以無長。（《治要》，頁 751）

主、吏、長三者的凸顯，說明了管子重視組織中的關鍵人物。不過，透過「君」的強調，重要的意義不在於地位的維護，而是關注於角色應該展現怎樣的樣貌，這與魏徵等人的想法有相通之處。

2.心志修養的法道合度

對於為君者在個人心志修養上的期待，從截錄的文字來看，有幾個方面特別獲得關注。首先，是克己有度。舉如〈牧民〉說：

> 御人之轡，在上之所貴；導民之門，在上之所先；召民之路，在上之所好惡。故君求之則臣得之，君嗜之則臣食之，君好之則臣服之。無蔽汝惡，無異汝度，賢者將不汝助。（《治要》，頁 751）[23]

---

[23] 天明本「异」作「異」，依天明本。〔唐〕魏徵等編：《群書治要》（臺北：世界書局，2011年），頁 807。

君上之「所貴」、「所先」與「好惡」，對於一般人民而言有著示範性、指標性作用，同時臣子也會產生相應的作為，此刻個人與他者已產生連繫性關係，因此就必須有符合如「無蔽汝惡，無異汝度」的期待性作為。〈形勢〉說：

> 言而不可復者，君不言也；行而不可再者，君不行也。凡言而不可復，行而不可再者，有國者之大禁也。（《治要》，頁752）

此處表明君王的言行與國家緊密相關，所以有不可言與不可行的方面。至於，「可復」與「可再」的反復性，意味言行中存有常則，正體現出不同於儒家的法家思想特色。又，〈權修〉說：

> 地之生財有時，民之用力有倦，而人君之欲無窮。以有時與有倦，養無窮之君，而度量不生於其間，則上下相疾矣。故取於民有度，用之有止，國雖小必安；取於民無度，用之無止，國雖大必危。身者，治之本也。（《治要》，頁753）

以「身」作為治理根本的觀點，與《論語》：「其身正，不令而行；其身不正，雖令不從。」[24]有相近之意。不過，不同於儒家指向道德的關懷，此處管子乃從君民、上下之間彼此存在的利害關係來闡釋，強調君「有度」、「有止」，才能不使民怨、國

---

[24] 〔魏〕何晏等注，〔宋〕邢昺疏：《論語注疏》，收入〔清〕阮元校勘：《十三經注疏》（臺北：藝文印書館，2001年），頁116。

危。

其次，為溫厚有信。在物質欲望的節制之外，有義近於儒家德性修養的一面，如〈形勢解〉指出：

> 人主者，溫良寬厚，則民愛之；整齊嚴莊，則民畏之。故民愛之則親，畏之則用。夫民親而為用，主之所急也。故曰：「且懷且威，則君道備矣」。（《治要》，頁 752）

雖然設定的理想君道，是利用懷威並用的方式，達到人民能「親而為用」的目的，上下關係難免緊張，但僅由期待人主應「溫良寬厚」與「整齊莊嚴」而言，仍展現出對德行的肯定之意。又如〈中匡〉中也提到：

> 管仲朝，公曰：「寡人願聞國君之信。」對曰：「民愛之，鄰國親之，天下信之，此國君之信。」（《治要》，頁 759）

「信」的意涵，在管子的思想體系裡自然產生了與儒家不盡相同的界定，但也正說明了此刻試圖融攝傳統文化的一面。[25]

其三，是法象天道。〈形勢解〉中提到：

---

[25] 從學術的發展與演變論，新概念的提出總帶有舊思想的成分，除了無法根除的認知基礎之外，新與舊難有毫無交錯的完全對立，只是管子的思想體系當看作是有意識的融攝傳統，或者是想要擺脫傳統而力有未殆呢？多數學者強調管子禮法兼採的特色，傾向以圓融方式作解釋，是否正削弱以法代禮的突破性價值？必須仔細考量時序與內涵，不可不概而論。兼採禮法說，可見張立文：〈管子道德和合新釋〉，《社會科學戰線》2010 年第 2 期，頁 6-18。

天之道滿而不溢，盛而不衰。明主法象天道，故貴而不
驕，富而不奢，故能長守富貴，久有天下而不失也。
（《治要》，頁 767）

如果說，前者義近儒家，則此處似有道家味。藉此值得注意的
是，有別於道法結合而關注於自然秩序與人間規範方面，此處以
「法象天道」來揭示長守富貴、久而不失的修養方式。

3.明審善察的識見作為

對於外在方面的關注，主要是決策與執行上的識見和作為。
如〈立政〉言：

君之所審者三，一曰德不當其位，二曰功不當其祿，三曰
能不當其官。此三本者，治亂之原也。（《治要》，頁
754）

此處針對用人方面，君主必須能夠明審，使名實相符，讓接受
「位」、「祿」、「官」的人，擁有相應的「德」、「功」、
「能」，國家始能得到治理。換言之，作為合格的君主，並不是
可以任意使用權力，而是必須擁有善用權力的能力。〈明法解〉
說：

明主者，審於法禁而不可犯也，察於分職而不可亂也。故
群臣不敢行其私，貴臣不得蔽賤，近者不得塞遠，孤寡老
弱，不失其職，此之謂治國。（《治要》，頁 770）

從行事方面來說，國家能否獲得治理，君主是關鍵所在。君主有「明」，能「審」於法禁與「察」於分職，就能杜絕行私、蔽賤、塞遠、失職等亂象。這種凸顯必須具備「審」、「察」能力方為「明主」的觀點，在詮解「能不可蔽，而敗不可飾」時再次被強調，〈明法解〉說：

> 明主之治也，審是非，察事情，以度量案之，合於法則行，不合於法則止，功充其言則賞，不充則誅。故言智能者，必有見功而後舉之；言惡敗者，必有見過而後廢之。如此，則士上通而莫之能妒，不肖者困廢而莫之能舉。（《治要》，頁773）

由此可見，擇取「明」來作為「主」的描述，凸顯為上者應具明審、善察的能力，是管子的獨特關懷與見解。有兩方面與「審」、「察」緊密關聯且極具重要性：其一，是衡量的基礎與標準，管子將之訴諸於可見、依循的規範──「法」；其二，是知行一體，講求踐行、落實，如行止、誅賞、舉廢等，確保辨識的有效性。如〈七法〉所說：「言是而不能立，言非而不能廢；有功而不能賞，有罪而不能誅，若是而能理民者，未之有也。」（《治要》，頁755）對於誅賞廢立的討論，以及〈板法解〉所講「明君能勝六攻而立三器」（《治要》，頁769-770）的觀點，皆是深化實踐層面的闡釋。

綜上所述，《群書治要‧管子》的呈現是有顯著的聚焦，關懷面向與理念闡述的內容，並不侷限於一時一地的細碎說法，而多趨向於相通的道理，可視為是魏徵等人與管子視閾疊合的展

現。

（二）得勢任眾：《管子》的原始圖譜

究竟經過了魏徵等人的剪裁之後，《群書治要‧管子》與《管子》之間的實質差異有多大？這將左右對《群書治要‧管子》定位、解讀與評價。如前所述，魏徵等人透過編纂手法的運用，使截錄《管子》後的呈現，依舊可見對君王角色的重視。不過，有別於《群書治要‧管子》傾向凸顯「明主」的形象，回到《管子》，可見有兩個極為關鍵的觀點被弱化了，甚至是刻意地忽略。

1.勢尊威顯

首先，是「勢」的觀點。魏徵等人唯獨選擇截錄〈法法〉以保留此重要主張，文云：

> 凡人君之所以為君者，勢也。勢在下則君制於臣，勢在上則臣制於君。故君臣之易位，勢在下也。（《治要》，頁761）

「勢」是具有壓制力的利器，當被君主掌握時，就能控制諸臣，若被大臣奪取，就受制於臣。所謂「君臣易位」，正點明「勢」的轉移。然而，簡潔的說明，只能理解為：提醒君王，「勢」是治國理政的要素之一，不可為臣所奪。換言之，「勢」的重要性在思想體系中並不突出。

然而，回溯至《管子》，如〈明法〉說：

所謂治國者，主道明也。所謂亂國者，臣術勝也。夫尊君卑臣，非計親也，以埶勝也。（《管注》，頁913）

〈明法解〉也提到：

人主者，擅生殺，處威勢，操令行禁止之柄，以御其群臣，此主道也。（《管注》，頁1208）
制羣臣，擅生殺，主之分也。縣令仰制，臣之分也。威勢尊顯，主之分也。卑賤畏敬，臣之分也。（《管注》，頁1220）

從「治國」與「亂國」的對比，顯然在管子的思想體系中，對於君臣關係的界定是有一個既定的想像與明確的規範。君與臣是處在相互對立的狀態，臣子操「術」想要遂行私慾，君就必須能夠駕御群臣，確保其守「分」而不踰矩。能夠維繫這種「尊君卑臣」的關係，穩定臣主異分的架構，關鍵即在於「勢」。換言之，如何處「勢」而不失，是管子思想中一個重要的思考問題。〈形勢解〉於詮釋「虎豹託幽而威可載也」指出：

虎豹，獸之猛者也，居深林廣澤之中，則人畏其威而載之。人主，天下之有勢者也，深居則人畏其勢。故虎豹去其幽而近於人，則人得之而易其威。人主去其門而迫於民，則民輕之而傲其勢。（《管注》，頁1169）

以虎豹為喻，說明人主本有可威足畏的一面，然而如同虎豹於去

幽近人後威勢不存一樣,人主若不能「深居」,也將淪落同樣窘境。不僅明晰了「威」、「勢」並非是固存不變,並且深入到「勢」的維護問題。之所以如此關注,乃因「勢」具有關鍵的作用,如〈七臣七主〉說:

> 權勢者,人主之所獨守也。故人主失守則危,臣吏失守則亂。罪決於吏則治,權斷於主則威,民信其法則親。是故明王審法慎權,上下有分。(《管注》,頁 998-999)

在管子的思想體系中,理想的國家治理型態,就是「上下有分」、秩序井然。此刻可稱之為「明王」的理想人主,是在「法」與「權」的掌控上有優異的表現。〈明法解〉說:

> 凡為主而不得行其令,廢法而恣羣臣,威嚴已廢,權勢已奪,令不得出,羣臣弗為用,百姓弗為使,竟內之眾不制,則國非其國,而民非其民。如此者,滅主之道也。(《管注》,頁 1209)

從對「滅主」的描述,可知造成國非其國、民非其民的亂象,關鍵即在於法令與威勢上。整合上述引文,可知「法」、「勢」的關係當是:人主以「法」治國,需有「勢」以為憑藉,然「法」廢則「勢」亦不存。換言之,「法」不可無「勢」,「勢」是撐持「法」的要素。

2.獨明任眾

　　相應於「勢」所標舉的「獨守」觀點，在管子的思維體系裡，明君講求獨明與獨斷，以維護凌駕一切的權力和地位。〈霸言〉指出：

> 夫權者，神聖之所資也。獨明者，天下之利器也。獨斷者，微密之營壘也。此三者，聖人之所則也。（《管注》，頁 468）

　　權勢／獨守、獨明與獨斷三者，實質上皆在強調人主應當具備的宰制力。獨守與獨斷，顧名思義，當無疑義。至於，所謂「獨明」，〈九守〉說：「目貴明，耳貴聰，心貴智，以天下之目視，則無不見也。以天下之耳聽，則無不聞也。以天下之心慮，則無不知也。輻湊並進，則明不塞矣。」（《管注》，頁1041）這是透過掌控天下人的耳、目與思慮，成為一己之助力，達到凌駕眾人的能力。之所以如此，如〈法法〉所說：

> 凡人君之德行威嚴，非獨能盡賢於人也。曰人君也，故從而貴之，不敢論其德行之高卑，有故，為其殺生急於司命也。富人貧人，使人相畜也；貴人賤人，使人相臣也。人主操此六者以畜其臣，人臣亦望此六者以事其君。君臣之會，六者謂之謀。（《管注》，頁 308-309）

　　管子秉持理性來思考問題，認為非身為君王必擁有優越的德行、過人的威嚴，要克服此現實問題，管子將焦點轉向君臣關係來尋

求解決之道，以確保人君的尊貴地位。不過，如同引文對「畜臣」、「事君」的闡釋與判斷，君臣相會是依倚著生、殺、富、貴、貧、賤六者，則君臣、上下即呈現著緊張的關係。

　　為了維護君主的地位，因而主張權力的「獨佔」，但受制於有限的個體，向外尋求助力以彌補自身的不足是有必要的，如〈形勢解〉所說：

> 明主之舉事也，任聖人之慮，用眾人之力，而不自與焉，故事成而福生。亂主自智也，而不因聖人之慮，矜奮自功，而不因眾人之力，專用己而不聽正諫，故事敗而禍生。故曰：「伐矜好專，舉事之禍也。」（《管注》，頁1179）

此處，依舊採用「明」字來標注人主在思慮與作為上所達至的理想狀態。何謂明主？指能夠任聖人之智、用眾人之力，憑藉著「天下之智力」的運用，達到身逸而福多的人。相反地，所謂亂主，是獨用其智力，身勞而禍多的人。兩相比對，清楚可知明、亂殊途的關鍵，不取決於個人的德性優劣或材性高下，而是能否發揮「任眾」的支配力。因此，與眾人關係作切割的「伐矜好專」、「獨任」[26]，就和「獨明」、「獨斷」迥然不同。〈明法解〉指出：

> 明主者，兼聽獨斷，多其門戶。群臣之道，下得明上，賤

---

[26] 不知借用他人智力的人，管子認為是「伐矜好專」，也批評是「獨任」。（《管注》，頁1187）

得言貴，故姦人不敢欺。亂主則不然，聽無術數，斷事不以參伍，故無能之士上通，邪枉之臣專國，主明蔽而聰塞，忠臣之欲謀諫者不得進。如此者，侵主之道也。（《管注》，頁 1210）

「兼聽獨斷」一語，可謂是「任眾」內涵的進一步揭示。因為明主能兼聽獨斷，所以上下、貴賤各安其位，得見「群臣之道」。相反地，亂主漠視「聽」、「斷」的重要性，種種「侵主之道」的失序狀態將屢見不鮮。仔細區分，可知此間有「聽」、「斷」兩要素，斷事無聽則「明蔽」，是聽能輔斷，聽無術數則「聰塞」，是為聽有法，上通專國則忠諫不進，是斷失害聽，所以斷主聽輔雖是「任眾」的要法，但在相輔相成的關係下，聽、斷兩得，始能成就明主之道。換言之，「聽」與「斷」皆是直接指向對外的處置，而非迴向自身內在的調適。

綜上所述，可見管子思想體系中「勢尊威顯」與「獨明任眾」是作為「明主」的兩個重要主張，也是確保「法」能推行的要素，但卻未被顯著保存在《群書治要·管子》裡，缺乏了這些關鍵版塊，將使《群書治要·管子》拼造出不同的圖像。

（三）謙信從人：貞觀時期的解讀樣貌

有別於管子思想體系下對於「明主」的構築，魏徵等人刻意隱去的部分，正使留存於《群書治要·管子》的觀點，拼造出貞觀君臣對於「為君」的不同想像與追求。

1.守謙信任

　　相對於管子思想中對「勢」所展現的維護之意，貞觀君臣卻有不同的想法，試觀《貞觀政要》的記述：

> 太宗嘗謂長孫無忌等曰：「朕即位之初，有上書者非一，或言人主必須威權獨運，不得委任群下；或欲耀兵振武，懾服四夷。惟有魏徵勸朕『偃革興文，布德施惠，中國既安，遠人自服』。朕從此語，天下大寧，絕域君長，皆來朝貢，九夷重譯，相望於道。」（《政要》，頁290）[27]

依據太宗的言論，可知唐朝初期在擬定治國方針時有兩大爭議：其一，是權力掌控的問題，當是採行「威權獨運」的集權模式，還是「委任群下」的分權架構；其二，是夷夏的相處問題，應是利用「耀兵振武」的威懾方式，還是「偃革興文」的懷柔策略。不過，在信從魏徵下捨棄了威權獨運一途，並取得天下大寧的良好成果。為什麼太宗會有這樣的決定呢？隋亡的鑒戒或許是重要因素之一，但內在建構起的價值體系，應該才是關鍵所在。以貞觀二年一則君臣的對話為例：

> 太宗謂侍臣曰：「人言作天子則得自尊崇，無所畏懼，朕則以為正合自守謙恭，常懷畏懼。……凡為天子，若惟自尊崇，不守謙恭者，在身儻有不是之事，誰肯犯顏諫奏？朕每思出一言，行一事，必上畏皇天，下懼群臣。天高聽

---

[27] 此處所言「獨運」，戈本《貞觀政要》作「威權獨任」，意近管子的「獨斷」，而與單獨憑藉己力的「獨任」不同。

卑，何得不畏？群公卿士，皆見瞻仰，何得不懼？以此思之，但知常謙常懼，猶恐不稱天心及百姓意也。」魏徵曰：「古人云：『靡不有初，鮮克有終。』願陛下守此常謙常懼之道，日慎一日，則宗社永固，無傾覆矣。」（《政要》，頁323）

對照後來諫言，可知太宗仍未能始終如一、踐行不殆，但不可否認此種思想已是君臣所共許，並且在貞觀初年達到落實。此種思想，要言之，就是一套以儒為本所構築的國家經營觀。有別於順勢展現天子尊崇，或縱情傲物，或威制天下，太宗意識到一己言行，不僅與「皇天」、「群臣」緊密關聯，並且「天心」與「百姓」更是訴求的對象，所以反而貶抑自身，凸顯對待關係中「自守謙恭」、「常懷畏懼」的重要。此種「守謙」的觀點，得到了魏徵的印可，並點明乃維持「宗社永固」的要道。再以貞觀四年的君臣對話為例：

太宗問蕭瑀曰：「隋文帝何如主也？」對曰：「克己復禮，勤勞思政……雖性非仁明，亦是勵精之主。」太宗曰：「公知其一，未知其二。此人性至察而心不明。夫心暗則照有不通，至察則多疑於物。又欺孤兒寡婦以得天下，恆恐群臣內懷不服，不肯信任百司，每事皆自決斷，雖則勞神苦形，未能盡合於理。……豈得以一日萬機，獨斷一人之慮也。……豈如廣任賢良，高居深視，法令嚴肅，誰敢為非？」（《政要》，頁31）

在蕭瑀的眼中，隋文帝「克己復禮，勤勞思政」的行跡稱得上是「勵精之主」，但是轉向太宗的視角，所見正如管子所否定的「獨任」，僅憑一己之力，「勞神苦形」的結果終究無法使事事盡合於理。不過，並不能因此將太宗「廣任賢良」的觀點與管子「任眾」的想法畫上等號，太宗講求的核心精神是人際互動的「信任」，而管子則交給了法、術、勢。貞觀十一年時，魏徵指出：

> 夫在殷憂，必竭誠以待下；既得志，則縱情以傲物。竭誠則胡越為一體，傲物則骨肉為行路。雖董之以嚴刑，振之以威怒，終苟免而不懷仁，貌恭而不心服。（《政要》，頁 18）

此則言外之意自是太宗初心漸失，但正可見本是講求「竭誠」的待人態度，而不是採行「嚴刑」、「威怒」的控制手段。這是一種基於對人及其內在感受的重視，進而調整了為君者的態度與作為。

2.思短從人

有別於管子外向性的「獨明」觀，貞觀君臣呈顯出內向性的自省。以貞觀二年太宗對侍臣所言為例：

> 明主思短而益善，暗主護短而永愚。隋煬帝好自矜誇，護短拒諫，誠亦實難犯忤。虞世基不敢直言，或恐未為深罪。昔箕子佯狂自全，孔子亦稱其仁。及煬帝被殺，世基

合同死否？（《政要》，頁 85）

「明主」的用法亦見於貞觀君臣的表述中，不過在同樣表示肯定的用意下，顯然太宗指稱的明主是一個「思短」，善於反躬自省、自我審視的人，也就是強調「明」之於「內」而非「外」。將之與隋煬帝相較，雖然「暗主」已盡現貶義，但從「自矜」、「拒諫」而言，劃開的是向內或是向外的兩種思慮模式。在向內的思慮模式下，自覺於個體的不足，一方面強調以自矜、自賢、我智為忌，另一方面講求納諫、從人。張蘊古在貞觀二年所上〈大寶箴〉言：「勿謂我尊而傲賢侮士，勿謂我智而拒諫矜己。」（《政要》，頁 432）正呼應此意。又以貞觀三年時孔穎達回答太宗所問《論語》為例，他說：

> 聖人設教，欲人謙光，己雖有能，不自矜大，仍就不能之人，求訪能事。己之才藝雖多，猶以為少，仍就寡少之人更求所益。……若其位居尊極，炫耀聰明，以才陵人，飾非拒諫，則上下情隔，君臣道乖。自古滅亡，莫不由此也。（《政要》，頁 324）

顯然，守謙不同於只看見「有能」的自矜，而是在欣賞他人時更求有益來促進自我的成長，這種和諧的人我關係，擴及國家治理的層面，就不會有「陵人」、「拒諫」的對立，構築的是上下情通、君臣道合的理想型態。有關於此，作為踐行主角的太宗，確有持續不斷的關注，《貞觀政要》記載：

貞觀初，嘗謂公卿曰：「人欲自照，必須明鏡；主欲知過，必藉忠臣。主若自賢，臣不匡正，欲不危敗，豈可得乎？」（《政要》，頁 83）

貞觀八年……虞世南對曰：「……願陛下勿以功高古人而自矜大，勿以太平漸久而自驕逸，若能慎終如始，彗星見未足為憂。」太宗曰：「……自謂古來英雄撥亂之主無見及者，頗有自矜之意，此吾之過也。上天見變，良為是乎？」（《政要》，頁 524-525）

貞觀十六年……劉洎上書諫曰：「……至如秦政強辯，失人心於自矜，魏文宏才，虧眾望於虛說。……」太宗手詔答曰：「……今聞讜言，虛懷以改。」（《政要》，頁 337-338）

貞觀十九年，太宗謂侍臣曰：「朕觀古來帝王，驕矜而取敗者，不可勝數。……朕恐懷驕矜，恆自抑折，日旰而食，坐以待晨。每思臣下有讜言直諫，可以施於政教者，當拭目以師友待之。如此，庶幾於時康道泰爾。」（《政要》，頁 49）

從貞觀初年延續不斷到貞觀末年，時刻成為君臣對話的焦點，足見「自賢」、「自矜」是一個重大的課題。課題之所以一直存在，依據太宗與眾臣的表述與對話，或許會被解讀為美化性語言，但如同貞觀十三年時魏徵所言：「陛下貞觀之初，孜孜不怠，屈己從人，恆若不足。頃年以來，微有矜放，恃功業之大，意蔑前王，負聖智之明，心輕當代，此傲之長也。」（《政要》，頁 539）相對於踐行出現的懈怠，落實「屈己從人」的貞

觀初年成為了典範。順此而言，除了可以理解踐行持守並非易事外，太宗與諸臣的良性對話，正是覺知矜大、自賢為非，應當虛懷聽諫、屈己從人的具體展現。也就是說，這是為君者能夠抑折才營造出的互動場域。

三、君臣關係的不同認定

「君臣共生」的議題，即是聚焦在君臣關係的討論，儘管《群書治要・管子》中涉及的相關內容為數較少，但取捨間呈現的落差，已足以說明變化的樣貌與意義。

（一）《群書治要・管子》「君無為而臣有為」的搭配模式

有關此議題，《群書治要・管子》傳達出兩核心觀點：

1.任賢授德

從講求有識人之明與用賢之能來說，任賢的議題當劃歸在「為君難」之內，但若關注任授之際以及此後君臣的互動，則納入到君臣關係的議題裡討論當較為適切。《群書治要・管子》呈現「任賢」、「授德」的觀點是顯著的，契合於《群書治要》的整體取向，如〈牧民〉說：

> 措國於不傾之地，授有德也。……使民於不爭之官，使民各為其所長也。（《治要》，頁 754）

國家得以不傾覆，是因為君主能夠挑選「有德」的人來掌理國家大政，這種有德的說法難見深意，但不「爭」的觀點則帶出了職能的視閾。〈小匡〉說：

> 管仲相三月，請論百官。公曰：「諾。」管仲曰：「升降揖讓，進退閑習，臣不如隰朋，請立以為大行；墾土聚粟，盡地之利，臣不如寧戚，請立以為大司田；平原廣牧，車不結轍，士不旋踵，鼓之而三軍之士視死如歸，臣不如王子城父，請立以為大司馬；決獄折中，不殺不辜，不誣無罪，臣不如賓胥無，請立以為大司理；犯君顏色，進諫必忠，不避死亡，不撓貴富，臣不如東郭牙，請立以為大諫之官。此五子者，夷吾一不如。然君若欲治國強兵，則五子者存；若欲霸王，夷吾在此。」（《治要》，頁 763-764）

透過隰朋、寧戚、王子城父、賓胥無、東郭牙與管仲六人能力的剖析與比較，以及點明適合擔任的職位，除了難免有凸顯管仲非凡能力與識見的意味外，值得注意的是對人才的界定，打破一致性、全面性、整體式的檢視，以多方面看見長短、優劣不一的能力。此外，也看見職能的實際需求是各有不同。在人才與職能的符應下，成就不「爭」的秩序，並達到國治兵強的良好成效。這種顧及人才與職能兩方差異性的周到思慮，展現出管子學說在人才觀上的思想深度，〈立君〉說：

> 君之所審者三，一曰德不當其位，二曰功不當其祿，三曰

能不當其官。此三本者，治亂之原也。……君之所慎者
四，一曰大德不至仁，不可授國柄；二曰見賢不能讓，不
可與尊位；三曰罰避親貴，不可使主兵；四曰不好本事，
不務地利，而輕賦斂，不可與都邑。此四務者，安危之本
也。（《治要》，頁 757-758）

不論是治亂的「三本」，或者是安危的「四務」，都是聚焦在授
與上是否合宜的問題，這種有意識的要求為君者「審」、「慎」
的觀點，存在著循名責實的客觀精神，展現了管子學說在先秦時
期的應世特色。[28]

2.無為而治

在重視人才的取用之後，隨之而來的課題即是君臣之間的對
待關係。從《群書治要・管子》的截錄內容，可見「無為而治」
是推尊的理念。不過，這與孔、老的思慮模式有所不同，孔子
說：「無為而治者，其舜也與？夫何為哉？恭己正南面而已
矣。」[29]是著重在德性的感染，而老子說：「無為而無不為。」
[30]或是說：「我無為而民自化，我好靜而民自正，我無事而民自
富，我無欲而民自樸。」[31]是意在化解人為的造作，兩者都是僅

---

[28] 任賢是先秦時期打破貴族政治的新思維，而〈明法解〉云：「明主之擇賢人也……專任法不自舉焉。故曰：『先王之治國也，使法擇人，弗自舉也。』」（《治要》，頁 776）展現了管子學說在人才觀上立於法的特殊見解。

[29] 對此，朱熹注云：「無為而治者，聖人德盛而民化，不待其有所作為也。」正彰顯出儒家的思考角度。見〔宋〕朱熹：《四書章句集注》，收入《朱子全書》（上海：上海古籍出版社，2002年），頁 203。

[30] 〔魏〕王弼等著：《老子四種》（臺北：大安出版社，1999 年），頁 41。

[31] 〔魏〕王弼等著：《老子四種》，頁 49-50。

限在個人——「己」、「我」——的範疇。試觀〈形勢解〉所
說：

> 明主不用其智而任聖人之智，不用其力而任眾人之力，故
> 以聖人之智思慮者，無不知也；以眾人之力起事者，無不
> 成也。能自去而因天下之智力起，則身逸而福多。亂主獨
> 用其智而不任聖人之智，獨用其力，而不任眾人之力，故
> 其身勞而禍多。故曰：「獨任之國，勞而多禍。」（《治
> 要》，頁 772）

此處明主與亂主的區別，並不是以道德為判準，也不侷限在個人
言行的評價，而是依據處事方式及其產生的效應來論定。堪稱為
明主的人，是能夠憑藉、任用他人的「智」、「力」，讓自己處
於「身逸」，卻諸事成就的狀態。被視為亂主的人，是不會任用
人才，只會單打獨鬥，雖然耗盡心力，但最後只是換來「身勞」
而「多禍」的窘境。在「用」與「不用」之間，帶出「君無為而
臣有為」的治國理念。顯然，如此的思維模式已從個人轉向人我
關係的層面。〈明法解〉也說：

> 凡所謂功者，安主上，利萬民者也。夫破軍殺將，戰勝攻
> 取……此軍士之所以為功者也。奉主法，治境內……此吏
> 之所以為功也。匡主之過，救主之失……此臣之所以為功
> 也。故明主之治也，明分職而課功勞；有功者賞，亂治者
> 誅，誅賞之所加，各得其宜，而主不自與焉。故曰：「使
> 法量功，不自度也。」（《治要》，頁 776-777）

所謂「各得其宜」即是「有為」，如軍士可戰勝攻取、官吏能奉法治內、大臣能匡過救失，而「不自與」即是「無為」，君主因「不自度」故無耗神費力之勞，這是分工角度下「無為而治」的思想模式。為了促使這樣的觀點得以落實，管子學說提出了「法」的概念，透過「使法量功」的方式，不僅確保君的無為，並且發揮臣有為的功效。這種君臣分工的想法，當是契合貞觀君臣的治國理念，故被截錄入《群書治要》裡。

（二）君尊臣卑的《管子》主張

以上所述分工模式下的君臣關係，是管子學說與貞觀思想所共許的觀點，然而在此交集之外，卻有著南轅北轍的各別想法。在管子學說中，君臣有別是建立在君臣對立的角度上，同時為了維護君主的權力，所以鮮明的標舉著君尊臣卑的主張。如〈乘馬〉說：

> 無為者帝，為而無以為者王，為而不貴者霸。不自以為所貴，則君道也。貴而不過度，則臣道也。（《管注》，頁84）

依據人主的展現可分為帝、王與霸等不同的評價，但縱有差異，都是歸屬在「君道」裡，至於臣則有不與「君道」交雜的「臣道」作為。這種嚴格兩分的想法，不僅可由〈明法〉所說：「君臣共道則亂。」（《管注》，頁914）再次獲得明晰，並且可藉由解說篇的深入闡釋，理會其中的意蘊。〈明法解〉說：

> 人主者，擅生殺，處威勢，操令行禁止之柄，以御其群臣，此主道也。人臣者，處卑賤，奉主令，守本任，治分職，此臣道也。故主行臣道則亂，臣行主道則危。故上下無分，君臣共道，亂之本也。（《管注》，頁 1208）

身為人主有處於人主當有的專屬權力與作為，也就是「主道」，身為人臣有處於人臣該有的義務與行徑，也就是「臣道」。君主只能行「主道」，人臣只能行「臣道」，各有所司，不可代換，若「君臣共道」，就會導致國家的危亂。顯然，在此脈絡下君臣分途、異道的思維，即不僅是單純為了尋求有效治理，其中透露出嚴守份際的防禦心態，所謂「上下無分」的表述就顯得格外鮮明。所謂「分」，管子學說給予了特殊的界定，身為人主的君王，是擁有駕御群臣的權力，所以具有尊崇的地位，與其相應，人臣只能順從人主，地位是卑賤、低下的。換言之，在管子學說中理想的秩序型態，是一種「君尊臣卑」式的關係設定。〈宙合〉說：

> 左操五音，右執五味，此言君臣之分也。君出令佚，故立于左；臣任力勞，故立于右。……故君出令，正其國而無齊其欲，一其愛而無獨與是，王施而無私，則海內來賓矣。臣任力，同其忠而無爭其利，不失其事而無有其名，分敬而無妒，則夫婦和勉矣。君失音則風律必流，流則亂敗。臣離味則百姓不養，百姓不養則眾散亡。君臣各能其分，則國寧矣。（《管注》，頁 211）

藉由五音與五味的關聯性闡釋，將「出令」之君與「任力」之臣的各自權責，也就是「分」的內容，做了清楚的劃定。在此「分」的設定下，若君臣無妄，「各能其分」，國家就能在安寧中發展。相反地，當君出令不能正其國、一其愛，臣子任力未能同其忠、不失其事，將導致百姓的散亡、國家的敗亂。由此可見，「分位」的觀點是管子思想的核心主張。[32]〈明法解〉說：

> 制羣臣，擅生殺，主之分也。縣令仰制，臣之分也。威勢尊顯，主之分也。卑賤畏敬，臣之分也。令行禁止，主之分也。奉法聽從，臣之分也。故君臣相與，高下之處也，如天之與地也。其分畫之不同也，如白之與黑也。故君臣之閒明別，則主尊臣卑。如此，則下之從上也，如響之應聲；臣之法主也，如景之隨形。故上令而下應，主行而臣從。以令則行，以禁則止，以求則得，此之謂易治。（《管注》，頁1220-1221）

雖然「主之分」意同「主道」，「臣之分」與「臣道」無異，但以「分」代「道」的說法，更顯約制的意味。如身為君主就必須「威勢尊顯」，能「令行禁止」，作為人臣就必須「卑賤畏敬」，能「奉法聽從」，體現「主尊臣卑」、上令下應、主行臣從的井然秩序。這種在各有位分的拘束框架下達到「易治」的成效，顯然與儒家講求德治化成有很大的差異，也與《群書治要·管子》君臣良性互動的意味存有差異。〈明法解〉又說：

---

[32] 陳麗桂從黃老學術的角度關注到了《管子》「位」的問題，不過將「刑名」作為闡釋的焦點。詳見氏著《《老子》異文與黃老要論》（臺北：五南圖書，2020年7月），頁217-221。

明主者，使下盡力而守法分，故羣臣務尊主，而不敢顧其
家。臣主之分明，上下之位審，故大臣各處其位，而不敢
相貴。亂主則不然，法制廢而不行，故羣臣得務益其家。
君臣無分，上下無別，故羣臣得務相貴。如此者，非朝臣
少也，眾不為用也。故〈明法〉曰：「國無人者，非朝臣
衰也。家與家務相益，不務尊君也；大臣務相貴，而不任
國也。」（《管注》，頁 1218）

「臣主之分明，上下之位審」的「分位」觀點，可謂是管子思想
面對時代課題所提出的獨到見解。由於朝臣務在相益、相貴，不
務尊君、任國，致使形成國無人的假象，終成衰亂之世。此間的
問題關鍵，即在於不守「法分」。群臣若守「法分」，就不敢顧
其家，不敢相貴，而為國所用。如何能夠讓群臣守分呢？管子思
想將其設定在君主之「分」，所謂「使下盡力而守法分」，就是
盡「分」的人主而足以被譽為「明主」。換言之，在管子思想
中，以「分」安置了所有人當處的位子，而透過「主之分」的運
作來確保此秩序的維持。由此而言，管子思想的君臣關係，在
「分位」先定的觀點下，並不強調良性的互動，而是主張單向
「制」、「御」的能力。〈君臣上〉說：

夫為人君者，廢德於人者也。為人臣者，仰生於上者也。
為人上者，量功而食之以足。為人臣者，受任而處之以
教。布政有均，民足於產，則國家豐矣。……是故道德出
於君，制令傳於相，事業程於官。百姓之力也，腎令而動
者也。是故人君也者，無貴如其言。人臣也者，無愛如其

力。言下力上，而臣主之道畢矣。是故主畫之，相守之；
相畫之，官守之；官畫之，民役之。（《管注》，頁 550-
553）

不論是略分君、臣、民的三者，抑或是細析為君／主、相、官、
百姓／民的四者，在「畫」與「守」的主從用語下，管子學說強
調層層制御、各有分定的設想就非常清楚了。在上下嚴分裡，自
然不存在所謂的良性互動關係，甚至為達君尊而有重令下恐的說
法。[33]

此外，有關於「和」的觀點，也能夠呈現出管子思想的特殊
性。[34]〈形勢解〉說：

臣不親其主，百姓不信其吏，上下離而不和，故雖自安必
且危之。故曰：「上下不和，雖安必危。」（《管注》，
頁 1183）

講求臣主之間親近的互動，百姓對官吏具有信賴感，以及上下之
間有著和諧的關係，「親」、「信」與「和」觀點的著重，與儒
家精神似乎並無不同，但是當追究此間背後的思想基礎，將可獲
知兩者實有巨大差異。[35]〈法禁〉說：

---

[33] 〈重令〉：「令輕則君卑，君卑則國危。故安國在乎尊君，尊君在乎行令，行令在乎嚴罰。罰嚴
令行，則百吏皆恐……故曰：『令重而下恐』。」（《管注》，頁 284）

[34] 陳麗桂亦注意到了「和」，以為是調整老子的去奢泰而有意闢出一條避免兩極化的中間路線。詳
見氏著《戰國時期的黃老思想》（臺北：聯經，1991 年），頁 126-131。

[35] 就是因為存在模糊的空間，具有可詮釋性，所以也見錄於《群書治要》之中。見〔唐〕魏徵等
編：《群書治要》校訂本，頁 771。

　　昔者，聖王之治人也，不貴其人博學也，欲其人之和同以
聽令也。《泰誓》曰：「紂有臣億萬人，亦有億萬之心。
武王有臣三千而一心。」故紂以億萬之心亡，武王以一心
存。故有國之君，苟不能同人心，一國威，齊士義，通上
之治，以為下法，則雖有廣地眾民，猶不能以為安也。
（《管注》，頁 275）

　　「安」的建立，是在於「聽令」，或者是「法」的施行，這與前
文所謂「法分」的觀點是一致的，都是著重秩序、規範的恪守。
換言之，管子思想的「和」是守「法」的秩序化和諧，而儒家的
「和」是人與人良性互動的和諧。

（三）合契相得的貞觀理念

　　管子講求「無為」的觀點是被貞觀視野所納受的，就以魏徵
的想法為例，他說：

　　總此十思，弘茲九德，簡能而任之，擇善而從之，則智者
盡其謀，勇者竭其力，仁者播其惠，信者效其忠。文武爭
馳，在君無事，可以盡豫遊之樂，可以養松、喬之壽，鳴
琴垂拱，不言而化。何必勞神苦思，代下司職，役聰明之
耳目，虧無為之大道哉！（《政要》，頁 18）

雖說「在君無事」[36]，並非放任無成，而是智者、勇者、仁者，

36　戈本《貞觀政要》原作「君臣無事」，改為「在君無事」除更加順通文意外，並能凸出君主無為

或者是信者，都能適才適位，在文武爭馳、各守職司之下達到「不言而化」的成效。因此，所謂「無為」之意與管子學說的分工觀點是有相通的涵義。不過，貞觀視野下支撐「無為」的內在精神，不是秩序的展現與維護，而是關注人與人的良性互動。如前所述太宗與蕭瑀對隋文帝品評的分歧，即可見太宗是講求君臣實質信任與交心的想法。貞觀元年時太宗與王珪的對話更見深意，《貞觀政要》記載：

> 太宗謂侍臣曰：「正主任邪臣，不能致理；正臣事邪主，亦不能致理。惟君臣相遇，有同魚水，則海內可安。朕雖不明，幸諸公數相匡救，冀憑直言鯁議，致天下於太平。」諫議大夫王珪對曰：「臣聞木從繩則正，后從諫則聖。故古者聖主必有爭臣七人，言而不用，則相繼以死。陛下開聖慮，納芻蕘，愚臣處不諱之朝，實願罄其狂瞽。」（《政要》，頁83-84）

不同於管子學說強調君臣的「法分」而有「君臣異道」的鮮明主張，貞觀君臣重視彼此的協和，所以視「君臣道隔」、「君臣道乖」為忌。[37]縱使兩者對「道」的指涉層面並不相同，但是看待君臣的關係確實存有差異。太宗以「魚水」來比喻君臣之間的緊密關係，正展現對臣子角色的重視與期待，企盼在「從諫」與

與君臣配合無間的一面。版本用語情形，詳見謝保成：《貞觀政要集校》，頁23。

[37] 「道隔」之說見於魏徵，其言：「上下相蒙，君臣道隔，民不堪命，率土分崩。遂以四海之尊，殞於匹夫之手，子孫殄絕，為天下笑，可不痛哉！」（《政要》，頁16）「道乖」之說見於孔穎達，其言：「若其位居尊極，炫耀聰明，以才陵人，飾非拒諫，則上下情隔，君臣道乖。自古滅亡，莫不由此也。」（《政要》，頁324）

「直言」間，共構起走向太平的大道。貞觀十四年時魏徵也說：

> 夫君臣相遇，自古為難。以石投水，千載一合，以水投
> 石，無時不有。其能開至公之道，申天下之用，內盡心
> 膂，外竭股肱，和若鹽梅，固同金石者，非惟高位厚秩，
> 在於禮之而已。……夫以一介庸夫結為交友，以身相許，
> 死且不渝，況君臣契合，實同魚水。若君為堯、舜，臣為
> 稷、契，豈有遇一事則變志，見小利則易心哉！此雖下之
> 立忠未有明著，亦由上懷不信，待之過薄之所致也。此豈
> 君使臣以禮，臣事君以忠乎？（《政要》，頁 403-406）

此刻魏徵提出諫言，顯示太宗的態度與作為已經與貞觀初年有所
不同，正意味著曾經與臣下存有深刻的信任關係。之所以如是重
視，從魏徵舉為君的堯、舜與為臣的稷、契為例，不難理解乃是
視為理想的君臣關係。所謂「實同魚水」與「和若鹽梅」，就是
明晰君臣相遇的「契合」在治國理政中的重要性。尤其，值得注
意的是魏徵據此議題提出了兩個重要的面向，一是君臣關係的構
築，主要的關鍵掌握在君主手上，「石水之喻」與「上懷不信」
的說法足以為證；二是關係是必須有合宜的方法來經營，所謂
「禮」即是。這種合契相得的觀點，又有以「君臣一體」的說法
來強調，如貞觀六年，魏徵回應「不存行迹」的質疑時指出：

> 臣聞君臣協契，義同一體。未聞不存公道，惟事形迹。若
> 君臣上下，同遵此路，則邦國之興喪，或未可知！（《政
> 要》，頁 123）

「君臣協契，義同一體」的說法，就是認為在一體的關係下君臣之間有著深厚的信任，不需要浪費心思在表面的行為修飾，尤其帶出「公道」，相形之下即意味著「行迹」僅為個人之私。相近用法，也可見於太宗手敕魏王泰，他說：「虞世南於我，猶一體也。拾遺補闕，無日暫忘，實當代名臣，人倫準的。」（《政要》，頁 75）可見在貞觀時期，君臣關係的看待與管子學說有很大的不同。

貞觀時期君臣互動關係由管子學說的對立觀點轉變為一體合契的經營，追根究柢，當是治國課題有了不同的設定對象。舉例來說，貞觀三年時，太宗說：

> 君臣本同治亂，共安危，若主納忠諫，臣進直言，斯故君臣合契，古來所重。若君自賢，臣不匡正，欲不危亡，不可得也。君失其國，臣亦不能獨全其家。至如隋煬帝暴虐，臣下鉗口，卒令不聞其過，遂至滅亡，虞世基等尋亦誅死。前事不遠，朕與卿等可得不慎，無為後所嗤！（《政要》，頁 147）

太宗以隋煬帝君臣為具體事例，說明君主和諸臣是「同治亂，共安危」的利害共同體，所以君臣之間必須是一個「合契」關係，因為唯有如此才能共生，否則君亡其國，臣亦將失其家。顯然，君臣不是對立的，而是攜手共同面對問題。貞觀初年，太宗對著侍臣們說：

> 為君之道，必須先存百姓。若損百姓以奉其身，猶割脛以

啖腹，腹飽而身斃。若安天下，必須先正其身，未有身正而影曲，上理而下亂者。朕每思傷其身者不在外物，皆由嗜欲以成其禍。若耽嗜滋味，玩悅聲色，所欲既多，所損亦大，既妨政事，又擾生民。且復出一非理之言，萬姓為之解體。怨讟既作，離叛亦興。（《政要》，頁 11）

透過太宗的表述，可知貞觀課題乃設定在「百姓」身上，構思能夠透過「存」百姓的方式，達到「安」天下的目的。貞觀六年時，太宗更提到「君臣保全」的觀點，直截的顯示了君臣乃是生命的共同體。與太宗觀點呼應，長孫無忌說：「隋氏之亡，其君則杜塞忠讜之言，臣則苟欲自全，左右有過，初不糾舉，寇盜滋蔓，亦不實陳。據此，即不惟天道，實由君臣不相匡弼。」（《政要》，頁 512-513）魏徵也說：「凡百君子，膺期統運，縱未能上下無私，君臣合德，可不全身保國，遠避滅亡乎？……然自古聖哲之君，功成事立，未有不資同德同心，予違汝弼者也。」（《政要》，頁 298）最特別的要屬貞觀十二年的君臣對話，《貞觀政要》記載：

太宗謂侍臣曰：「朕讀書見前王善事，皆力行而不怠，其所任用公輩數人，誠以為賢。然致理比於三、五之代，猶為不逮，何也？」魏徵對曰：「今四夷賓服，天下無事，誠曠古所未有。然自古帝王初即位者，皆欲勵精為政，比迹於堯、舜。及其安樂也，則驕奢放逸，莫能終其善。人臣初見任用者，皆欲匡主濟時，追蹤於稷、契。及其富貴也，則思苟全官爵，莫能盡其忠節。若使君臣常無懈怠，

各保其終，則天下無憂不理，自可超邁前古也。」（《政
要》，頁 535）

面對太宗在從善如流、力行不倦之後卻燃起「不逮」前古的疑
惑，魏徵明白指出問題的關鍵乃在能否常無懈怠、始終如一的踐
行。這個關鍵，不僅針對君主，並且包括臣子。魏徵洞悉人性的
指出，「初」即位的帝王，與「初」見任用的臣子，自然會展現
積極的作為，但是到了安樂與富貴之後，在上位的人容易變得驕
奢放逸，處下位的人也只想著苟全官爵，君臣就從合契一體變態
為各思其私。由此可見，貞觀時期被認知的課題並非是對立觀點
下思考制臣尊君的問題，取而代之的是思考如何長保君臣同心一
體、相保共生的互動關係。這種想法，如同太宗對魏徵所說：
「冀千載之下，識君臣之義。」（《政要》，頁 541）企圖重新
定義君臣之間理想的對待關係。

四、「法制」含義的變動

談到管子，「法」的觀點必定是關注焦點，從貞觀君臣的對
話不難看見管子學說的影響，然而究竟在貞觀視野下保留了多少
本來面目？以下分三部分來討論。

（一）講規矩重公正的《群書治要・管子》

魏徵等人截錄《管子》呈現出「法」的樣貌，有三個特點：

1.萬事規矩

　　首先，是關於「法」的定位與作用，魏徵等人接受管子的學說，肯定法是行事不可或缺的標準。〈法法〉說：

> 規矩者，方圓之正也。雖有巧目利手，不如拙規矩之正方圓也。故巧者能生規矩，不能廢規矩而正方圓，聖人能生法，不能廢法而治國。故雖有明智高行，背法而治，是廢規矩而正方圓也。（《治要》，頁761）

藉由雖是「聖人」、「巧目利手」與「明智高行」依舊不能取代「拙」的客觀「規矩」，展現出管子在面對時代課題下，以法治挑戰人治的革新思想。基於不能「廢法」、「背法」的觀點，法成為了一切行事的規矩、準則。〈法法〉又說：

> 凡民從上也，不從口之所言，從情之所好也。上好勇則民輕死，上好仁則人輕財。故上之所好，民必甚焉。是故明君知民之必以上為心也。故置法以自治，立儀以自正也，故上不行則民不從。是以有道之君，行法修制，公國壹民，以聽於世，忠臣直進，以論其能。（《治要》，頁761-762）

論述藉用上行下效、風行草偃的人治觀，一轉講「君」、「臣」、「民」三者，在法制行修下，國家才能獲得安治，凸顯出「法」的關鍵性。此外，由置法與立儀指向「自治」、「自正」，清楚說明「法」的位階高於一切，不僅將「忠臣」定義在

「務明法術」（《治要》，頁 775），並且認為君王也必須依循「法」的規範來修身處事，如同〈明法解〉所言：「先王之治國也，使法擇人，弗自舉也。」（《治要》，頁 776）又言：「使法量功，不自度也。」（《治要》，頁 777）法的普遍性客觀價值已由先王的施行獲得驗證。

2.既正且公

其次，是肯定「法」的價值與意義，魏徵等人接受管子學說所宣稱的「正」與「公」的觀點。有關「正」的闡揚，〈法法〉說：

> 政者，正也。聖人明正以治國，故正者所以止過而逮不及也。過與不及，皆非正也。非正，則傷國一也。勇而不義傷兵，仁而不法傷正，故軍之敗也，生於不義；法之侵也，生於不正。故言有辯而非務者，行有難而非善者。故言必中務，不苟為辯；行必思善，不苟為難。（《治要》，頁 761）

透過此段區分「正」與「不正」的論述，可看見以「正」釋「法」的實質內涵。在以正言政的釋義下，如何是「正」？管子學說清楚地以「法」作一界定。在此界定底下，不僅針對負面行為的「不及」方面進行規範，並且指向「過」的正面作為進行約束。如同「勇」、「仁」，或者「辯」、「難」，在不符合規範的「不法」、「不義」之下，即失去應有的價值與意義。因此，合於「法」的作為，始可稱之為「正」。〈明法解〉也以明主使

「法」運作如常，自然能「權衡平正而待物」（《治要》，頁775），呈現相同旨意。

至於「公」的認識，〈明法解〉提到：

> 尺寸尋丈者，所以得短長之情也。故以尺寸量短長，則萬舉而萬不失矣。是故尺寸之度，雖富貴眾強，不為益長；雖卑辱貧賤，弗為損短，公平而無所偏，故奸詐之人弗能誤也。（《治要》，頁775）

「尺寸尋丈」如同「法」，是一種客觀的標準，而這種標準被認定是符合相應的「短長之情」，因此只要憑藉它來衡量事物就能萬舉不失。論述中，雖然從身份上的富、強、卑、賤等差異來說明法度的客觀不可變易性，展現出「公平」的一面，但「公」所顯示的意蘊實多形諸於與「私」聯繫下的對立與批判，〈明法解〉說：

> 法度者，主之所以制天下而禁奸邪也；私意者，所以生亂長奸而害公正也。故法度行則國治，私意行則國亂。明主雖心之所愛而無功者弗賞也，雖心之所憎而無罪者弗罰也。（《治要》，頁774-775）

透過「法度」是禁奸邪而「私意」是生亂奸的對立設定，自然而然地讓法度有了「公正」的色彩。所謂的「公正」，特指去除個人情緒性的負面影響，如愛憎導致賞罰上的不當。〈明法解〉又說：

明主之治國也，案其當宜，行其正理。其當賞者，群臣不得辭也；其當罰者，群臣弗敢避也。……夫捨公法而行私惠，則是利奸邪而長暴亂也；行私惠而賞無功，則是使民偷幸而望於上也；行私惠而赦有罪，則是使民輕上而易為非也。夫舍公法，用私惠，明主弗為也。（《治要》，頁775）

將治國的視角從「人」轉向「法」是管子學說因應時代的思想特色，尤其主張在「法」的運作底下，不僅罰無可逃避，賞亦不得辭退，一切當如是有序的流行。經過了歷史的沉澱，魏徵等人是接受了管子學說對於「法」的思考，認為個人式的施惠行為，將破壞國家的法度綱紀。換言之，「法」與「公」連結了起來，在「公」與「私」的對比下，「法」的正向意義被凸顯開來。

3.令行禁止

其三，是著重於「法」的落實。既然國家秩序是透過「法」來維護，則如何確保其常行不止？就成為了思考的問題。關於此面向，《群書治要》將截錄的焦點鎖定在設法置令前的用心。〈形勢解〉說：

明主度量人力之所能為而後使焉，故令於人之所能為則令行，使於人之所能為則事成。亂主不量人力，令於人之所不能為，故其令廢，使於人之所不能為，故其事敗。夫令出而廢，舉事而敗，此強不能之罪也。（《治要》，頁772）

關於「令」的行廢，有兩個重要的面向被關注著，此處提到的是第一個：必須要度量適法對象的能力。這是非常合理且睿智的觀點，因為不考慮對象的能力，除了無法充分收到最大的成效，甚至可能在根本脫離現實而不可為的情形下直接被廢置。因此，欲令行事舉，就必須具體考量適法對象的能力。〈形勢解〉又說：

> 人主之所以令則行、禁則止者，必令於民之所好，而禁於民之所惡也。民之情莫不欲生而惡死，莫不欲利而惡害也。故上令於生利人則令行，禁於殺害人則禁止矣。令之所以行者，必民樂其政也，而令乃行。（《治要》，頁769）

關於第二個必須思考的面向，就是適法對象感情上的好惡。這也是非常合理的觀點，因為欲使法度達到令行禁止的目的，若能順從適法對象的好惡、利害，當如順水推舟，較易收到良好成效，相反地若禁人之所好，行人之所惡，處處令適法對象感到不樂，自然無法達到令行禁止的目的。

（二）《管子》的「以道為法」與「行法有術」

看到了《群書治要‧管子》截錄內容所展現對「法」的關注情形，令人好奇的是這是否就是《管子》原本且完整的想法？[38]

---

[38]　金谷治提到儘管《管子》的內容非常駁雜，實際上經過了折衷融合後在整體上是統一的，而擔綱的核心角色就是「敬慕管仲的土著之士」。詳見氏著〈稷下學與《管子》〉，《管子學刊》1989年第 3 期，頁 71-78。谷中信一在金谷治的研究基礎上指出《管子》「經言」諸篇的法思想並不是前後貫穿一致的，而是表現為內容的多樣化，大體上是在傳統禮規範與實在法規範之交錯中展

有兩個面向值得關注：其一，是「以道為法」；其二，是「行法
有術」。

　　就「以道為法」而言，這是《管子》用來建構「法」理基礎
的想法。[39]〈七臣七主〉說：

> 夫法者，所以興功懼暴也。律者，所以定分止爭也。令
> 者，所以令人知事也。法律政令者，吏民規矩繩墨也。夫
> 矩不正，不可以求方。繩不信，不可以求直。法令者，君
> 臣之所共立也。（《管注》，頁 998）

顯然，在管子的時代，作為客觀規範的準則，尚有細膩的劃分，
包括特指能夠「興功懼暴」的「法」，能夠「定分止爭」的
「律」，能夠「令人知事」的「令」。這些規矩繩墨各有不同的
性質與功用，是治國的重要憑藉，為君臣所共同維持著。如同
〈法法〉中所言：「明君不為親戚危其社稷，社稷戚於親；不為
君欲變其令，令尊於君；不為重寶分其威，威貴於寶；不為愛民
虧其法，法愛於民。」（《管注》，頁 316）[40]務使客觀的價值

開的法思想。詳見氏著〈從「經言」諸篇看《管子》〉，《管子學刊》1995 年第 3 期，頁 14-20。

[39] 陳鼓應認為《管子》雜纂各家論文，但以論「道」為核心，其中〈內業〉、〈白心〉等篇保存了黃老學說。黃老學說的中心思想是「道法」，一方面繼承老子的道論，同時又引進法治觀點。詳見氏著〈先秦道家研究的新方向——從馬王堆漢墓帛書《黃帝四經》談起〉，收入《黃帝四經今註今譯》（臺北：臺灣商務印書館，1995 年），頁 1-28。陳麗桂也是從黃老之學的角度來掌握，透過「因道全法」說明道與法之間的關係，尤其指出「談到政治時，『道』就是『刑名』」。詳見氏著《《老子》異文與黃老要論》，頁 217-221。

[40] 說法相近而略異有〈法法〉：「令重於寶，社稷先於親戚，法重於民，威權貴於爵祿。」（《管注》，頁 306）〈七法〉有「令貴於寶」、「社稷戚於親」、「法愛於人」、「威重於爵祿」（《管注》，頁 111）的闡釋。

不被主觀的意欲所破壞。〈任法〉說：

> 今天下則不然，皆有善法而不能守也。然故諶杵習士聞識博學之士能以其智亂法惑上，眾彊富貴私勇者能以其威犯法侵陵，鄰國諸侯能以其權置子立相，大臣能以其私附百姓，翦公財以祿私士。凡如是，而求法之行，國之治，不可得也。聖君則不然，卿相不得翦其私，羣臣不得辟其所親愛。聖君亦明其法而固守之，羣臣修通輻湊，以事其主，百姓輯睦聽令，道法以從其事。（《管注》，頁906）

在管子的視角下，時代的亂象，包括亂法惑上、犯法侵陵、置子立相、私附百姓等諸惡行，都是導因於「有善法而不能守」的問題，想要讓群臣事主、百姓聽令，解決之道唯有「明其法而固守之」。由此可知，管子「法」思想的提出，實有兩大關懷，即「明」與「守」，前者是法的內涵，後者是法的落實，法不明無以為守，法不守不可謂明，是故兩者雖是二分，實乃關聯為一。

在顧及「守」的面向下，管子思想中對「法」的建構，一方面從深化傳統價值觀點的角度切入，另一方面在角色的定分設想下展現出流動性。〈任法〉說：

> 昔者堯之治天下也……故堯之治也，善明法禁之令而已矣。黃帝之治天下也……故黃帝之治也，置法而不變，使民安其法者也。所謂仁義禮樂者，皆出於法，此先聖之所以一民者也。（《管注》，頁901-902）

管子以堯與黃帝治天下為例，透過揭示「明法」與「置法」的關鍵作為，確立「法」的核心價值與地位。引文中所謂「仁義禮樂者皆出於法」一語，充分顯示出管子思想企圖提出「法」的新觀點來統攝「仁義禮樂」的價值傳統。關於此「法」，〈君臣上〉說：

> 道者，誠人之姓也，非在人也。而聖王明君，善知而道之者也。是故治民有常道，而生財有常法。道也者，萬物之要也。為人君者，執要而待之，則下雖有姦偽之心，不敢殺也。夫道者虛設，其人在則通，其人亡則塞者也，非茲是無以理人，非茲是無以生財。民治財育，其福歸於上，是以知明君之重道法而輕其國也。故君一國者，其道君之也。王天下者，其道王之也。大王天下，小君一國，其道臨之也。（《管注》，頁 563）

聖王之於天下、明君之於一國，堪稱明、聖的理由，「道法」是關鍵。何謂「道法」？〈法法〉說：「憲律制度必法道，號令必著明，賞罰必密信，此正民之經也。」（《管注》，頁 301）又說：「明王在上，道法行於國，民皆舍所好而行所惡。」（《管注》，頁 302）由此可知，有「道」有「法」，若以憲律制度為「法」，其制定必當以「道」為依歸，是故「法」需體現「道」，「道」外無「法」，兩者雖二猶一，謂之「道法」。如是，「道」乃核心、關鍵。何謂「道」？在管子思想裡，將之界定為「萬物之要」，也就是一種萬物存在的原理原則，對於這種價值秩序，聖王明君具備了解與掌握的能力，並認為足可藉以

258

「誠人之姓」，達到治民生財的成效。由於必須能夠可「執」能「待」，而不是「虛設」，所以在成為可「臨」之「道」時，將具現為「法」的型態，正如〈任法〉所說：「萬物百事非在法之中者不能動也。故法者，天下之至道也，聖君之實用也。」（《管注》，頁 905-906）即是。〈任法〉又說：

> 故曰：「有生法，有守法，有法於法。」夫生法者，君也。守法者，臣也。法於法者，民也。君臣上下貴賤皆從法，此謂為大治。（《管注》，頁 906）

「生法」、「守法」、「法於法」三者所謂的「法」，是指具體的規範，而「君臣上下貴賤皆從法」的「法」，是指分位義上的「法」。也就是說，在狹義規範之外，管子所認定的「法」，是「道」的體現，由君、臣、民三者在「生」、「守」與「法」的個別定位下共構而成的價值秩序，是一個有機的整體。因此，管子思想中的「法」，不應片面擷取「君臣上下貴賤皆從法」而誤以為普遍性、公平義是核心價值，如「道」理念──促成具有差異性和諧秩序的設想，應當才是精神所在。

　　就「行法有術」而言，如前所述，管子思想中的「法」是如「道」般使萬物和諧生息的重要憑藉，不容虛設，非可割捨，為了確保其運作不止，在君的分位上即預設了踐行的權責，魏徵等人也已關注，只是載錄入《群書治要・管子》中的內容，著重在「法」的落實面向，而剔除了操作的方法與技巧──「術」。

　　管子思想對於「術」的提法，展現「人」以外的思慮，顯示出從儒走向法的變化軌跡。〈形勢解〉說：

古者武王地方不過百里，戰卒之眾不過萬人，然能戰勝攻取，立為天子，而世謂之聖王者，知為之之術也。桀、紂貴為天子，富有海內，地方甚大，戰卒甚眾，而身死國亡，為天下僇者，不知為之之術也。（《管注》，頁1185）

有別於傾向德性批判的傳統視角，管子思想一轉將分判的關鍵導向於「術」。武王之所以為聖王，是「知」為之之術，桀紂之所以身國具亡，是「不知」為之之術。知與不知，雖能指向個人才智與識見的差異，但此處並非謂武王較桀紂有更好的能力，而是要揭示「術」的應用價值。〈治國〉中就說到：「今也倉廩虛而民無積，農夫以粥子者，上無術以均之也。」（《管注》，頁926）足見「術」的重要性。也就在肯定「術」的觀點下，主張君臣必須盡心於「術」，如〈形勢解〉所說「人主務學術數，務行正理，則化變日進，至於大功，而愚人不知也。」（《管注》，頁1183）與〈明法解〉所說：「凡所謂忠臣者，務明法術，日夜佐主，明於度數之理以治天下者也。」（《管注》，頁1216）即是。

當竭力標舉著「術」時，必然同時展開內容的建構，諸如：

主有三術：夫愛人不私賞也，惡人不私罰也，置儀設法以度量斷者，上主也。（《管注》，頁908）
以其形，因為之名，此因之術也。（《管注》，頁771）
曰：「千里之路，不可扶以繩。萬家之都，不可平以准。」言大人之行，不必以先，帝常義立之謂賢。故為上

者之論其下也，不可以失此術也。（《管注》，頁 227-228）

夫欲臣伐君，正四海者，不可以兵獨攻而取也。必先定謀慮，便地形，利權稱，親與國。視時而動，王者之術也。（《管注》，頁 479）

凡立朝廷，問有本紀。爵授有德，則大臣興義。祿予有功，則士輕死節……行此道也，國有常經，人知終始，此霸王之術也。（《管注》，頁 484）

選取這五則作為說明的依據，主要原因是：第一則內容似乎明快地指出了主術有三，包括了賞、罰與依法。[41]不過，根據第二則及第三則，卻顯示出「術」是有各種不同的內容，尤其透過第四則的「王者之術」與第五則的「霸王之術」的對比與闡述，更可見在運用上有著身分、對象、目的等複雜因素所產生的變化。如何解釋這樣的差異呢？如同「法」一樣，「術」也有廣狹二義，狹義的「術」是依法去私以行賞罰的觀點，是單純有法可依的執行層次；至於廣義方面，護持法所賦予君王的分位而言，可謂有法，但實無具體可依之法以護持其分位，此刻當可視為「有法而無法」之術。

狹義依「法」的「術」，雖然是管子思想的特色之一，但是廣義的「術」應該才是精彩所在。[42]「術」的精彩構思，可透過

---

[41] 依注文，三術以為是「上主、中主、危主」，然而就行文內容來說，實質聚焦在威、德、法，也就是後文強調明主的六柄、四位及法令，故本文直取內涵而論。

[42] 陳麗桂從靜因、刑名的督核術談起，再分辨黃老道家與法家之「術」的區別。詳見是著《《老子》異文與黃老要論》，頁 220-226。

〈形勢〉篇掌握，其內容指出：

> 羿之道非射也，造父之術非馭也，奚仲之巧非斲削也。
> （《管注》，頁 25）

對於羿在射、造父在馭與奚仲在斲削，三人在三方面各自展現出
的卓絕技能，管子以一「非」字，直接打破膠固於具體實作上的
狹隘認知，揭示出「道」、「術」與「巧」別有寬廣的指涉。
〈形勢解〉對此有詳細的闡釋，如關於「羿之道，非射也。」的
解說：

> 羿，古之善射者也，調和其弓矢而堅守之。其操弓也，審
> 其高下，有必中之道，故能多發而多中。明主猶羿也，平
> 和其法，審其廢置而堅守之，有必治之道，故能多舉而多
> 當。道者，羿之所以必中也，主之所以必治也，射者，弓
> 弦發矢也。（《管注》，頁 1173）

就后羿的「善射」來說，其中含括了「道」與「射」兩部分，由
「必中」可知一般備受矚目的「射」只是必然發展的結果，而成
就「射」的所以然之「道」，才是具有控制變化的關鍵。什麼是
「道」呢？以弓矢來說，就是「調和」與「審」的能力，類比治
國來說，就是「平和」與「審」的能力，前者屬於設立的層面，
後者屬於運用的層面。也就是說，透過對「道」的闡釋，可以看
見管子思想中對「術」的實際關注。同樣的關懷，也展現在「造
父之術，非馭也。」的解說：

> 造父，善馭馬者也，善視其馬，節其飲食，度量馬力，審
> 其足走，故能取遠道而馬不罷。明主猶造父也，善治其
> 民，度量其力，審其技能，故立功而民不因傷。故術者，
> 造父之所以取遠道也，主之所以立功名也。馭者，操轡
> 也。（《管注》，頁 1173-1174）

管子指出在造父巧妙「馭馬」的現象下，其實含括了「術」與
「馭」兩部分，呈現出的「操轡」僅只是「馭」，成就「取遠
道」的關鍵，應當是在所以然的「術」。什麼是「術」？以馭馬
來說，就包括了「視」、「節」、「度」、「審」等能力，類比
治國來說，就是「治」、「度」、「審」等能力，這是一系列關
懷對象的工夫。由此可知，管子關注的是成就現象背後的諸多作
為，亦即「術」的指涉範圍是寬廣的。再以「奚仲之巧，非斲削
也。」的解析來看，管子說：

> 奚仲之為車器也，方圓曲直，皆中規矩鈎繩。故機旋相
> 得，用之牢利，成器堅固。明主猶奚仲也，言辭動作皆中
> 術數，故眾理相當，上下相親。巧者，奚仲之所以為器
> 也，主之所以為治也。斲削者，斤刀也。（《管注》，頁
> 1174）

同樣的思考模式，將奚仲在車器上展現的長才析分成兩面，一是
具體展現在「斤刀」上的「斲削」技能，一是成就「車器」的
「巧」，而後者是關注所在。什麼是「巧」？以為器而言，是
「方圓曲直」的各個方面都能符合「規矩鈎繩」，類比君主而

言，就是「言辭動作」的各種作為都能不違「術數」，由此凸顯出行止有法的觀點。以上三個解析，雖然隨著對象的不同，闡釋的面向存有差異，然而根據論述的模式，「道」、「術」與「巧」當有相等的定位、相通的意蘊。因此，管子思想中的「術」，非指狹隘的實用性技巧，乃是廣義的整體性協和，如同道法般，非道即非術，術以合道，亦可稱之為道術。

　　至於「術」的爭議性，主要癥結當在講求強勢的操控。如〈明法解〉說：

> 明主者，有術數而不可欺也，審於法禁而不可犯也，察於分職而不可亂也。（《管注》，頁 1207）

由於在管子思想的設想裡，君主的分位就是需要發揮有效的管理，確保所有的人都能安於位，在諸多防亂的舉措中，講求「術數」，就是為了防止被臣下所欺凌，顯示出為君者的強勢與敵視。〈明法解〉就明白指出：

> 明主操術任臣下，使羣臣效其智能，進其長技。故智者效其計，能者進其功，以前言督後事所效，當則賞之，不當則誅之。張官任吏治民，案法試課成功，守法而法之，身無煩勞而分職。故明法曰：「主雖不身下為，而守法為之可也。」（《管注》，頁 1221）

分職督責，各盡所能，誅賞案法，公正客觀，就治國理政而言，不失為良善作法，然而問題產生的關鍵，當在「操術任臣下」所

展現的心態與舉措。顯然，「操術」一語已意味人際間的不信任，加上嚴分尊卑、上下、主從的觀點，讓強勢操控的壓迫感展露無遺。試觀〈九守〉對「聽之術」析論：

> 勿望而距，勿望而許。許之則失守，距之則閉塞。高山仰之，不可極也。深淵度之，不可測也。神明之德，正靜其極也。（《管注》，頁 1042）

管子思想中強調君主的特質是「明」，但此特質並不是從除患的利民來說，而是講求不欺的利己，是故講求「兼聽獨斷」以維護自身尊崇的地位。此處，透過「聽術」的闡發，在「距」與「許」之間的斟酌裡，清楚地呈現了對人性的熟稔與利用，這正是「術」較難被接受的理由。

透過以上兩個面向，可以看見管子思想在法的設想與術的界定上所展現的獨特性，不過其中帶有濃厚的宰制性韻味，顯然並未留存在《群書治要‧管子》中。

（三）走向「仁法」[43]與「公法」的貞觀思想

貞觀時期在「法」的關注上，一方面以「存公守法」觀呈現對管子思想的肯定與承繼，另一方面則以走向「仁法」與「公法」的特點展現時代的新視角。

與《群書治要‧管子》截錄的內容相映，在《貞觀政要》中

---

[43] 從禮轉向法的社會規範，普遍會用「禮法」一詞，尤其用在指稱管子思想具有禮法兼容的特色，然而至於貞觀時期，君臣是有清楚地禮需變革的意識，因此在禮與仁義之間並不相應下以「仁法」為目。

可以看見強調依法、守法、公平、公正等延續管子思想的一面。
如長孫無忌未解佩刀入內，產生量刑的爭議，太宗就說：「法
者，非朕一人之法，乃天下之法，何得以無忌國之親戚，便欲撓
法耶？」（《政要》，頁 281）戴冑也在太宗不依法處置詐偽者
時，大聲疾呼：「法者，國家所以布大信於天下。言者，當時喜
怒之所發耳。陛下發一朝之忿而許殺之，既知不可而置之以法，
此乃忍小忿而存大信也。若順忿違信，臣竊為陛下惜之。」
（《政要》，頁 281）魏徵更有引用《管子》：「聖君任法不任
智，任公不任私。」說明王天下、理國家的道理，同時指出：
「貞觀之初，志存公道，人有所犯，一一於法。」藉以針貶此刻
「告訐無已，窮理不息，君私於上，吏奸於下，求細過而忘大
體，行一罰而起眾姦，此乃背公平之道，乖泣辜之意。」（《政
要》，頁 294-295）也就是在如此認可「法」的觀點下，特別看
重守法的一面。諸如魏徵引用《說苑》講「貞臣」的「守文奉
法」說（《政要》，頁 167），太宗執「理國守法，事須畫一」
之理而不赦秦府功臣高甑生（《政要》，頁 439），以及太宗告
誡公卿說：「卿等若能小心奉法，常如朕畏天地，非但百姓安
寧，自身常得驩樂。」（《政要》，頁 365）皆是如此。

　　有別於《管子》在法觀上所展現出的對立性與宰制性，透過
《貞觀政要》能夠看見的是一種善意的對待關係與和諧關係的經
營。雖然從表面上看起來，貞觀君臣對法的依恃與運用，並無太
大差異。如貞觀十四年時，魏徵上疏說：「然則臣之情偽，知之
不難矣。又設禮以待之，執法以御之，為善者蒙賞，為惡者受
罰，安敢不企及乎？安敢不盡力乎？」（《政要》，頁 168）貞
觀十六年時魏徵又在回應太宗對君臣昏正影響的結語提到：「與

人主嚴明，臣下畏法，直言正諫，皆見信用，不可同年而語也。」（《政要》，頁 48）以「御」、「畏」的用語而言，同樣透顯強制性的意味。不過，回到魏徵與封德彝等人的爭辯，封德彝等人主張：

> 三代以後，人漸澆訛，故秦任法律，漢雜霸道，皆欲理而不能，豈能理而不欲？若信魏徵所說，恐敗亂國家。（《政要》，頁 36）

顯然，此處的「任法」與魏徵引用《管子》「任法」的想法大異其趣。封德彝等人主張人已變得「澆訛」，不再能夠採取柔性教化的方式來治國，運用法律、施行霸道才是應時的良法。相反地，魏徵獨排眾議，認為：「五帝、三王，不易人而理。行帝道則帝，行王道則王，在於當時所理，化之而已。」（《政要》，頁 36）兩方見解的分歧，正可由太宗的裁示映現，太宗說：

> 朕看古來帝王，以仁義為治者，國祚延長，任法御人者，雖救弊一時，敗亡亦促。既見前王成事，足為元龜。今欲專以仁義、誠信為治，望革近代之澆薄也。（《政要》，頁 249）

「仁義為治」與「任法御人」的對比，正是兩種不同治國模式的爭辯，而太宗選擇了信從魏徵的想法。換言之，具體為貞觀君臣所採行的「法」，已調適成能與「仁義為治」協合的型態。

如何看待貞觀時期「法」的變化？可從走向「仁法」與「公

法」的協合型態來掌握。試觀魏徵的疏文：

> 臣聞道德之厚，莫尚於軒、唐；仁義之隆，莫彰於舜、
> 禹。欲繼軒、唐之風，將追舜、禹之跡，必鎮之以道德，
> 弘之以仁義，舉善而任之，擇善而從之。不擇善任能，而
> 委之俗吏，既無遠度，必失大體，惟奉三尺之律，以繩四
> 海之人，欲求垂拱無為，不可得也。故聖哲君臨，移風易
> 俗，不資嚴刑峻法，在仁義而已。故非仁無以廣施，非義
> 無以正身。惠下以仁，正身以義，則其政不嚴而理，其教
> 不肅而成矣。然則仁義，理之本也；刑罰，理之末也。為
> 理之有刑罰，猶執御之有鞭策也。人皆從化，而刑罰無所
> 施；馬盡其力，則鞭策無所用。由此言之，刑罰不可致
> 理，亦已明矣。（《政要》，頁293）

此文關鍵有三：其一，指出唯有從善任能、根本「仁義」才能達
到「垂拱無為」的治國理想；其二，良好的治理，是要達到「移
風易俗」的成效，謹守「三尺之律」，甚至是「嚴刑峻法」的加
強控制，並無法成就；其三，在治理上，「仁義」與「刑罰」是
各有所用的本末關係。突然翻轉而成兼採仁義與刑法的觀點，顯
然有些突兀，不過藉此卻能讓人看見「化」的核心關懷與「法」
的重新定位。對此，魏徵徵引《潛夫論》作了進一步說解：

> 凡立法者，非以司民短而誅過誤也，乃以防姦惡而救禍
> 患，檢淫邪而內正道。民蒙善化，則人有士君子之心；被
> 惡政，則人有懷姦亂之慮。……遭良吏，則懷忠信而履仁

厚；遇惡吏，則懷姦邪而行淺薄。忠厚積，則致太平；淺
薄積，則致危亡。是以聖帝明王，皆敦德化而薄威刑也。
德者，所以修己也；威者，所以理人也。……世之主誠能
使六合之內、舉世之人，咸懷方厚之情而無淺薄之惡，各
奉公正之心而無姦險之慮，則醇釀之俗，復見於茲矣。
（《政要》，頁 294）

改變「法」的定位，從「司民短而誅過誤」的攻擊性武器，退轉
為「防奸惡而救禍患」的防禦性規範，主導權交由足以內化人心
的仁德。換言之，魏徵透過《潛夫論》展示了「法」與「仁」的
協合型態，可稱之為「仁法」。在此型態下，「法」扮演輔成
「仁」的角色，因為施政的重心在於「化」，唯有「仁」才能使
人從自身內心燃起「正道」，達到自我挺立的作用。這種企盼成
就對象自身的價值——「士君子之心」、「公正之心」，是貞觀
時期非常重要的思想特色。

　　與「仁法」精神相近的是「公法」，所謂「公」，並不是魏
徵所謂「以公平為規矩，以仁義為準繩」（《政要》，頁 168）
屬於「法」的施用精神，而是相應於「化」所形成的群體關注。
魏徵說：

　　故《體論》云：「夫淫泆盜竊，百姓之所惡也，我從而刑
罰之，雖過乎當，百姓不以我為暴者，公也。怨曠飢寒，
亦百姓之所惡也，遁而陷之法，我從而寬宥之，百姓不以
我為偏者，公也。我之所重，百姓之所憎也；我之所輕，
百姓之所憐也。是故賞輕而勸善，刑省而禁奸。」由此言

之，公之於法，無不可也，過輕亦可。私之於法，無可
也，過輕則縱姦，過重則傷善。聖人之於法也公矣，然猶
懼其未也，而救之以化，此上古所務也。（《政要》，頁
295）

法應是講求劃一的，但是在面對百姓群體利害的關係下實際上卻
存有輕重廢置的難題。魏徵認為此刻的判準，只要像聖人一樣，
秉持「公之於法」的道理，就沒有不妥當的。也就是說，「法」
為「公」打開了變動性。魏徵說：

凡聽訟理獄，必原父子之親，立君臣之義，權輕重之序，
測淺深之量。悉其聰明，致其忠愛，然後察之，疑則與眾
共之。疑則從輕者，所以重之也，故舜命咎繇曰：「汝作
士，惟刑之恤。」又復加之以三訊，眾所善，然後斷之。
是以為法，參之人情。（《政要》，頁 296）

所謂「與眾共之」，這種「共法」的想法正展現出「公之於法」
的調適性。不過，值得注意的是，群體之公雖可補救個體之私的
缺憾，但是關鍵還是「化」的問題。因此，執法時才有原親、立
義、權序、測量等諸多合善的斟酌。

透過以上所述「仁法」與「公法」兩走向，可知貞觀思想具
有「看見他者」的特點，與《管子》的宰制性與對立性意味迥然
不同。

五、「牧民」旨歸的歧異

　　「牧民」議題是《群書治要》的核心關懷之一，在《群書治要‧管子》裡佔有不小的份量，是否意味《管子》的「牧民」思想被魏徵等人所認可與承繼？抑或是在魏徵等人的刪削取捨下《群書治要‧管子》已產生的變化？延續之前的討論，將可看見貞觀時期的特殊關懷與意義建構。

（一）《群書治要‧管子》呈現「以民為本」與「順心興利」的理念

　　條理《群書治要‧管子》有關「牧民」的內容，將可發現有兩個主要傳達的觀點：

1.以民為本

　　重民的思想，在《尚書》：「民惟邦本，本固邦寧。」[44]的昭示下，已成文化傳統裡重要的元素。《群書治要‧管子》裡，也同樣呈現著這樣的觀點。〈霸形〉說：

　　　　桓公嘆曰：「⋯⋯仲父不壹言教寡人乎？」管子對曰：「君若將欲霸王舉大事乎，則必從其本事矣。」桓公曰：「敢問何謂其本？」管子對曰：「齊國百姓，公之本也。民甚憂飢，而稅斂重；民甚懼死，而刑政險；民甚傷勞，

---

44 〔漢〕孔安國傳，〔唐〕孔穎達等正義：《尚書正義》，收入〔清〕阮元校勘：《十三經注疏》（臺北：藝文印書館，2001年），頁100。

而上舉事不時。輕其稅斂，則民不憂飢；緩其刑政，則民不懼死；舉事以時，則民不傷勞。」（《治要》，頁 764-765）

此處雖講百姓是齊桓公的重要資本，但所指意同百姓是國家根基，因此必須費心從事解決百姓憂飢、懼死、傷勞等切身問題，才能成就霸王事業。〈形勢解〉也說：

言之不可復者，其言不信也；行之不可再者，其行暴賊也。故言而不信，則民不附；行而暴賊，則天下怨。民不附，天下怨，此滅亡之所從生也，故明主禁之。（《治要》，頁 773）

國家的興亡與百姓的「附」、「怨」緊密關聯，為了去除使百姓不信與暴賊的傷害，君主必須謹言慎行。此種將百姓的依違作為行事的判准，可見重視的程度。〈權修〉也提到：

欲為天下者，必重用其國；欲為其國者，必重用其民；欲為其民者，必重盡其力。無以畜之，則往而不可止也；無以牧之，則處而不可使也。遠人至而不去，則有以畜之也；民眾而可壹，則有以牧之也。（《治要》，頁 755-756）

依據行文的脈絡，人民是構成國家乃至於天下的重要基礎，為了使其能親附、順從，就必須講求「畜」、「牧」的對待方式。這

種由重視而深入到關係經營的探討，在論述中不難看到，如〈形勢解〉說：

> 明主者，人未之見，而皆有親心焉者，有使民親之之道也，故其位安而民往之。（《治要》，頁 772）

除了說明明主能夠吸引人民的目光，並產生親近的心思外，旨在揭示「使民親之」是有可操作的方法。〈牧民〉就說：

> 凡有地牧民者，務在四時，守在倉廩。倉廩實則知禮節，衣食足則知榮辱。（《治要》，頁 753）

直接以「牧民」為題，設想當行舉措所帶來的具體成效，展現出對百姓的深切關注。

2.順心興利

名同實異是普遍存在的現象，為了理解真切的內涵，清晰意義的變化，脈絡性的掌握是重要的解讀方式。以《群書治要‧管子》的文義脈絡而言，講求「順心興利」是「牧民」的具體想法。所謂「順心興利」，就是順民之心，從其所欲，除害而興利。〈牧民〉說：

> 政之所行，在順民心；政之所廢，在逆民心。民惡憂勞，我逸樂之；民惡貧賤，我富貴之；民惡危墜，我存安之；民惡滅絕，我生育之。能逸樂之，則民為之憂勞；能富貴

之，則民為之貧賤；能存安之，則民為之危墜；能生育
之，則民為之滅絕。故刑罰不足以恐其意，殺戮不足以服
其心。故刑罰繁而意不恐，則令不行矣；殺戮眾而心不
服，則上位危矣。故從其四欲，則遠者自親；行其四惡，
則近者叛之。故知與之為取者，政之寶也。（《治要》，
頁 753）

對於治國理政的方式，提出翻轉式的思維，認為採行刑罰、殺戮
等方式想要直接「取」得人民的配合，是難以達成的，應該反其
道而行，透過「與之」的方式，依捨「逆」用「順」、去「惡」
從「欲」的準則，讓人民遠離危墜、滅絕的威脅，擁有逸樂、富
貴的生活。當人民獲得照顧之後，將正面回應執政者的企望，這
是一種曲成的型態。此思慮模式亦可見於〈形勢解〉，如：

人主能安其民，則民事其主，如事其父母，故主有憂則憂
之，有難則死之。人主視民如土，則民不為用，主有憂則
不憂，有難則不死。（《治要》，頁 770）
民之所以守戰至死而不衰者，上之所以加施於民者厚也。
故上施厚則民之報上亦厚，上施薄則民之報上亦薄。故薄
施而厚責，君不能得於臣，父不能得於子。（《治要》，
頁 771）

以相應的角度，看待主上與人民之間的關係，並認為好壞取決於
主上的作為。當主上能夠厚待人民，讓百姓生活安定，自身面臨
憂患時，才能因眾人的回報獲得支援。相反地，若視民如土，施

薄厚責，即使關係有如父子，亦將形同陌路。不僅揭示出關係是必須經營的想法，同時將責任歸諸於主上，翻轉了民理當為君付出的必然性觀點。〈治國〉說：

> 凡治國之道，必先富民。民富則易治也，民貧必難治……先王者善為民除害興利，故天下之民歸之。所謂興利者，利農事也；所謂除害者，禁害農事也。國富則安鄉家，安鄉家則雖變俗易習，毆眾移民，至於殺之，而不怨也。民貧則輕家易去；輕家易去，則上令不能必行……粟者，王者之本事也，人主之大務，治國之道也。（《治要》，頁768）

貧富牽動著民心的順逆，並且直接反映在治理的難易上，因此「除害興利」就成為治國的首要任務。在傳統的社會架構裡，「農事」應是最具廣泛性的影響，王者的「本事」、「大務」自是非它莫屬。透過利農多粟，滿足人民的需求，君王就能藉由締結的關係，讓人民「變俗易習」。顯然，這種「富民」的觀點，不僅被貞觀君臣認同，並且適用於唐代時期。〈形勢解〉也說：

> 人主之所以使下盡力而親上者，必為天下致利除害也。故德澤加於天下，惠施厚於萬物，父子得以安，群生得以育。故萬民歡盡其力而樂為上用，入則務本疾作，以實倉廩；出則盡節死敵，以安社稷，雖勞苦卑辱，而不敢告也。民利之則來，害之則去，民之從利也。如水之走下，於四旁無擇也。故欲來民者，先起其利，雖不召而民自

至；設其所惡，雖召之而民不可來也。（《治要》，頁769-770）

若不放大對「利」、「害」的解讀，單純透過選取的資料來看，「先起其利」與「設其所惡」所對比出的是思想視野的差異，前者雖未能翻轉成對象的視角，至少將接受者納入視閾，後者則僅有狹隘的自我想法，兩者優劣在親疏分途下取捨之意鮮明。這種用心營造關係，以使百姓「樂為上用」的觀點，無意間讓百姓的角色被看見。總之，《群書治要·管子》的截錄內容，在呈現重民的觀點下，讓百姓成為必須被體貼的角色。

（二）《管子》「利害御民」與「利歸於上」的觀點

怎麼看見《群書治要·管子》「牧民」觀點的特殊面呢？將截錄的內容回置到《管子》，可以發現有兩個很重要的面向被切割開來，一個是君民的對待關係，另一個是牧民的用心，這樣的差異，足以顯示《管子》到《群書治要·管子》的變化。

1.利害御民

如前所述，凸顯「利」、「害」對百姓影響的敘述也被截錄入《群書治要》裡，但依效力而言，近似〈形勢解〉所謂：「古者三王五伯，皆人主之利天下者也，故身貴顯而子孫被其澤。桀、紂、幽、厲，皆人主之害天下者也，故身困傷而子孫蒙其禍。」（《管注》，頁 1183）利害觀點的運用，也只是順成明君、亂主的認識。然而，諸如〈心術上〉所說：「人之可殺，以其惡死也。其可不利，以其好利也。」（《管注》，頁 764）

〈國蓄〉也說：「夫民者信親而死利，海內皆然。民予則喜，奪則怒，民情皆然。先王知其然，故見予之形，不見奪之理。」（《管注》，頁 1259）〈禁藏〉更說：「夫凡人之情，見利莫能勿就，見害莫能勿避。」（《管注》，頁 1015）將人之情性界定在趨利避害的強烈主張，就不被魏徵等人所選錄，顯然觀點存在分歧。[45]尤其，一段具有關鍵性的說法，〈明法解〉言：

> 明主之治也，縣爵祿以勸其民，民有利於上，故主有以使之。立刑罰以威其下，下有畏於上，故主有以牧之。故無爵祿則主無以勸民，無刑罰則主無以威眾，故人臣之行理奉命者，非以愛主也，且以就利而避害也。百官之奉法無姦者，非以愛主也，欲以受爵祿而避罰也。（《管注》，頁 1208）

此文所屬篇章亦被魏徵等人所選錄，只是在前後文多有擷取下，未被採納的這部分，就顯得特別醒目。為什麼魏徵等人捨棄而不取呢？依據文章內容的論述，理想的君主是善於運用爵祿與刑罰，達到人民可「使」能「牧」、人臣行理奉命、百官奉法無姦的成效。問題的關鍵，應該就在判定君臣、君民之間的關係並非建立在「愛」[46]的良善基礎上，而是單純的利害取捨。就以接續

---

[45] 雖然管子視人為好生惡死、趨利避害的觀點，尚未如法家以人性為惡的界定，然而與魏徵的樸實觀，已大為不同。

[46] 雖然如〈形勢解〉所言：「蒞民如父母，則民親愛之。」（《管注》，頁 1175。）又言：「人主者，溫良寬厚則民愛之。」（《管注》，頁 1181。）也提了「愛」，同時被《群書治要》收錄，但其意並非指人與人之間締結的情誼，而是如〈國蓄〉所言：「夫民者親信而死利，海內皆然。」（《管注》，頁 1259。）〈形勢解〉也說：「行天道，出公理，則遠者自親。廢天道，行私為，則子母相怨。」（《管注》，頁 1185。）〈君臣上〉也說：「有善者不留其賞，

的論述為例：「人臣之所以畏恐而謹事主者，以欲生而惡死也。」（《管注》，頁 1209）有著相近的意味，也就同時被屏棄而不取了。此間尚有值得一提的是「牧」字的使用，當它與「威」、「畏」關聯著，則含養之意趨於薄弱，而展現出濃厚的掌控意味。[47]

2.利歸於上

由於法分是《管子》的核心思想，人主有維繫秩序正常的運作，在尊君的觀點下，無可避免地必然走向強勢的掌控。仍以扣緊「牧民」議題來看，〈法法〉說：

> 上不行君令，下不合於鄉里，變更自為，易國之成俗者，命之曰：「不牧之民」。不牧之民，繩之外也，繩之外誅。使賢者食於能，鬭士食於功。（《管注》，頁 296）

所謂「不牧之民」，是變更君令、鄉俗而「自為」的人，受到處罰，並非傷人敗德，而是不在「繩」內。如此觀點，多見於《管子》中，舉如〈權脩〉：「凡牧民者，使士無邪行，女無淫事。……凡牧民者，欲民之脩小禮，行小義，飾小廉，謹小恥，

故民不私其利。有過者不宿其罰，故民不疾其威。威罰之制，無踰於民，則人歸親於上矣。如天雨然，澤下尺，生上尺。」（《管注》，頁 565。）〈法法〉更說：「法者，民之父母也。」（《管注》，頁 298。）親愛是對著落實一個如同天道一般無私且令人信從的客觀秩序而言。

[47] 《說文解字》對「牧」字的說解是：「養牛人也。從攴牛。」段玉裁注解說：「《左傳》曰：『馬有圉，牛有牧。』引申為牧民之牧。」並指為「會意」字。翻查《經籍纂詁》，牧有養、治、司等義。由此而言，牧字有畜養、撫養之意，也有管理、治理之意。參見〔漢〕許慎撰、〔清〕段玉裁注：《說文解字注》（上海：上海古籍出版社，1995 年），頁 126。〔清〕阮元：《經籍纂詁》（臺北：宏業書局，1977 年），頁 873。

禁微邪,此厲民之道也。」(《管注》,頁 56)〈君臣上〉:
「是故有道之君,上有五官以牧其民,則眾不敢蹄軌而行矣。下
有五橫以揆其官,則有司不敢離法而使矣。」(《管注》,頁
559)〈君臣下〉:「是故有道之君者執本,相執要,大夫執
法,以牧其羣臣。羣臣盡智竭力,以役其上。」(《管注》,頁
576)〈明法解〉:「法度者,主之所以制天下而禁姦邪也,所
以牧領海內而奉宗廟也。」(《管注》,頁 1210)皆可看見
「牧」字的含義偏重在掌控、治理的一面。

〈任法〉說:「世無請謁任舉之人,無閒識博學辯說之士,
無偉服,無奇行,皆囊於法,以事其主。」(《管注》,頁
903)讓世界井然有序,亦可說是一種理想型態,然而問題在於
此秩序的設定是否真為完善?執行符合預期?若不能有效化解疑
慮,直截奉行四「無」之說,僅是將世人置入法的牢籠中,在喪
失自主性下,成為「事主」的奴隸。之所以如此說,試觀《管
子》有關「牧民」觀點的旨歸,諸如:

> 夫法者,上之所以一民使下也。(《管注》,頁 905)
> 法立令行,則民之用者眾矣。(《管注》,頁 302)
> 地之不辟者,非吾地也。民之不牧者,非吾民也。……故
> 曰:「察能授官,班祿賜予,使民之機也。」(《管
> 注》,頁 51)
> 凡牧民者,欲民之可御也。……法者,將用民力者也。
> (《管注》,頁 57)

從「牧民」觀點的落實,最終想要達成的是想要人民能夠被

「使」、「用」、「御」，也就是興利除害的先行作為，在講利的觀點下，只是為了最終成就自身利益的投資而已。如同〈輕重乙〉篇提到的「素賞之計」（《管注》，頁 777-778）[48]，在「術」的善用下，事先的投資最後讓君王收到數倍的利益。由此而言，管子思想中的君民關係，並不存在人與人之間良好的情感流動，魏徵等人的切割，必是別有用心。

（三）「君民一體」與「利歸於民」的貞觀理念

有別於《管子》的「牧民」觀點，貞觀時期君臣有意識的表達出「君民一體」與「利歸於民」的主張，說明對百姓的觀看角度並不相同。以下，透過《貞觀政要》的對話與事蹟作說明。

1.君民一體

貞觀六年時，太宗說到：

> 夫為人君，當須至公理天下，以得萬姓之歡心。昔堯、舜在上，百姓敬之如天地，愛之如父母，動作興事，人皆樂之，發號施令，人皆悅之，此是大祥瑞也。（《政要》，頁 521）

如果把「至公」換置管子的「法」，那麼整體論述似乎與管子的說法並無太大區別。然而，關鍵的差異也就在所謂「至公」，如前所述，是帶有百姓視野的「共法」，並非純粹出自君王的儀

---

[48] 此則雖也見於《群書治要》，但在各自的脈絡中有著不同的意味。

制。這當然與太宗有意識地認知到個體視野的侷限，有意藉由他者、群體來彌補缺陷有關。不過，令人訝異的是太宗不僅看重人臣，同時也使人民的角色與地位被看見。[49]太宗說：

> 古稱至公者，蓋謂平恕無私。……故知君人者，以天下為心，無私於物。……朕與公等衣食出於百姓，此則人力已奉於上，而上恩未被於下。今所以擇賢才者，蓋為求安百姓也。（《政要》，頁 278-279）

公雖有無私意，但不僅如此，尚有平恕的情懷，也就是看見他者的視野。太宗翻轉了視百姓付出為應然與必然的認知，在「已奉」與「未被」之間燃起「求安百姓」的回饋心裡，無形中已拉近了上下的距離，也讓百姓成為顯性的角色。如同魏徵所說：

> 陛下為人父母，子愛萬姓，當憂其所憂，樂其所樂。自古有道之主，以百姓之心為心，故君處臺榭，則欲民有棟宇之安；食膏粱，則欲民無饑寒之患；顧嬪御，則欲民有室家之歡。此人主之常道也。（《政要》，頁 113）

如何不讓「以百姓之心為心」成為一種空談？魏徵的進言，正阻止了太宗聘鄭仁基女為充華的決定，關鍵的理由，就在縱使君與民地位依舊懸殊，但實際上百姓成為了必須設想、體貼的對象。此理念可清楚見於魏徵的表述，貞觀十四年時魏徵上疏說：

---

[49]　此處僅依行文闡釋，實質上太宗的觀點當皆納受自魏徵。換言之，可貴的觀點，應出自魏徵。

> 臣聞君為元首,臣作股肱,齊契同心,合而成體,體或不備,未有成人。然則首雖尊高,必資手足以成體;君雖明哲,必藉股肱以致理。故《禮》云:「人以君為心,君以人為體,心莊則體舒,心肅則容敬。」《書》云:「元首明哉,股肱良哉,庶士康哉。」「元首叢脞哉,股肱惰哉,萬事墮哉。」然則委棄股肱,獨任胸臆,具體成理,非所聞也。(《政要》,頁 402-403)

仔細斟酌文章的內容,可以發現魏徵論述的旨意乃在澄清君臣具有同心成體的關係,焦點理當鎖定在君臣,然而中間引述的《禮記》,卻是以君民為闡釋對象。或許是魏徵一時不察產生誤引的情形,但此現象通常出現在兩方具有近似、相通的質素上。此段文字,乃是出自《禮記‧緇衣》,內容是:「民以君為心,君以民為體;心莊則體舒,心肅則容敬。心好之,身必安之;君好之,民必欲之。心以體全,亦以體傷;君以民存,亦以民亡。」[50]以心體為喻,清晰地展現了君民一體的不可分割性,魏徵雖僅部分的截取,實保存了整體的主張。換言之,由於君民一體與君臣一體的主張,皆強調為君者必須謙恭以納他者,在相同的思想趨向下,始有混入的情形。

與君民一體觀意味相近的是「舟水之喻」與「魚水之喻」。有關「舟水之喻」,貞觀六年時,魏徵就曾在與太宗對話中提到:「臣又聞古語云:『君,舟也;人,水也。水能載舟,亦能覆舟。』陛下以為可畏,誠如聖旨。」(《政要》,頁 34)以

---

[50] 〔漢〕鄭玄注,〔唐〕孔穎達等正義:《禮記正義》,收入〔清〕阮元校勘:《十三經注疏》(臺北:藝文印書館,2001 年),頁 933。

君為舟，以民為水，水有載覆之能，所以必須謹慎對待百姓。如
此觀點，魏徵也分別在貞觀十一年與貞觀十四年的疏文中表述。
至於，效應如何？貞觀十八年時，太宗在自述如何誨諭太子裡提
到：

> 舟所以比人君，水所以比黎庶，水能載舟，亦能覆舟。爾
> 方為人主，可不畏懼！（《政要》，頁 213）

魏徵的說法必然打動了太宗，才會成為經驗傳承的重要觀點之
一。至於，「魚水之喻」是貞觀十四年時魏徵用於上疏講論上下
同心的引據，文曰：

> 孫卿子曰：「君，舟也。人，水也。水所以載舟，亦所以
> 覆舟。」孔子曰：「魚失水則死，水失魚猶為水也。」
> （《政要》，頁 405）

相對於君舟民水的譬喻，以君為魚，百姓為水，進而揭示「水失
魚猶為水」的態勢，更加凸顯出百姓的地位。[51]

　　也就在上述的觀點下，貞觀時期展現出的「牧民」觀點，著
重於撫養、含養的一面，而隱去了管控、治理的意味。以貞觀八
年時的君臣對話為例，《貞觀政要》記載：

---

[51]　《群書治要》中截錄的《三略》有言：「夫人之有道者，若魚之有水，得水而生，
　　失水而死。故君人者，畏懼而不敢失道。」（《治要》，頁 1014）以人為魚、水為道的譬喻，符合道位居核
　　心的認知。由此對應，正顯示出對百姓重視、敬畏的想法。

太宗謂侍臣曰：「隋時百姓縱有財物，豈得自保？自朕有天下已來，存心撫養，無有所科差，人人皆得營生，守其資財，即朕所賜。向使朕科喚不已，雖數賞賜，亦不如不得。」魏徵對曰：「堯、舜在上，百姓亦云『耕田而食，鑿井而飲』，含哺鼓腹，而云『帝何力』於其間矣。今陛下如此含養，百姓可謂日用而不知。」（《政要》，頁265）

太宗所稱「撫養」與魏徵的「含養」說法兩相呼應，展現出對百姓單純的照護之意，所謂「日用而不知」的說法，正與管子意在操術用民的觀點迥然不同。至於，言談是否屬實呢？貞觀二年時，太宗對著侍臣說：「朕每夜恆思百姓間事，或至夜半不寐，惟恐都督、刺史堪養百姓以否。」（《政要》，頁157）之後馬周也說：「理天下者，以人為本。欲令百姓安樂，惟在刺史、縣令。」（《政要》，頁161-162）任賢使能是太宗很重要的施政方針，而此正映照出用心所在。此外，馬周在諫止太宗營為不急之務時指出：

往者貞觀之初，率土霜儉，一匹絹纔得粟一斗，而天下怡然。百姓知陛下甚憂憐之，故人人自安，曾無謗讟。自五、六年來，頻歲豐稔，一匹絹得十餘石粟，而百姓皆以陛下不憂憐之，咸有怨言。……若以陛下之聖明，誠欲勵精為政，不煩遠求上古之術，但及貞觀之初，則天下幸甚。（《政要》，頁359）

藉此可得兩訊息：其一，是太宗在貞觀初年確實能夠做到「憂
憐」百姓，所以不僅能夠使國家安定，並且足以成為往後行事的
典範；其二，是貞觀君臣對百姓的關注，並不僅侷限在物質的層
面，更注重內心的感受。由此可見，貞觀時期的「牧民」觀點，
具有走向人與人良性互動的趨勢。

2.利歸於民

　　有別於管子視百姓為獲取利益的重要憑藉，採先順民而後利
君的思維模式面對來自外在的征戰威脅，貞觀時期君臣則將問題
的挑戰歸諸於百姓，認為人民的怨叛才是滅亡的主因，因此民之
於君就由從屬變成相對的關係，而採行了損君利民的思維模式。
在此思維模式下，百姓被放大到與君主並列思考，不僅還百姓一
個可以被體貼的角色，並且在走向互動思慮中呈現人文精神。貞
觀四年時太宗說：

> 飭兵備寇雖是要事，然朕唯欲卿等存心理道，務盡忠貞，
> 使百姓安樂，便是朕之甲仗。隋煬帝豈為甲仗不足，以至
> 滅亡，正由仁義不修，而羣下怨叛故也。宜識此心，常以
> 德義相輔。（《政要》，頁252）

以隋為鑑是貞觀君臣行思的重要依據，只是歷史現象不會自己說
話，有賴解讀者由關懷形成的視角來揭示意義。顯然，在太宗的
視野下，富強如隋，一朝而滅，關鍵即在「羣下怨叛」。太宗會
有如此論點，依「仁義不修」一語，可知乃受魏徵的影響。同
年，《貞觀政要》記載：

太宗謂侍臣曰：「崇飾宮宇，遊賞池臺，帝王之所欲，百
姓之所不欲。帝王所欲者放逸，百姓所不欲者勞弊。……
朕尊為帝王，富有四海，每事由己，誠能自節。若百姓不
欲，必能順其情也。」魏徵曰：「陛下本憐百姓，每節己
以順人。……隋煬帝志在無厭，惟好奢侈，所司每有供奉
營造，小不稱意，則有峻罰嚴刑。上之所好，下必有甚，
競為無限，遂至滅亡。此非書籍所傳，亦陛下目所親見。
為其無道，故天命陛下代之。……」太宗曰：「公所奏對
甚善！非公朕安得聞此言？」（《政要》，頁 320）

由太宗的回應，不僅印證了貞觀施政是循著魏徵仁義為治的方針
進行，並且說明了魏徵的想法不斷地吸引、擴大與深入影響著太
宗。太宗基於帝王與百姓所欲不同且衝突的想法，務順百姓，魏
徵彰明如此「節己順人」，是糾正煬帝無道，常保「天命」的良
法。由此可見，百姓向背是貞觀君臣的核心關懷。

與此用心相映，不僅心態上面對百姓展現與「天心」等階的
「常謙常懼」[52]，並且在對待上有養病、栽樹等強調照護的譬喻
性說法。太宗說：

治國與養病無異也。病人覺愈，彌須將護，若有觸犯，必
至殞命。治國亦然，天下稍安，尤須兢慎，若便驕逸，必
至喪敗。（《政要》，頁 33）

---

[52] 太宗將「天心」與「百姓意」作為時刻掛心的觀點，可見於貞觀二年時所謂：「但知常謙常懼，
猶恐不稱天心及百姓意也。」（《政要》，頁 323）與貞觀八年時所謂：「恆恐上不稱天心，下
為百姓所怨。」（《政要》，頁 87）

> 夫治國猶如栽樹，本根不搖，則枝葉茂盛。君能清淨，百
> 姓何得不安樂乎？（《政要》，頁 41）

雖然善待百姓終究是為了治國，但並不是設想在成就百姓之後直
接成為利用的工具。以此兩譬喻而言，養病的「將護」與栽樹的
「不搖」，正凸顯出百姓就是成就的對象，君主的「兢慎」與
「清淨」是需要無止境的維持著。換言之，在君與民相對下，是
「利歸於民」的思想型態。相對於不許君主縱逸，當太宗心志鬆
懈說：「百姓無事則驕逸，勞役則易使。」魏徵就正色道：「自
古以來，未有由百姓逸樂而致傾敗者也，何有逆畏其驕逸而故欲
勞役之哉？」（《政要》，頁 537）顛覆性說法解放了無端加諸
於人民的束縛。對於這種趨向，應可理解為正視百姓作為社稷組
成的重要份子，是具有自主性的個體存在。以《貞觀政要》所見
兩則君臣對話為例，首先是屬於前期的對話：

> 貞觀二年，太宗謂侍臣曰：「朕謂亂離之後，風俗難移。
> 比觀百姓漸知廉恥，官人奉法，盜賊日稀，故知人無常
> 俗，但政有治亂耳。是以為國之道，必須撫之以仁義，示
> 之以威信。因人之心，去其苛刻，不作異端，自然安靜。
> 公等宜共行斯事也！」（《政要》，頁 251）

雖然「威信」略有管控意味，但此刻太宗正想澄清的是魏徵所提
仁義為治的方式是可行有效的。有別於任法御人的強制管控，仁
義的撫養對待，以及因順人心的放開，讓具有樸實本性的百姓得
以藉由知恥守法展現自主的個體價值。其次是屬於後期的對話：

貞觀十六年，太宗以天下粟價率計斗直五錢，其尤賤處計斗直三錢，因謂侍臣曰：「國以人為本，人以食為命。若禾黍不登，則兆庶非國家所有。既屬豐稔若斯，朕為億兆人父母，安得不喜。唯欲躬務儉約，必不輕為奢侈。朕常欲賜天下之人，皆使富貴。今省徭薄賦，不奪其時，使比屋之人，恣其耕稼，此則富矣。敦行禮讓，使鄉閭之間，少敬長，妻敬夫，此則貴矣。但令天下皆然，朕不聽管絃，不從畋獵，樂在其中矣！」（《政要》，頁 426-427）

藉此內容，可知太宗前後有著一貫的施政方向。文中太宗點出了一個特別的問題，即百姓是國家的根本，但百姓並不必然為「國家所有」。也就在此問題之下，太宗進一步展示了自身所想擁有的百姓。為了讓百姓為國家所有，太宗透過儉約、省徭薄賦、不奪其時的方式，營造出一個讓百姓得以自主謀生、累積財富的環境，也就是成就百姓之「富」。至於，為了使百姓成為理想中的樣貌，太宗透過敦行禮讓，讓少長、夫妻之間的互動存有敬意，也就是成就百姓之「貴」。由此而言，百姓的「富貴」成就了太宗之「樂」，然而太宗之「樂」的實質價值卻是在成就百姓，讓百姓成為有意義的存在。這是貞觀時期，君民和諧互動的特殊面貌。

六、結語

　　誠如阮元所說《群書治要》採用的底本實屬「初唐善策」、「初唐古籍」[53]，深具文獻的價值。然而，古典文獻的保存當只是《群書治要》的附屬價值，屬於《群書治要》的專屬意義，應是內在於《群書治要》本身的思想體系。

　　本文挑選《群書治要‧管子》為對象，期望透過部分的具體掌握，深化《群書治要》的整體認識。延續《群書治要》具有焦點議題的觀看方式，詳細梳理《群書治要‧管子》的截錄內容，發現有「為君難」、「君臣共生」、「法制」與「牧民」等四大議題呈現其中。因此，藉由三部分的分析方式，包括《群書治要‧管子》呈現了什麼內容？回置到《管子》的文義脈絡原是何種想法？置入貞觀時期又將有何意義？解讀《管子》到《群書治要‧管子》的轉變。經過探究，所得成果扼要說明如下：

　　（一）在「為君難」議題裡，《群書治要‧管子》主要展現「君明國安」的理念，觀點內容包括：1.患無君；2.心志修養的法道合度；3.明審善察的識見作為。然而回到《管子》，可以發現「得勢任眾」才是原始的圖譜，此間兩個極具關鍵的主張被《群書治要‧管子》割捨了，包括：1.勢尊威顯；2.獨明任眾。顯然，魏徵等人確有不同想法。憑藉《貞觀政要》提供的訊息，可知「謙信從人」，包括：1.守謙信任；2.思短從人，才是貞觀時期被認可的思想。

　　（二）「君臣共生」是《群書治要》的焦點議題，同時也是

---

[53]　〔清〕阮元：《揅經室集》（北京：中華書局，1993 年），頁 1216-1217。

一種理念的展示，就範圍而言，就是對於君臣關係的認定。從
《群書治要・管子》的內容顯示，「君無為而臣有為」的搭配模
式，包括：1.任賢授德；2.無為而治，是魏徵等人與管子所共許
的想法。然而，疊合交錯的觀點，卻有不同的思想走向。回歸管
子的思想圖譜，「君尊臣卑」是《管子》不可撼動的理念基礎，
此間設定的君臣關係乃是對立的型態。相反地，貞觀時期君臣所
推許的是合契相得的互動關係。

　　（三）關於「法制」的議題，《群書治要・管子》著重於
「法」的三個面向：1.萬事規矩；2.既公且正；3.令行禁止，這
是「講規矩重公正」的聚焦。然而，回歸到《管子》的思想脈
絡，法律命令不過是屬於「法」的狹義面，廣義的「法」是指
「分位」，具體展現為「以道為法」的觀點。此外，促使「定
分」的成就，事故講究「行法有術」。有別於管子的操「術」思
想，貞觀思想在看見他者下，不言「術」，以良性的對待消除了
宰制性與對立性，走向「仁法」與「公法」的秩序規範。

　　（四）關於「牧民」的觀點，《群書治要・管子》呈現出
「以民為本」與「順心興利」的理念。平心而論，並不特別，有
淪為空談之嫌。然而，當回歸到《管子》的敘述脈絡，兩個顯著
的面向：1.利害御民；2.利歸於上，正喻示著君民之間不存在人
際的良性互動關係。由此，正映照出講究「君民一體」與「利歸
於民」的貞觀理念，是彌足珍貴的改變。

　　綜合上述研究成果，可見《管子》與貞觀思想已有巨大的差
異，並且這些差異也自成體系。有別於《管子》以「法」為核
心，貞觀思想是以「人」為核心的思考。在「為君難」時，先是
聚焦在「君」，而後看見「臣」與「民」，所以強調屈己、謙信

始能從人、任人。也就在貶抑自我、尊重他者下，「君臣共生」、「君臣一體」的理想型態才有可能被設想並實現。至於，民之於君，雖不盡然能與臣之於君畫上等號，但是在開啟「看見他者」的視野下，「民」亦成為重要的對象，「君民一體」的「牧民」思想也就建構了起來。順此，在重視人，講求人與人的和諧互動下，「法制」就不是專屬於君主的利器，而是走向君、臣、民共許的「仁法」與「公法」。由此而言，縱使《群書治要‧管子》的文字內容取自《管子》，但取捨下濃厚的貞觀色彩，當足以說明已非本來面目。換言之，《群書治要》有專屬於自身的嶄新意蘊，是魏徵等人「以編代作」的呈現。

核心參考書目

一、原典文獻

〔戰國〕墨子；吳毓江校注：《墨子校注》，北京：中華書局，
　　2017。

〔唐〕吳兢撰；謝保成集校：《貞觀政要集校》，北京：中華書
　　局，2012。

〔唐〕杜佑：《通典》，北京：中華書局，1992。

〔唐〕劉肅：《大唐新語》，北京：中華書局，1997。

〔唐〕魏徵等編撰、劉余莉主編：《群書治要譯注》，北京：中
　　國書店，2012 年。

〔唐〕魏徵等編撰；《群書治要》校訂本編輯委員會校訂：《群
　　書治要》校訂本，北京：中國書店，2014。

〔宋〕王欽若等編纂；周勛初等校訂：《冊府元龜》（校訂
　　本），南京：鳳凰出版社，2006。

〔宋〕王溥：《唐會要》，京都：株式會社中文出版社，1978。

〔宋〕王應麟，《玉海》，上海：上海古籍出版社，1992。

〔宋〕司馬光：《資治通鑑》，北京：中華書局，1997。

〔宋〕程顥、程頤著；王孝魚點校：《二程集》，北京：中華書
　　局，2004。

〔宋〕樓鑰：《攻媿集》，北京：中華書局，1985。

〔清〕阮元，《擘經室集》，北京：中華書局，1993。

陳鼓應：《黃帝四經今註今譯》，臺北：臺灣商務印書館，
　　1995。

楊伯峻：《春秋左傳注》，北京：中華書局，2000。

黎翔鳳：《管子校注》，北京：中華書局，2017。

〔日〕竹添光鴻：《左傳會箋》，臺北：天工書局，1993。

〔日〕瀧川龜太郎：《史記會注考證》，臺北：宏業書局，
　　1990。

二、近人論著

方震華：〈唐宋政治論述中的貞觀之政——治國典範的論辯〉，
　　《臺大歷史學報》40（2007.12），頁 19-55。

王德權：〈「臣某」與唐代君臣關係——學說史的探討〉，《臺
　　灣師大歷史學報》52（2014.12），頁 1-44。

甘懷真：〈中國中古時期的君臣關係〉，《皇權、禮儀與經典詮
　　釋：中國古代政治史研究》，臺北：喜瑪拉雅基金會，
　　2003，頁 249-298。

牟宗三：〈墨子與墨學〉，《鵝湖》5:11（1980.05），頁 2-6。

牟宗三：《中國哲學十九講：中國哲學之簡述及其所涵蘊之問
　　題》，臺北：學生書局，1995。

牟潤孫：〈從唐代初期的政治制度論中國文人政治之形成〉，
　　《注史齋叢稿》，北京：中華書局，1987，頁 356-362。

吳金華：〈略談日本古寫本《群書治要》的文獻學價值〉，《文
　　獻季刊》2003 年 7 月第 3 期，頁 118-127。

呂效祖：〈《群書治要》及中日文化交流〉，《渭南師專學報》

（社會科學版）1998 年第 6 期，頁 22-25。

杜正勝：《古代社會與國家》，臺北：允晨文化，1992。

林朝成、張瑞麟：《教學研究計畫——以《群書治要》為對象》，臺南：成功大學中文系，2018。

林朝成：〈《群書治要》與貞觀之治——從君臣互動談起〉，《成大中文學報》第 67 期（2019.12.）。

林朝成：〈《群書治要》與貞觀之治——以「牧民之道」為例〉，《成大中文學報》第 68 期（2020.3），頁 115-154。

金光一：《《群書治要》研究》，上海：復旦大學博士論文，2010。

洪觀智：《《群書治要》史部研究——從貞觀史學的致用精神談起》，臺北：國立臺灣大學碩士論文，2015。

唐君毅：《中國哲學原論・導論篇》，臺北：學生書局，1993。

徐復觀：《中國人性論史（先秦篇）》，臺北：臺灣商務印書館，2018。

耿振東：《《管子》學史》，北京：商務印書館，2018。

張蓓蓓：〈略論中古子籍的整理——從嚴可均的工作談起〉，《漢學研究》第 32 卷第 1 期（2014.3），頁 39-72。

梁啟超：《墨子學案》，上海：商務印書館，1923。

陳問梅：《墨學之省察》，臺北：臺灣學生書局，1988。

陳寅恪：《隋唐制度淵源略論稿・唐代政治史述論稿》，北京：商務印書館，2014。

陳麗桂：《戰國時期的黃老思想》，臺北：聯經，1991。

陳麗桂：《《老子》異文與黃老要論》，臺北：五南圖書，2020。

傅樂成：《漢唐史論集》，臺北：聯經出版社，1981。

勞思光：《新編中國哲學史》（一），臺北：三民書局，1993。

黃麗頻：〈論《群書治要》對《老子》的取徑與實踐——以貞觀
　　之治為證〉，《東華漢學》第 31 期（2020.6），頁 1-31。

聞一多：〈類書與詩〉，《聞一多全集・唐詩編上》，武漢：湖
　　北人民出版社，1993，頁 3-10。

潘銘基：〈日藏平安時代九条家本《群書治要》研究〉，《中國
　　文化研究所學報》第 67 期（2018.7），頁 1-40。

蔡仁厚：《墨家哲學》，臺北：東大圖書，1983。

蔡尚思：〈蔡尚思論墨子〉，收入蔡尚思主編：《十家論墨》，
　　上海：上海人民出版社，2004，頁 296-373。

鄭杰文：《中國墨學通史》，北京：人民出版社，2006。

賴瑞和：〈唐宰相的使職特徵和名號〉，《唐代高層文官》，臺
　　北：聯經出版事業有限公司，2016，頁 111-142。

錢穆：《中國歷史精神》，《錢賓四先生全集》（29），臺北：
　　聯經出版社，1998 年。

錢穆：《墨子》，收入《錢賓四先生全集》（6），臺北：聯
　　經，1998。

龔鵬程：〈唐朝中葉的文人經說〉，《湖南大學學報》（社會科
　　學版）第 20 卷第 1 期（2006.01），頁 16-27。

〔日〕內藤湖南著、夏應元等譯：《中國史通論》，北京：社會
　　科學文獻出版，2004。

〔日〕島田翰，《古文舊書考》，臺北：廣文書局，1967。

〔日〕渡邊秀方著、劉侃元譯：《中國哲學史概論》，臺北：臺
　　灣商務印書館，1979。

國家圖書館出版品預行編目（CIP）資料

<<群書治要>>與貞觀精神/張瑞麟著. -- 初版. -- 臺
北市：元華文創股份有限公司, 2023.09
面； 公分

ISBN 978-957-711-331-3 (平裝)

1.CST: 貞觀政要 2.CST: 經書 3.CST: 研究考訂
075.4   112012955

《群書治要》與貞觀精神

張瑞麟　著

發 行 人：賴洋助
出 版 者：元華文創股份有限公司
聯絡地址：100 臺北市中正區重慶南路二段 51 號 5 樓
公司地址：新竹縣竹北市台元一街 8 號 5 樓之 7
電　　話：(02) 2351-1607　　傳　　真：(02) 2351-1549
網　　址：www.eculture.com.tw
E－m a i l：service@eculture.com.tw
主　　編：李欣芳
責任編輯：立欣
行銷業務：林宜葶
出版年月：2023 年 09 月 初版
定　　價：新臺幣 500 元

ISBN：978-957-711-331-3 (平裝)

總經銷：聯合發行股份有限公司
地　　址：231 新北市新店區寶橋路 235 巷 6 弄 6 號 4F
電　　話：(02)2917-8022　　傳　　真：(02)2915-6275